Servizo de Publicacións
Universida_{de}Vigo

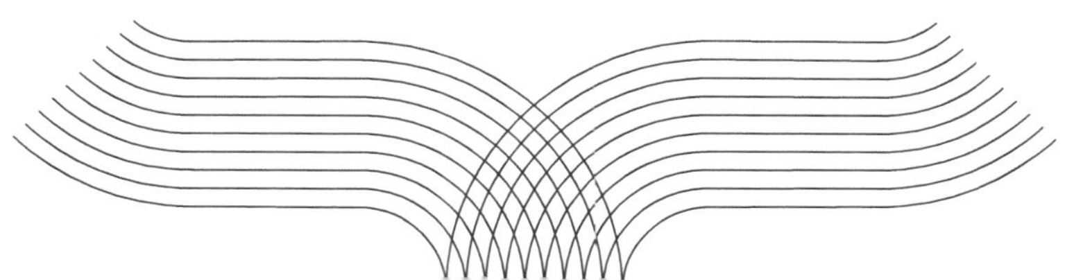

La enseñanza del español en Camerún

Retos y propuestas didácticas

Edición
Universidade de Vigo
Servizo de Publicacións
Rúa de Leonardo da Vinci, s/n. 36310 Vigo

Deseño gráfico
Julinda Molares Cardoso e Tania Sueiro Graña
Área de Imaxe.
Vicerreitoría de Comunicacións e Relacións Institucionais

Maquetación e impresión: Tórculo Comunicación Gráfica, S. A.

Imaxe da portada: Adobe Stock

ISBN (Libro impreso): 978-84-1188-051-0

Depósito legal: VG 54-2025

Ao ser esta editorial membro da **une**, garántense a difusión e a comercialización das súas publicacións no ámbito nacional e internacional.

Servizo de Publicacións
UniversidadeVigo

La enseñanza del español en Camerún

Retos y propuestas didácticas

Oscar Kem-Mekah Kadzue

A mi difunto padre, Dr Antoine Kadzue

Somos porque fuiste, somos porque eres

¡Descansa en paz!

A mi madre, Odette Sonyem,

un ejemplo de ama de casa, madre, maestra, docente de secundaria, abuela y

formadora de maestras.

Así, gradualmente.

A la diva, Grace Divine

A nuestra luna, Kayla Luna

Y, finalmente, a quienes, por vocación, optamos por

la apasionante y agobiante,

penosa y encantadora

profesión de docente.

Toda obra humana, que haya surgido a raíz de una iniciativa colectiva o individual, se realiza siempre con la complicidad de quienes nos rodean, importan y apoyan. No sería pues correcto no expresar aquí la gratitud que siento por todas aquellas bonitas almas que me han acompañado a lo largo de este proyecto.

Mis primeras palabras de agradecimiento van dirigidas a los dos primeros lectores de este libro, a Dª Vickie Blaise Esimingana Assako y a D. André-Marie Manga, por sus valoraciones, sugerencias y palabras de presentación de este libro. Expreso también mi más sincera gratitud a Dª Carmen Suarez por sus valiosas aportaciones, así como a D. Christian Tiako Youadjeu por su lectura y feedback. Y ojalá, tal como usted ha dicho, esta obra "se hisse incontestablement au rang de livre de chevet des enseignants d'espagnol en particulier, compte tenu des défis rencontrés sur le terrain".

Asimismo agradezco a la Comisión Editorial de Publicaciones de la Universidad de Vigo por haber acogido favorablemente este proyecto y, especialmente, a Jorge Luis Bueno, director del servicio de publicaciones, por su paciencia y profesionalismo. Infinitamente agradecido con la profesora María del Carmen Méndez Santos por todo y por tanto.

Mi más profunda simpatía a mi prometida, Grace Divine, y a mi hija, Luna, por estar ahí siempre. Mi gratitud también va a mi familia con letra mayúscula, toda la familia Kadzue Nguintezemo Fouodji. Pienso especialmente en mi madre, Odette Sonyem, mis hermanas hispanistas, Dra Roseline Fouodji Wagoum y Dra Marlyse Latieu Wagoum, y mis hermanos, Meli Yann, Kem-mekah Peguy, Lontsi Nelson, Yonta Germain y Mamekem Rosly.

Mi más sincero agradecimiento al profesorado y alumnado camerunés de ELE que siempre muestran un gran interés en participar como informantes en mis investigaciones científicas. Sin los datos que aportáis, no cumpliríamos significativamente nuestras misiones de docencia, investigación y contribución al desarrollo de nuestro querido país. También estoy muy agradecido con todos los universitarios cameruneses que han contribuido en la redacción de este libro aportando datos sobre el hispanismo camerunés. Pienso especialmente en los doctores Essomé Ghislain, Mbiti Narcisse, Rostov Tsamo Dongmo, Eloundo Gires y Fotso Rodrigue.

Finalmente, a todos los docentes, formadores de docentes que tengan interés en leer este libro, gracias y disfrútenlo.

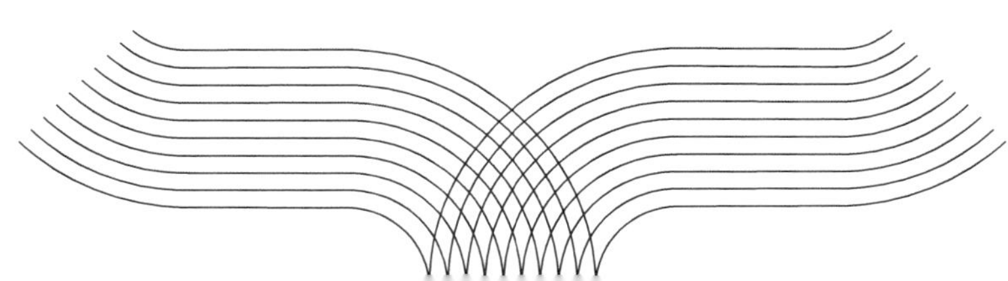

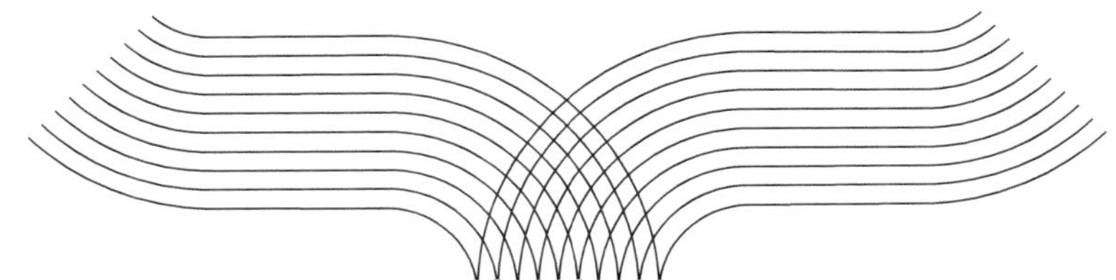

Lista de siglas y abreviaturas

AC: Análisis contrastivo

AE: Análisis del error

CA: Comprensión auditiva

CO: Comprensión oral

DLE: Didáctica de lenguas extranjeras

DRAE: Diccionario de la Real Academia Española

EIBC: Enseñanza de idiomas basada en competencias

EIE: Expresión e interacción escrita

EIO: Expresión e interacción oral

ELE: Español como Lengua Extranjera

EPC: Enfoque por competencias

FLE: Francés Lengua Extranjera

IPN: Inspector/a Pedagógico/a Nacional

LE: Lengua extranjera

LM: Lengua materna

MINESEC: Ministère des Enseignements Secondaires

PCIC: Plan Curricular del Instituto Cervantes.

TPA: Trabajo personal del alumno

Prólogo

La escritura de este libro cumple dos propósitos: una demanda real de los profesores de la Educación Secundaria y, en particular, una demanda importante de formación sobre la planificación de la enseñanza/aprendizaje, pero también el deseo del autor de actualizar sus reflexiones sobre las creencias de los profesores en relación con la enseñanza y el aprendizaje del español en Camerún. Han surgido nuevos métodos de enseñanza de idiomas y ha llegado el momento de replantearse la formación inicial del profesorado así como las prácticas pedagógicas en las aulas. Por otro lado, el problema de los alumnos con dificultades de expresión oral está lejos de resolverse. La verdad es que no siempre se han cuestionado las prácticas de los profesores a este respecto. Por otra parte, con las nuevas necesidades del alumnado y la integración de los métodos pedagógicos digitales en las aulas, los formadores y los profesores se encuentran actualmente un tanto desorientados y con falta de recursos a la hora de abordar las numerosas cuestiones que condicionan el éxito o fracaso escolar de los alumnos.

Así pues, explorar y actualizar el conocimiento docente sobre algunos de los métodos propuestos por la investigación educativa para resolver estos problemas es el objetivo de este libro de didáctica que está dirigido al profesorado de las *Écoles Normales Supérieures*, a los asesores pedagógicos y, sobre todo, a los profesores de la educación secundaria cuya tarea es asentar las bases y propiciar las condiciones idóneas para la adquisición de las competencias lingüísticas, comunicativas y culturales en ELE de los alumnos y alumnas. De ahí, una necesidad de cuestionar y repensar las prácticas educativas.

Repensar la enseñanza de este modo significa echar una mirada cartesiana a las prácticas en el aula e identificar lo que no favorece el aprendizaje significativo del español. La finalidad de este cambio de paradigma es promover una enseñanza de lenguas extranjeras con consciencia metacognitiva y un aprendizaje autónomo, significativo y, por consiguiente, una educación de calidad. Este es el objetivo de este libro que pretende cuestionar y derribar creencias, ideas preconcebidas, esquemas y hábitos de pensamiento, certezas adquiridas. Me parece que es hora de repensar nuestras prácticas docentes, pues este ejercicio representa una clave para el desarrollo de la competencia comunicativa. Es un reto que debemos asumir y un esfuerzo que debemos hacer.

Retos y propuestas didácticas sobre la enseñanza del español en Camerún es un libro que se puede consultar, individualmente o en grupo, para desarrollar su profesionalidad. Dicho esto, cumplo sin duda un deber con la persona que me ha considerado digna de escribir el prólogo de su libro y espero que su investigación dé pie a otras aportaciones y reflexiones.

Vickie Blaise Esimingana Assako

Asesora Pedagógica Nacional de Español en Camerún

Prólogo

Elegir a un prologuista de un libro sobre la didáctica de una lengua extranjera como el español no es algo fortuito. En este caso preciso, el autor de este libro puede haberse equivocado, y quizá, se encuentre decepcionado si no se cumplen sus esperanzas a través de mi reflexión. Con toda humildad, reconozco que no diré cosas extraordinarias del fondo de esta producción que me parece de suma trascendencia. Mi sencilla aportación podrá limitarse a algunas opiniones personales sobre la necesidad de la formación y autoformación del profesorado en cada sistema educativo y el deseo de que lean esta publicación todos los que se dedican a la labor de la formación del profesorado y alumnado. En este sentido, cabe reconocer, de manera general, que la educación en Camerún se realiza con sus distintas especificidades históricas, políticas, diplomáticas y socioculturales.

En todos los países en vía de desarrollo continúan siempre los debates sobre la importancia de la enseñanza/aprendizaje de las lenguas extranjeras en los sistemas educativos. Pero la respuesta de los expertos de este ámbito de conocimientos holísticos es contundente. Se trata de satisfacer una demanda social siempre creciente y reducir las distancias, estableciendo relaciones entre pueblos. Evidentemente, la didáctica de una lengua extranjera no se limita al dominio de las estructuras lingüísticas y semánticas, sino que se extiende a la difusión de otros aspectos de la vida social como la alteridad, la identidad, la representación y los estereotipos. Acerca de la técnica y las tecnologías ajenas, su apropiación se consigue fundamentalmente a través de la enseñanza/aprendizaje de las lenguas de sus nativos. Individualmente, la adquisición de la competencia plurilingüe es indispensable en la vida de un ser humano. Cada ciudadano de este mundo globalizado debe ser capaz de comunicar adecuadamente en muchas lenguas y en distintos contextos socioculturales. De esta competencia se logran la amistad, la justicia, la igualdad, la movilidad y otras ventajas de orden socio profesional. Desde el punto de vista institucional, el currículo de nuestro sistema educativo sintetizado en la Ley de Orientación de la Educación

(1998) empuja a los formadores al dominio y sensibilización de las culturas locales y valores externos. Para alcanzar esta finalidad se apoyan los docentes en varias metodologías como el método de gramática y traducción, el método directo, los métodos audiovisuales, los métodos audio-orales, los enfoques comunicativos, los enfoques por tareas, los enfoques culturales, antes de llegar al cambio de paradigma metodológico actual con el enfoque por competencias. Un vistazo técnico profesional en el aula deja ver claramente las múltiples funciones que cumple el docente en la realización de las actividades didácticas. De hecho, el triángulo pedagógico, síntesis del acto didáctico, presenta al docente en interacciones con sus alumnos y la ciencia o el saber que se vienen a apropiar.

Este libro es una compilación de varias experiencias y estrategias teórico-prácticas, con una finalidad precisa: aproximarse a la enseñanza/aprendizaje del español como lengua extranjera en un contexto plurilingüe y multicultural. Es una aproximación a un campo científico: la didáctica de lenguas, que promueve una profunda reflexión sobre los aspectos socio-pragmáticos, las distintas habilidades comunicativas, el uso de las nuevas tecnologías de la información y la comunicación, y la evaluación, con la participación de todos los actores del acto didáctico. Personalmente, les recomiendo la lectura de este libro para asegurar su formación continua o permanente y contestar a la pregunta de Alonso (1994): ¿Cómo *ser profesor y querer seguir siéndolo?*

André-Marie Manga

Catedrático de Didáctica de lenguas extranjeras,

Universidad de Yaundé I,

Escuela Normal Superior

Capítulo 00
Introducción

La didáctica es una disciplina de carácter teórico-práctica, ubicada dentro de las ciencias de la educación, que estudia e interviene en el proceso de enseñanza/aprendizaje con la finalidad de optimizarlo y así garantizar un mejor rendimiento escolar o académico de los aprendientes. No en vano el Diccionario de la Real Academia Española (en adelante DRAE) define la didáctica como el arte de enseñar, de su etimología griega *didaskein* (enseñanza) y *teknè* (arte). Es pues una ciencia que proporciona al profesorado habilidades, orientaciones, estrategias, herramientas y recursos metodológicos y tecnopedagógicos necesarios para disponer de ese arte de enseñar. Disponer de ese arte es la condición *sine qua non* para propiciar un buen desempeño docente y, por consiguiente, unos buenos resultados académicos y escolares. Se trata pues de una disciplina imprescindible en la medida en que permite que el acto de dar clase dé frutos favorables para impactar positivamente en la gente y, por ende, en la sociedad. Thouin (2014) la considera como una *disciplina mediadora*, debido a su afán por la resolución de problemas y por su procedimiento que consiste en analizar el proceso de enseñanza/aprendizaje con el fin de determinar si es susceptible de garantizar la construcción de los conocimientos y competencias en los discentes. Por este motivo, se suele considerar la didáctica de lenguas como una ciencia aplicada o, simplemente, como una rama de la lingüística aplicada, en este caso aplicada a la enseñanza de idiomas.

Si bien hemos definido la didáctica, a secas, como disciplina ubicada dentro de las ciencias de la educación, conviene subrayar que la didáctica de lenguas extranjeras propiamente dicha (didáctica del FLE, didáctica de ELE, etc.), desde sus orígenes, fundamenta su doctrina tanto en el campo de la pedagogía, dentro de las ciencias de la educación, como en la lingüística y la psicolingüística. Con razón Vicens Castañer (1992:18) la define como "una disciplina que, partiendo de las aportaciones de la lingüística y de las Ciencias de la Educación, se propone determinar qué se debe enseñar y cómo enseñar". En la misma línea, Suso López y Fernández Fraile (2001) señalan que:

la didáctica (específica) de la lengua constituye una disciplina que implica en su reflexión no sólo la lingüística (que proporciona el campo de estudio) y la psicopedagogía (teorías del aprendizaje, psicología evolutiva, que proporcionan la comprensión de los procesos mentales del sujeto que aprende), sino a otras Ciencias de la Educación, como la didáctica general y la pedagogía. Estas disciplinas poseen por lo tanto un ámbito de investigación propio y estrictamente delimitado, frente al ámbito interdisciplinar ocupado por la Didáctica (específica) de la lengua (Suso López y Fernández Fraile, 2001:21)

En relación con lo anterior, Galisson (1990), citado por Díaz-Corralejo Conde (2016), subraya que la importancia de la didáctica-didactología de las lenguas y las culturas reside en su transversalidad, su anclaje en el sistema educativo, su coherencia interna y su especificidad en el terreno de la enseñanza-aprendizaje de las lenguas y de las culturas. En la misma línea, Martínez (2017:73) advierte que "el desarrollo de la competencia comunicativa en lengua extranjera constituye un asunto complejo que precisa de la asunción de los aportes de otras áreas afines, como la pedagogía, la lingüística, la psicología, la didáctica general". En la presente investigación, siguiendo el planteamiento de la didáctica y de su objeto de estudio, nos proponemos analizar los principales retos que plantean la enseñanza del español en Camerún y que condicionan el desarrollo de la competencia comunicativa en el alumnado de la educación secundaria principalmente.

En realidad, el principal reto que plantea la enseñanza del español en la educación secundaria de Camerún radica en la dificultad de desarrollar la competencia comunicativa en los alumnos. Después de muchos años y horas aprendiendo español, la gran mayoría de los alumnos terminan la educación secundaria siendo incapaces de mantener una mínima conversación en español. Cada año en la Escuela Normal de Yaundé, acogemos a nuevos estudiantes/futuros docentes de ELE de colegios e institutos, procedentes de la educación secundaria que demuestran en la gran mayoría una incapacidad inquietante de mantener una interacción oral sobre temas básicos. De hecho, la dificultad de desarrollar la competencia comunicativa en el aula de idiomas extranjeros no es un desafío específico de Camerún. También se da en otros países, tal como expondremos en este libro, pero cada realidad socioeducativa tiene sus especificidades. Esta problemática implica una reflexión sobre las prácticas docentes y las creencias del profesorado y del alumnado cameruneses sobre cómo se enseña y aprende una lengua, tema sobre el que hemos profundizado en los últimos años. La cuestión de la metodología de enseñanza y otras cuestiones conexas a la realidad del aula de ELE en Camerún quedan analizadas en esta investigación en la que proponemos vías de salidas a las cuestiones objeto de análisis. En pocas palabras, este libro es un conjunto de reflexiones y propuestas teórico-prácticas sobre la didáctica de ELE en Camerún. Aunque las cuestiones tratadas se puedan extrapolar en otros contextos educativos, ya sean africanos o no, en esta guía pedagógica se reflexiona sobre la problemática en torno a la enseñanza de idiomas extranjeros tomando el contexto camerunés de ELE como punto de referencia. Lo que se pretende con este planteamiento es contextualizar el debate y proponer unas reflexiones y orientaciones prácticas acordes a la realidad educativa camerunesa. Varias cuestiones, que en algún momento el lector o la lectora se habrá planteado como docente de ELE a solas o en compañía de otros profesionales del ámbito, están aquí recogidas:

- *¿Qué supone concretamente enseñar una lengua desde el enfoque por competencias (EPC) y cuáles son las competencias a enseñar?*

- *¿Cómo se plantean las actividades de aprendizaje según el EPC con entradas por las situaciones de vida, metodología recomendada por las políticas educativas camerunesas?*

- *¿Qué se debe hacer el primer día de clase de ELE en aulas masificadas para no perder el control y sentar las bases de una buena convivencia y de un aprendizaje significativo?*

- *¿Cómo se diseña un curso de ELE, tomando en cuenta la normativa oficial vigente en Camerún y atendiendo a la especifidad de nuestra realidad socioeducativa?*

- *¿Cómo se puede conseguir que los alumnos mantengan una conversión en español al finalizar cinco años de aprendizaje en la educación secundaria?*

- *¿Cómo solucionar el problema de la masificación en las aulas para poder alcanzar los objetivos de enseñanza?*

- *¿Qué papel juega la lengua de escolarización (francés) en el aula de ELE?*

- *¿Qué estrategias se pueden usar para corregir errores en un contexto donde los alumnos no quieren arriesgarse a hablar por miedo a equivocarse o ser el hazmerreír de la clase?*

- *¿Cómo puedo integrar las TIC en el aula de ELE en un contexto de carencias de todo tipo (internet, ordenadores, equipo de sonido, corriente eléctrica…)?*

- *¿Cómo se puede trabajar la comprensión auditiva en un contexto de carencias tecnológicas e infraestructurales?*

- *¿Cómo se puede trabajar la expresión oral con cien alumnos en el aula?*

- *¿Qué se puede hacer con los alumnos que no toman notas ni participan? ¿Y con los alumnos y las alumnas que no hacen caso y siempre están de broma en clase?¿Y con los que no tienen las herramientas básicas como el manual o libro de texto?*

— *¿Cómo conseguir los objetivos curriculares con profesores y alumnos que carecen del entusiasmo necesario en el proceso enseñanza/aprendizaje?*

Estoy seguro que todos los docentes cameruneses de ELE se han planteado en alguna ocasión por lo menos cinco de las preguntas anteriores. Si estas interrogaciones están escritas en cursiva, es porque vienen de experiencias y dudas reales que en algún momento docentes y estudiantes-futuros docentes de ELE me han sugerido, por ser formador de profesores de ELE en las ENS de Yaundé y Bertua. Por eso, algunas de las recomendaciones y propuestas de intervención didácticas planteadas en este libro, se nutren del contenido de mis clases en esta materia. Muchas de estas preguntas las recojo de las dudas que me han planteado algunos docentes y futuros docentes. Otras de las entrevistas o encuestas realizadas a docentes y alumnos de español en mis investigaciones (Kem-mekah Kadzue, 2016, 2018, 2020, 2022, 2024). Ahora bien, lejos de ser una caja de píldoras mágicas que curan todas las enfermedades, este libro tan solo se propone aportar unas orientaciones teórico-prácticas sobre algunos de los retos que plantea la enseñanza del español en la educación secundaria. Estas propuestas se hacen tomando en cuenta los resultados de las investigaciones propias y de terceros realizadas previamente en el contexto camerunés sobre la realidad del aula y las creencias del profesorado y alumnado de ELE. La finalidad de este trabajo radica pues en suscitar en la comunidad educativa del ámbito de ELE el debate y la búsqueda de otras respuestas o soluciones coherentes y contextualizadas a las cuestiones tratadas. Las medidas planteadas en este trabajo no son recetas mágicas a aplicar a rajatabla en todos los rincones del triángulo nacional, sino medidas para inspirar y suscitar más reflexiones y propuestas. Las propuestas e innovaciones metodológicas no deben aplicarse en las aulas como "modas prêt-à-porter" (Zabala & Arnau, 2007:164), sino como instrumentos moldeables y sujetos a adaptarse a una necesidad contextual.

Mi experiencia como (i) profesor de ELE en la educación secundaria en Camerún, (ii) formador de profesores de español en Camerún (iii) e investigador en el campo de ELE en Camerún son pues las bases epistemológicas que nos permiten articular nuestras reflexiones, haciendo de nuestro trabajo una investigación reflexiva y contextualizada a la realidad educativa camerunesa. Suele ser objeto de debate entre los docentes de la secundaria, sobre todo los que no se dedican a la investigación, la cuestión de la utilidad de las investigaciones científicas realizadas por los docentes universitarios para el cambio a mejor en el ámbito educativo. Para éstos, las investigaciones, generalmente, son teóricas y las cuestiones analizadas a veces ni tratan de las problemáticas que tienen que ver con nuestras realidades socioeducativas. Es más, ya sea en nuestro país o en cualquier otro país del mundo, se puede escuchar a personas hacerse preguntas sobre la utilidad de las investigaciones en el campo de las humanidades para la sociedad. Teniendo en cuenta este panorama, se ha procurado partir, en el texto que nos ocupa, no solo desde los resultados previos obtenidos en investigaciones realizadas en el terreno a partir de encuestas dirigidas a una muestra de 474 alumnos, 60 docentes de ELE y 8 asesores pedagógicos de español en Camerún, sino también recoger dudas reales y preguntas de los docentes en el terreno, para procurar plantear propuestas prácticas sobre los principales retos que suponen enseñar el español como lengua extranjera en Camerún.

Así pues, a nivel metodológico, es importante subrayar que las problemáticas planteadas en los diferentes bloques temáticos de este libro también han sido objeto de análisis en mis investigaciones anteriores, Kem-mekah Kadzue (2016, 2018, 2020, 2022, 2024). En el presente libro, paso a la segunda misión del investigador en el sector educativo que es la de partir desde unos resultados de investigación existentes y de las dudas reales de los docentes, para proponer soluciones prácticas para que los profesionales que estén en el terreno encaren con destreza los problemas que iremos explorando. Por lo tanto, espero que se encuentre en el hilo de los temas presentados, las premisas didácticas prácticas y reflexivas sobre algunas cuestiones que en algún momento todos nos hemos planteado. Cojo prestado de Cassany (2021:12) estas palabras: *La enseñanza del español en Camerún. Retos y propuestas didácticas* "quiere ser un libro útil, que ayude a los docentes principiantes y que haga reflexionar a los experimentados".

 Este libro va dirigido a todas las personas que han optado o desean optar por la penosa y encantadora profesión que es la de ser docente (en este caso, de idioma). Quienes trabajamos en este sector, sabemos que ser docente es una profesión ardua, exigente, apasionante, memorable, enriquecedora y gratificante. Pero es preciso apuntar que la experiencia docente no es gratificante por naturaleza. Para que lo sea, es necesario que la persona que la escoja, además de tener vocación profesional, esté formada (formación inicial y continua) para dominar no solo el saber sabio, sino también el saber enseñar; es decir, capacitarse y actualizarse didácticamente para poder disfrutar (y nunca sufrir) impartiendo clases. En pocas palabras, hay que formarse para impartir clases pasándoselo bien.

Un docente que carece de vocación y competencias básicas, generales y pedagógicas en su disciplina no puede disfrutar plenamente de su trabajo, pues para deleitarse con su labor, además de amarla por naturaleza, es imprescindible tener unos conocimientos básicos, específicos, generales, didácticos y manejar herramientas y estrategias (tecno)pedagógicas que le faciliten el ejercicio de la misma. En este sentido, no es de extrañar que un buen docente de idiomas extranjeros tenga como libro de cabecera no solo un cuento o una novela como la gente corriente, sino también un libro de gramática y/o de didáctica que le dé eventuales respuestas a sus dudas o, simplemente, le dé ideas a la hora de diseñar actividades de aprendizaje. Es decir, un libro que le cautive, le inspire y le haga reflexionar sobre lo que es enseñar idiomas de manera significativa.

De todas formas, el presente libro no pretende ser su libro de cabecera, pero, si por fortuna acaba siéndolo, sería un buen fruto de muchas noches de desvelos. Permíteme que sea directo y cercano, permíteme que te trate de tú. Pocas bromas, tienes en tus manos un libro pensado para arrojar luces en algunos desafíos actuales que plantea tu profesión de profesor de ELE y facilitarte algunas herramientas para superarlos. Seas docente novato o veterano de ELE en Camerún, puedes hacer del presente libro un buen compañero de viaje en tu larga y bonita carrera profesional. Incluyo a profesionales con experiencia laboral porque es sabido que un buen docente es aquel que siempre está predispuesto a (des)aprender. No en vano se dice que quien deja de aprender, tiene que dejar de enseñar.

En la presente investigación he decidido articular mis reflexiones en siete bloques temáticos. En el primer bloque, me ha parecido necesario situar primero la enseñanza del español en Camerún para dejar evidencias empíricas sobre las realidades del hispanismo camerunés. En el segundo, se trata de la enseñanza de idiomas basada en competencias, haciendo hincapié tanto en sus fundamentos teóricos y epistemológicos como en los retos que plantean su implementación en el contexto camerunés. Asimismo, se proponen unas orientaciones teóricas y prácticas para facilitar su aplicación efectiva en las aulas. En el tercer bloque temático, se reflexiona sobre lo que significa impartir una clase de ELE, tomando en cuenta la realidad camerunesa. Se esbozan reflexiones y propuestas desde los retos de la impartición de la primera clase del año hasta los pasos y recomendaciones metodológicas que deben regir las tres principales actividades de aprendizaje que se dan en la educación secundaria de Camerún: la actividad de estructura gramatical, la de explicación y/o comentario de texto y la clase de traducción. Por otra parte, se reflexiona sobre algunos desafíos que dan los alumnos cameruneses con necesidades específicas y, finalmente, antes de presentar los criterios de diseño de actividades significativas para lograr un aprendizaje eficiente, se reflexiona sobre algunos hábitos cuestionables del profesorado camerunés de ELE. En el cuarto bloque, se maduran las reflexiones sobre el tratamiento del error en el aula de ELE en Camerún, antes de pasar al cuestionamiento sobre la presencia de la lengua de escolarización (francés en este caso) en el aula de ELE en el quinto. El contenido temático seis esboza la cuestión de la integración de las TIC en el proceso de enseñanza del español en Camerún. Finalmente, en el último, tras una reflexión sobre el papel de la música en el aula de LE, propongo un conjunto de letras de canciones en español que los docentes cameruneses podrían usar en el aula para enseñar temas determinados del plan curricular camerunés de ELE.

Capítulo 01

La historia del hispanismo camerunés y de la enseñanza del español en Camerún

1 El hispanismo y el español en la enseñanza secundaria

La enseñanza del español como lengua extranjera, en casi todas las ex colonias francesas de África, se llevó a cabo durante el período colonial y el caso de Camerún no es una excepción. Como advierte Tama Bena (2014), en sus territorios africanos al sur del Sahara, Francia había practicado constantemente una colonización de tipo asimilacionista, y en sus ambiciones de crear "negros europeos" a su imagen, impuso una enseñanza colonial producto de una tradición pedagógica gala. Según la *Enciclopedia del español en el mundo* (Instituto Cervantes, 2006), el español forma parte de las asignaturas del currículo de la educación secundaria de Camerún desde 1951, siguiendo el modelo del currículo francés de enseñanza secundaria introduciéndose por primera vez en el Instituto General Leclerc con la denominación de lenguas vivas (junto con el alemán, 1948) con una decisión del 29 de julio de 1944 reflejado en el artículo primero de su reglamento (Onomo Abena, 2014). Según Tama Bena (2014:613), en aquel período, "el personal docente de los institutos estatales en su mayoría procedía de la metrópoli, mientras que en los colegios dirigidos por misioneros el profesorado era sobre todo español y canadiense". Después de las independencias, las políticas educativas camerunesas decidieron no eliminar las mencionadas lenguas extranjeras del currículo de educación secundaria. Más bien consideraron oportuno mantenerlas para hacer posible uno de los objetivos fundamentales que se plantea en la Ley de Orientación Educativa camerunesa respecto a la formación de unos ciudadanos "enracinés dans leur culture mais ouverts au monde et respectueux de l'interêt général et du bien commun" (Mineduc, 2006: 33).

A partir de 1967, se reguló la enseñanza del español en todos los institutos y colegios de Camerún. "Durante más de un decenio, la enseñanza del español en Camerún se realiza sin un programa de estudio claramente definido" (Onomo Abena, 2014:178). Los docentes se limitaban a seguir los contenidos de los manuales elaborados por editoriales franceses y para un público francés y, por lo tanto, los contenidos curriculares no tenían ninguna adaptación local. El método de enseñanza utilizado era el de gramática-traducción marcado por el estudio y traducción de textos literarios de autores españoles y franceses sobre la literatura, la historia y la geografía de España y de los países hispanoamericanos, la memorización de reglas gramaticales y el uso del francés como lengua principal de impartición de las clases. Mbarga (1995:244) advirtió que esos manuales "[...] obedecían a los criterios del antiguo maestro colonial francés quien privilegiaba las realidades exteriores, de modo que la enseñanza del español estaba desconectada de las realidades locales sociales, económicas y culturales [camerunesas]". Por otra parte, se apreciaba en ellos, una "deformación esperpéntica de las realidades españolas en perjuicio de España" (Mbarga, 1995:244). A este respecto, podemos citar los siguientes libros de editoriales franceses que se usaron en Camerún durante este período:

— *Arranque* de la editorial Ligel (París), utilizado de 1958 a 1963 en el primer curso de ELE.

— *Cuesta arriba* de la editorial Ligel (París), utilizado de 1958 a 1963 en el segundo curso de ELE.

— *Se habla español*, editorial Hatier, utilizado de 1958 a 1970, desde el primer curso de ELE al quinto.

— *Cambios 16, ediciones Bordas*, utilizado de *1974 a 1985.*

No obstante, en 1977, con la creación de la Inspección General de Educación, se diseñaron los primeros contenidos curriculares para la enseñanza del español en Camerún. Los objetivos de esos programas eran claros: romper con la enseñanza del español bajo los paradigmas del método tradicional, promover la práctica oral del español en el aula y acercar los contenidos de enseñanza a las realidades camerunesas. A este respecto, en las instrucciones ministeriales nº 234 D/60/MINEDUC/SG/IGP, se puede leer lo siguiente:

Jusqu'ici, et tant bien que mal, l'enseignement de l'espagnol au Cameroun consistait essentiellement en une série de leçons au cours desquelles le professeur expliquait -le plus souvent en français et quelques rares fois en espagnol- un texte, en prose ou en vers d'un écrivain espagnol ancien ou contemporain. Cette explication consistait généralement à étudier la grammaire espagnole ancienne ou moderne et à traduire en français le passage choisi. Des conséquences néfastes de cet apprentissage sont multiples. S'il n'est pas question de faire totalement table rase de cet enseignement traditionnel, **il convient maintenant de tenter de nouvelles méthodes plus efficaces, susceptibles de nous aider à atteindre les objectifs de notre système d'éducation** (MINEDUC, 1977: sp).

Así pues, según el primer programa de enseñanza del español en Camerún, las prácticas docentes tenían que alejarse de las prácticas de los años de inicio de la enseñanza del español en Camerún y asegurarse del cumplimiento de los principios siguientes:

El desarrollo de la expresión oral, espontánea y en un lenguaje moderno: "l'enseignement de l'espagnol est un entrainement à l'expression libre orale. Dès le debut, il s'agit d'apprendre aux élèves à parler et lire correctement la langue d'aujourd'hui, exacte et idiomatique » (MINEDUC, 1977 : sp).

— La transmisión de conocimientos, el desarrollo de la intelectualidad, del espíritu crítico y los valores morales para que el alumnado sea un ciudadano responsable en la vida activa: "transmettre des connaissances, développer l'intelligence, l'esprit critique, former la conscience morale et préparer l'élève à devenir un adulte capable d'assurer ses responsabilités dans la vie active » (MINEDUC, 1977 : sp).

— La adaptación de la enseñanza a las realidades camerunesas. Este principio debe guiar al docente a la hora de escoger textos y temas de debates en el aula. Evitar "les thèmes de discussion trop éloignés de l'environnement local » (MINEDUC, 1977 : sp).

Con el deseo de facilitar la aplicación de esta nueva normativa respecto a la contextualización de enseñanza en los colegios e institutos de Camerún, el hispanista camerunés Tama Bena, en aquel momento asesor pedagógico nacional de español, diseñó y publicó en 1978 una colección de manuales de ELE titulada respectivamente:

— *Colección hispano africana* (editorial CEPER) y

— *Español en África* (Edición Larousse).

Estos manuales fueron usados aproximadamente de 1978 a 1998 en los niveles iniciales, primer y segundo curso de ELE.

La observación que haría cualquiera, a la luz de la lectura de lo anterior, es que los objetivos de enseñanza que se perseguían desde 1977 no se diferencian mucho de los que se sigue persiguiendo a día de hoy con el nuevo paradigma metodológico: *el enfoque por competencias con entradas por situaciones de vida*. Eso deja intuir que, a nivel metodológico, pese las reformas que hemos ido conociendo en el sistema educativo camerunés, las prácticas docentes no se han alejado mucho del molde de la tradición educativa basada en la enseñanza tradicional. Así pues, nuestro interés de reflexionar sobre las prácticas docentes y las creencias de los docentes/alumnos sobre cómo se enseña/aprende una lengua, con el fin de proponer soluciones para garantizar el desarrollo de la competencia comunicativa, cobra todo su sentido. Si bien, en aquel programa oficial de español del año 1977, se planteaban los objetivos vanguardistas de una enseñanza comunicativa y contextualizada del español, al observar con detenimiento los contenidos de los mismos en los diferentes niveles, se advierte que son mayoritariamente gramaticales, pues era un programa de tipo gramatical en el primer ciclo y sociocultural en el segundo ciclo: "Après la mise en place au premier cycle de la langue de base, le but visé dans les classes du second cycle sera essentiellement la culture hispanoaméricaine » (MINEDUC, 1977: sp). Esta reforma iniciada en 1977 tampoco dio los resultados esperados.

Seguramente por eso, el año 2000 marcó la fecha de nacimiento de una nueva reforma curricular que propuso, entre otras cuestiones, la necesidad de una enseñanza comunicativa del español y del enfoque por objetivos. Como dice Onomo Abena (2014:179), a diferencia del anterior, en estos programas cuya implementación empezó en 2000, "se especifican claramente los objetivos y se presentan unos contenidos más adaptados a las necesidades y al entorno camerunés". Quizá el fallo de esa reforma fue seguir disociando la lengua de la cultura, es decir, la separación de los contenidos puramente lingüísticos y de los contenidos literarios y culturales, según los niveles de aprendizaje, primer y segundo ciclo. Por otra parte, si bien la contextualización de los contenidos forma parte de los principios defendidos por esos programas de enseñanza, lo curioso es que en el segundo ciclo los temas de enseñanza trataban exclusivamente de la geografía, la historia de España y de la civilización hispanoamericana (la precolombina y las luchas independentistas). A título ilustrativo, el plan de estudio del quinto curso de ELE (*Terminale*) comprendía los temas siguientes:

— España: (i) civilización española (historia de España del principio del siglo XX, la segunda república, la guerra civil española, el franquismo, la transición democrática, la constitución del 1978, las autonomías, España dentro de Europa); (ii) literatura española (poesía y prosa, la generación del 1898, la generación del 1927, la generación de la post-guerra, la literatura social).

— El mundo hispánico: las revoluciones cubanas y mexicanas, las realidades sociopolíticas, económicas y culturales de Hispanoamérica contemporánea, las minorías raciales, el problema indio, las realidades socioculturales de los países hispanoafricanos, el indigenismo, la literatura social, la literatura hispanoafricana.

— Repaso a algunas nociones gramaticales estudiadas en los niveles anteriores.

Tal y como se puede comprobar en este listado de los temas a enseñar, este plan de estudio parecía más bien un plan de estudio del español para fines filológicos.

En cuanto a los materiales didácticos, es preciso señalar que en consonancia con esta nueva reforma curricular del año 2000, Bidoung Habissou y un grupo de profesores de la Universidad Nacional de Educación a Distancia de Madrid, diseñaron la colección de manuales Didáctica del español *I, II, III, IV y V* (ediciones AECID y UNED) que cubría todos los cinco niveles de enseñanza del español en la educación secundaria. Esta colección fue usada en Camerún durante más de una década en todos los niveles de enseñanza del español, combinando en ocasiones con la colección Horizontes diseñada de la mano de un colectivo de profesores marfileños.

Desde 2014, las políticas educativas camerunesas relacionadas con el español han iniciado una nueva reforma metodológica y curricular. El currículo de la enseñanza del español en vigor se fundamenta en el enfoque por competencias con entradas por situaciones de vida. Como bien se establece en dicho currículo, la reforma curricular refleja tres grandes evoluciones:

> évolution d'une **pédagogie frontale et transmissive** à une **pédagogie d'apprentissage basée sur l'acquisition de compétences permettant de résoudre des situations de vie** ; (b) évolution d'une école coupée de la société à une **école permettant de s'insérer dans le tissu socioculturel et économique;** (c) évolution **d'une évaluation des savoirs à une évaluation des compétences nécessaires** à un développement durable (Ministère des enseignements secondaires, 2014).

Así pues, desde 1977 hasta la actualidad, los tecnócratas de la educación camerunesa siempre se han preocupado por la calidad de la enseñanza de ELE en Camerún y han diseñado tres marcos de referencias sobre la enseñanza del español en la educación secundaria. Tenemos respectivamente, el primer diseño curricular de 1977, la reforma curricular del año 2000 y la reforma actual que está en vigor desde 2014. Esa evolución de los planes curriculares demuestra la necesidad de las políticas educativas de Camerún de mejorar tanto los contenidos curriculares como las prácticas docentes en las aulas y, por ende, garantizar un aprendizaje significativo y competencial de la lengua. Prueba de ello es que, en los programas que están en vigor actualmente, los contenidos a desarrollar en cada nivel son menos extensos que en los currículos de las reformas anteriores y, asimismo, recogen todos los componentes necesarios para la planificación curricular. Por otra parte, analizan temas de la vida cotidiana de los aprendices, tal como se explicará con más detalle en el segundo bloque temático de este trabajo. Algunos componentes del diseño curricular que faltaban en los dos programas anteriores sí están recogidos en el actual currículum. En el actual programa de segundo ciclo de ELE, por ejemplo, a la pregunta qué competencias enseñar, se lista el conjunto de competencias que según el MCER se debe trabajar en el aula de lengua para que los alumnos sean competentes. Es decir, desarrollar las:

> "- **capacités intellectuelles, civiques et morales** ; - **compétences linguistiques** (aspects phonétique, phonologique, orthographique, lexical, morphologique, sémantique, syntaxique) pour une bonne connaissance et un bon maniement de la langue) ; - **compétences sociolinguistiques** : langue comme moteur de variation, comme vecteur de différenciation (identité et identification); - **compétences pragmatiques** liées aux différentes valeurs de la langue. (MINESEC, 2014).

Todos los componentes de la competencia comunicativa quedan recogidos como objetivos de aprendizaje y no solo la competencia lingüística como prevalecía en los programas anteriores. Los nuevos contenidos curriculares también hacen hincapié en la enseñanza de la mediación lingüística y de las otras cuatro habilidades lingüísticas básicas: "cet enseignement s'inspire aussi des niveaux de compétence du Cadre européen commun de référence pour les langues (CECRL)" (Ministère des Enseignement Secondaires, 2014:5). En pocas palabras, la reforma curricular, iniciada en 2012 en algunos institutos pilotos y adoptada oficialmente en todo el país en 2014, cumple con la necesidad de contextualizar los contenidos curriculares a la realidad camerunesa para poder formar a un alumnado motivado y competente al finalizar los cinco años de formación en la enseñanza secundaria.

A raíz de esta reforma curricular y de la innovación metodológica que conoció el sistema educativo camerunés, con la implementación del enfoque por competencias, un colectivo de docentes cameruneses (Mbem Mbem, Thierry Anaba, Nadège Olive Makwate y Sylvie Amina) diseñó en 2014 una nueva colección de manual llamada *Majors en español* que se convirtió seguidamente en el manual oficial para enseñanza del español. En la misma dinámica, otro colectivo de hispanistas cameruneses (Christian Tiako Youadjeu, André-Marie Manga y David Bamela) diseñó en el año 2015 la colección *Excelencia en español* que se convirtió en el material oficial para la enseñanza del español, antes de ser destronado por otra colección unos años después. En 2019 y 2024, Bidoung Habissou, editó una versión actualizada y mejorada de su colección y la llamó *Nueva didáctica del español* que, hasta la fecha, es el manual oficial para la enseñanza del español en la educación secundaria, si bien, también se recomienda al profesorado recurrir a otros recursos (manuales, textos sacados de internet, materiales auténticos, etc.) cuando le parezca oportuno.

En cuanto al número de alumnos de español en la educación secundaria, si en el trabajo de González Godínez, Martínez Hernando y Rodríguez Dopico (2006) se estimaba en 62.430, Onomo Abena (2014) afirma, en el libro coordinado por Serrano Avilés (2014), que en Camerún se documenta un total de 193.018 estudiantes de español, de los cuales 190.606 son de educación secundaria. Cabe subrayar que los datos sobre el número de discentes de español presentados en el trabajo de Onomo Abena (2014), no correspondían al número real de aprendientes de español del momento en que se escribió y publicó el libro. No era una relación actualizada del número de cameruneses que aprenden español en la educación secundaria. En realidad, en ese momento, había una gran dificultad para tener estadísticas exactas y actualizadas, debido a la falta de digitalización de datos a nivel nacional, así como la falta de una ágil y buena coordinación entre las instituciones tanto privada, pública, regional y central. Afortunadamente, desde el inicio del curso escolar 2024-2025, se ha iniciado el proceso de digitalización de los datos del alumnado inscrito en los institutos y colegios públicos y privados de enseñanza secundaria en todo el país. Ese proceso de digitalización ha permitido que desde la Inspección Nacional del Español del minsterio de las enseñanzas secundarias, nos han comunicado unos datos actualizados y fehacientes del número de alumnado de ELE en la educación secundaria. Tal como se puede apreciar en la tabla 1, Camerún cuenta con más de **un millón de discentes** de ELE formados en los colegios e institutos públicos y privados.

Regiones	Número de alumnos/as de ELE en la educación secundaria	
	Institutos y colegios públicos	Colegios privados
ADAMAUA	11. 900	9800
CENTRO	220.370	100.000
ESTE	19.936	7000
EXTREMO-NORTE	64.578	10.090
LITORAL	250.000	120.000
NORTE	37. 398	9000
NOROESTE	352	00
OESTE	230.980	145.000
SUR	14.000	8000
SUROESTE	881	177
TOTAL	850.395	409.067
TOTAL GLOBAL	1.259.462	

Tabla 1 Número aproximado del alumnado de ELE en la educación secundaria de Camerún

Los datos presentados en la tabla anterior dejan en evidencia el potencial del hispanismo camerunés. Si cotejamos estos datos actualizados de Camerún, con los datos del último informe del español lengua viva (Fernández Vitores, 2024:13) respecto al número aproximado de estudiantes de español en otros países del mundo, podemos llegar a la conclusión de que Camerún sería a día de hoy el país africano con más alumnado de español. A nivel mundial, Camerún sería el cuarto país con más aprenidices de ELE.

2 El hispanismo y el español en la enseñanza superior

En cuanto a la enseñanza universitaria, cabe señalar que la primera universidad camerunesa nació en 1961. En realidad, en octubre de 1961 se fundó en Camerún una institución de enseñanza superior con el nombre de *Institut d'Etudes Universitaires*. El 26 de julio de 1962, *el Institut d'Etudes Universitaires* se convirtió en la Universidad Federal de Camerún. Seguidamente, en 1973, la Universidad Federal de Camerún pasó a llamarse Universidad de Yaundé. Desde 1963 hasta 1973 no existía una carrera de estudios hispánicos en la única universidad camerunesa. Tal como afirma Onomo Abena (2010: 188): "la enseñanza del español en este nivel empieza con la creación de la Facultad de Letras en 1963, cuando el español era solo una asignatura optativa". La creación de una carrera dedicada a la enseñanza de lengua, literatura y civilización españolas e hispanoamericanas surgió gracias a la mutación de la Universidad Federal en Universidad de Yaundé en 1973. Así es como "se otorga por primera vez la licenciatura de español en 1977. Si se compara con los 20 estudiantes de aquel año, actualmente se observa un flujo cada vez más importante de solicitantes de la matrícula en estudios ibéricos" Onomo Abena (2010: 188). Para el curso académico 2023-2024 los estudiantes de Filología Hispánica de la Universidad de Yaundé I son unos 1500. Durante más de dos décadas, la enseñanza del español se limitó únicamente a la Facultad de Letras de la Universidad de Yaundé y a la Escuela Normal Superior, donde se forma al profesorado de secundaria. A raíz de la reforma universitaria de 1993, el Decreto Presidencial N° 93/036 del 29 de enero de 1993, legisló la creación de seis universidades del Estado: Buéa, Douala, Dschang, Ngaoundéré, Yaundé I y Yaundé II. Desde ese momento, se pasó a contar con una carrera de estudios hispánicos en tres de las seis universidades que existían en ese momento.

A día de hoy, Camerún cuenta con 11 universidades estatales. El grado de Filología Hispánica (estudios hispánicos) existe en 8 de ellas:

— Universidad de Yaundé I (en la Facultad de Letras y en la Escuela Normal Superior)

— Universidad de Duala, con el departamento dedicado a las letras hispánicas creado en 1994.

— Universidad de Dschang, departamento creado en 1995.

— Universidad de Marua (en la Facultad de Letras y en la Escuela Normal Superior), departamento creado en 2008.

— Universidad de Bertua (en la Facultad de Letras y en la Escuela Normal Superior), departamento creado en 2023 en la facultad y desde el 2018 en la Escuela Normal Superior.

— Universidad de Ngaunderé, departamento dedicado a las lenguas extranjeras creado en 2022.

— Universidad de Ebolowa, departamento dedicado a la traducción y lenguas extranjeras creado en 2023.

— Universidad de Garua, departamento dedicado a los estudios hispánicos creado en 2023.

El español también se enseña en la Escuela de Traducción e Interpretación de Buéa, institución pública de élite que forma a traductores e intérpretes en Camerún. Cabe señalar que el español se imparte, igualmente, como materia de especialidad en las instituciones universitarias privadas, las llamadas Institutos Privados de la Enseñanza Superior (IPES), en los grados de traducción e interpretación, turismo, comercio internacional, hostelería, periodismo y comunicación, etc. A este respecto podemos citar las instituciones siguientes: Instituto Superior de Traducción, de la Información y de la Comunicación (ISTIC), Universidad Católica de África Central (UCAC), Instituto Superior de Tecnología Aplicada y de Gestión (ISTAG), Universidad Protestante de África Central (UPAC), etc. En todas las grandes ciudades de Camerún, existen academias privadas que enseñan la lengua española, así como en el Centro Cultural Español (CCE) de Yaundé, ubicado dentro de la Embajada de España en Yaundé, donde se imparten todos los niveles del MCER.

Según los datos que hemos recogido en las distintas instituciones universitarias de Camerún para el curso académico 2022-2023, hay **2473** estudiantes universitarios que estudian o bien el grado de filología hispánica, o bien el máster o doctorado en lengua española, literatura española e hispanoamericana o didáctica del español en todas las universidades públicas camerunesas. A día de hoy, más de una treintena de cameruneses se han doctorado en filología hispánica por las universidades de Yaundé I, Duala, Marua y Dschang. Si se suma a ello el número de cameruneses doctores en estudios hispánicos (lengua española, literatura hispánica, didáctica del español) por universidades españolas, francesas y estadounidenses, Camerún sería sin duda el país africano con más doctores en estudios hispánicos.

Si tomamos como punto de referencia el año académico 2023-2024, el número de profesores y profesoras en activo en las universidades camerunesas, incluyendo a los docentes jubilados que siguen colaborando en docencia e investigación y los ayudantes o interinos, se reparten según la tabla que presentamos a continuación. Cabe señalar que, para tener una relación relativamente completa, pero sin pretensión de ser exhaustiva, de los cameruneses doctores en filología hispánica y en didáctica del español como lengua extranjera, también integraremos en la misma tabla, una relación de otros doctores en estudios hispánicos pero que no ejercen en las universidades del país (algunos universitarios de esta categoría trabajan en instituciones universitarias extranjeras y otros trabajan únicamente en la educación secundaria camerunesa), así como los doctores en estudios hispánicos jubilados y fallecidos.

Rango académico o estatus	Apellidos, nombre e institución	Área de la tesis doctoral y universidad donde se doctoraron
10 Catedráticos (en la tradición francófona reconocidos bajo las apelaciones de *Professeur o Professeur Titulaire*). Este apartado recoge también a los que están jubilados pero siguen colaborando en docencia e investigación en distintas universidades camerunesas.	- BELINGA BESSALA Simon (Universidad de Yaundé I)	- Didáctica del Español (Universidad Complutense de Madrid, UCM)
	- BOUBA KIDAKOU Antoine (Universidad de Marua)	- Literatura Española (UNED)
	-MAH André (Universidad de Yaundé I)	- Literatura/Teatro (UNED)
	- MANGA André-Marie (Universidad de Yaundé I)	- Didáctica de ELE (UCM)
	- MBARGA Jean Claude (Universidad de Yaundé I)	- Literatura/Semiótica (UCM)
	- MOUKOUTI ONGUÉDOU Georges (Universidad de Bertua)	- Literatura Hispanoamericana (Universidad de Alcalá de Henares)
	- NANA TADOUN Guy Merlin (Universidad de Yaundé I)	- Literatura Comparada/Poesía (Universidad de Salamanca)
	- NGUEPI Georges (Universidad de Duala)	- Lengua y Lingüística Españolas (Universidad de Lille)
	- ONANA ATOUBA Paulin (Universidad de Yaundé I)	- Lengua y Lingüística Españolas (UNED)
	- ONOMO ABENA Sosthène (Universidad de Yaundé I)	- Literatura Española e Hispanoafricana (Universidad de Paul-Valéry de Montpellier III)
16 Profesores/as titulares (en la tradición francófona reconocidos bajo la apelación de *Maître de Conférence*).	- AMINOU MOHAMADOU (Universidad de Marua)	- Lingüística Española (Universidad Complutense de Madrid)
	- BILLÉ Ébénezer (Universidad de Ebolowa)	- Literatura Hispanoamericana (UCM)
	- ESSAMA NGALA Bernadin (Universidad de Yaundé I),	- Lengua y linguistica españolas (UCM)
	- ESSISIMA Yves Michel (Universidad de Marua)	- Literatura Española (UNED)
	- HATOLONG BOHO Zacharie (Universidad de Ngaunderé)	- Sociolingüística (Universidad de Marua)
	-MAHOP MA MAHOP (Universidad de Yaundé I)	- Literatura Española/Poesía (UCM)
	- MASSOUO Jacqueline	- Lengua y Lingüística Españolas (UCM)
	- MOL NANG Joseph Malgoire (Universidad de Yaundé I)	- Literatura Española/Poesía (UCM)
	- MVONDO Wilfried (Universidad de Bertua)	- Literatura Hispanoamericana (Universidad de Yaundé I)
	- NGOUABA NYA Jean Paul (Universidad de Duala)	-Lengua y Lingüística Españolas (UCM)
	- NGUENDJO TIOGANG Issacar (Universidad de Dschang)	-Lengua y Lingüística Españolas (UCM)
	- NOMO NGAMBA Monique (Universidad de Yaundé I)	- Literatura Española (Universidad de Valladolid)
	- SIME Hortense (Universidad de Dschang)	- Literatura Española (Universidad de Salamanca)
	-ONDOUA EDZENTE Damas (Universidad de Yaundé I)	-Literatura Hispanoamericana (UNED)
	-TOUMBA HAMAN Patrick (Universidad de Marua)	- Literatura Española (UCM)
	-ZAMBO Appolinaire (Universidad de Bertua)	- Literatura Española (Universidad de Yaundé I)

14 Profesores/as ayudantes doctore/as (en la tradición francófona reconocidos bajo la apelación de *Chargés de Cours*).	- ELOUNDOU ELOUNDOU Girex (Universidad de Ngaunderé)	-Lengua y Lingüística Españolas (Universidad de Duala)
	- FONE Thomas (Universidad de Duala)	- Literatura Española (UNED)
	FOTSO TOCHE Rodrigue (Universidad de Yaundé I)	-Lengua y Lingüística Españolas (Universidad de Yaundé I)
	- FOUODJI WAGOUM Roseline (Universidad de Duala)	-Sociolingüística Pragmalingüística (Universidad de Duala)
	-KOUAMOU Paul (Universidad de Yaundé I)	- Literatura y Civilización Hispanoamericanas
	- KEM-MEKAH KADZUE Oscar (Universidad de Yaundé I)	- Didáctica de ELE (Universidad de Lleida)
	-LOE Odile (Universidad de Duala)	-Lengua y Lingüística Españolas (Universidad de Duala)
	PANYERE Isidore Judicaël (Universidad de Douala)	-Gramática Española (Universidad de Duala)
	- MBASSI Stanislas (Universidad de Yaundé I)	-Literatura Hispanoamericana (UCM)
	-MBESSE AKAMSE Désiré (Universidad de Yaundé I)	-Gramática Española (Universidad de Yaundé I)
	-METANMO Germain (Instituto Superior de Traducción, de Información y de la Comunicación)	-Lengua y Lingüística Españolas/Traducción (UCAD)
	-NGONO ATEBA Helène (Universidad de Yaundé I)	-Didáctica de ELE (Universidad de Lleida)
	- OLOUME Manuel Francis (Universidad de Yaundé I)	-Lengua y Lingüística Españolas (Universidad de Salamanca)
	-YAOUBA DAIROU (Universidad de Marua)	-Gramática Española (Universidad de Marua)
4 Profesores/as contratados doctores (en la tradición francófona reconocidos bajo la apelación de *Assistant*)	MATHENE DASSI Guilenne Cyriane - Lengua y Lingüística Españolas (Universidad de Dschang)	-Lengua y Lingüística Españolas (Universidad de Yaundé I)
	-MAGUELOUK MOFFO Ginette (Universidad de Duala)	- Universidad de Dschang
	-NDONGO Jean Jacques (Universidad de Buea)	-Traducción e Interpretación (Universidad de Génova)
	-SANDJON Frank d'Alip (Universidad de Douala)	-Literatura Española (Universidad de Duala)

24 Doctores/profesores asociados/profesores colaboradores (profesionales que no son docentes universitarios permanentes. Colaboran impartiendo clases en las instituciones universitarias. En Camerún llamados *vacataire*. Gran parte de ellos son funcionarios y docentes permanentes de ELE en la educación secundaria)		
	- ABENE Nadège	-Didáctica de ELE (Universidad de Yaundé I)
	-ABOUSSA MEUDJE Léonard	-Literatura Española (Universida de Marua)
	-ANDJUBAI Timothée	-Literatura Española (Universidad de Duala)
	-BARKI SIMALA	- Lengua y Lingüística Españolas (Universidad de Marua)
	- DEVELEME DELI	-Lingüística Española (Universidad de Yaundé I)
	-ENGUENE ENGUENE Martin	-Lengua y Lingüística Españolas (Universidad de Yaundé)
	- FOKOUA Dieunedort	- Literatura/Poesía (Universidad de Duala)
	- FOKOU NGOUO Arthur	- Literatura Española (Universidad de Yaundé I)
	- FOMEKONG DJEUGOU Narcisse	- Literatura Española (Universidad de Dschang)
	-GUECHOUA Ghislain Lionel	- Lengua y Cultura Españolas (Universidad de Dschang)
	-JUPKEP Narcisse	-Lengua y Cultura Españolas (Universidad de Rovira i Virgili)
	- KAMWA KENMOGNE Herman	- Literatura Española (Universidad de Yaundé I)
	-KOUDJOU Beaudelaire Collins	-Gramática Española (Universidad de Marua)
	- LATIEU WAGOUM Marlyse	- Literatura Española (Universidad de Duala)
	-MBALLA Justin	-Lengua y Lingüística Españolas (Universidad de Yaundé I)
	-MBITI Narcisse	- Lingüística Aplicada a la Enseñanza (Universidad de Marua)
	-MONGO DJESSI Jeanne Edith	-Lingüística Aplicada a la Enseñanza (Universidad de Girona)
	-NGANE NGANE Yvan	-Lengua y Lingüística Españolas (Universidad de Douala)
	-NGUI NGUI Benjamin	- Literatura Española/ Hispanoafricana (Universidad de Yaundé I)
	-NKANGA ELIE Giovani	- Gramática Española (Universidad de Duala)
	-ONDHOUA Guy Bertrand	- Literatura y civilizaciones hispánica (Universidad de Yaundé I)
	- TIAYON TOUOTSAP Ignace	- Literatura Comparada (Universidad de Marua)
	- TSAMO DONGMO Franck Rostov	- Lengua y Lingüística Españolas (Universidad de Dschang)
	-VANDOU Richard	- Literatura Hispanoafricana (Universidad de Marua)

<table>
<tr><td rowspan="2">51 Doctores en filología hispánica que no ejercen en las universidades camerunesas. La clasificación de esta sección no toma en cuenta los rangos académicos. Mientras algunos hispanistas de esta categoría son profesores en universidades extranjeras (Estados Unidos, España, etc.), otros trabajan como docentes de ELE en la Educación secundaria.</td><td>-ABOMO EDOU Jeanne Rosine</td><td>- Literatura Hispanoamericana/ Estudios Afro (Universidad de Marua)</td></tr>
<tr><td>-AMBADIANG Théophile</td><td>- Lengua y Lingüística Españolas (UCM)</td></tr>
<tr><td></td><td>-AMBOMO Marie Noelle</td><td>- Didáctica del Español (Universidad de Lleida)</td></tr>
<tr><td></td><td>-APSATOU</td><td>- Literatura Española (Universidad de Marua)</td></tr>
<tr><td></td><td>-ATOUBA EDJEBA Alain</td><td>-Literatura Española (Universidad de Salamanca)</td></tr>
<tr><td></td><td>-BALKISSOU YAYA Haoua</td><td>-Literatura Española (Universidad de Marua)</td></tr>
<tr><td></td><td>-DONFACK SOUNNA Anicet</td><td>- Literatura y Civilización Hispanoamericanas (Universidad de Marua)</td></tr>
<tr><td></td><td>-DIDA NOPOGWO Beaudelaire</td><td>-Didáctica del Español (Universidad de Alicante)</td></tr>
<tr><td></td><td>-ECHITI TEKA Joel</td><td>-Literatura Hispanoamericana (Universidad de Marua)</td></tr>
<tr><td></td><td>-EGBE MANFRED EGBE</td><td>-Literatura y Culturas Hispánicas (Universitat de Rovira i Virgili)</td></tr>
<tr><td></td><td>-EKALE KAYO Sarah</td><td>-Lengua y Lingüística Españolas (Universidad de Duala)</td></tr>
<tr><td></td><td>- ELONG Danielle</td><td>- Didáctica de ELE/Tecnologías Educativas (Universidad de Lleida)</td></tr>
<tr><td></td><td>-EPAGNA EPEE IDE</td><td>-Literatura Juvenil en Lengua Española (Universidad de Marua)</td></tr>
<tr><td></td><td>- ESSOH DOBOH Grâce</td><td>- Lengua y Lingüística Españolas</td></tr>
<tr><td></td><td>-ESSOMÉ LELE Ghislain</td><td>Literatura Española (Universidad de Marua)</td></tr>
<tr><td></td><td>-ESSONGUE Jonas Severin</td><td></td></tr>
<tr><td></td><td>-EVENG Cécile Caroline</td><td>-Literatura Española (Universidad de Marua)</td></tr>
<tr><td></td><td>-FARIHATOU BOUBA-DJODA</td><td>-Didáctica del Español (Universidad de Marua)</td></tr>
<tr><td></td><td>-FEUGAING Michel</td><td>-Literatura Española (Universidad de Orléans)</td></tr>
<tr><td></td><td>-HADJARATOU MANA</td><td>-Literatura Española (Universidad de Marua)</td></tr>
<tr><td></td><td>-JUPKEP Narcisse</td><td>-Didáctica del Español (Universidad de Lleida)</td></tr>
<tr><td></td><td>-KAMDEM KAAM Boris Anicet</td><td>-Lengua y Cultura Hispánicas (Universidad Pontificia de Comillas)</td></tr>
<tr><td></td><td>-KEGNE Justin</td><td>-Literatura Española</td></tr>
<tr><td></td><td>-LAWO-SUKAM Alain</td><td>-Literatura Hispanoafricana</td></tr>
<tr><td></td><td>-MAGNECHE NDE SIKA Celine</td><td>- Literatura Española</td></tr>
<tr><td></td><td>- MAKONGO MGBATOU Sonia</td><td>- Literatura Española/Memoria Histórica y Feminismo (Universidad de Marua)</td></tr>
<tr><td></td><td>-MBEDE AMBASSA Luc Bonaventure</td><td>-Didáctica del Español (Universidad de Rovira i Virgili)</td></tr>
</table>

-MBEDE AMBASSA Luc Bonaventure	-Didáctica del Español (Universidad de Rovira i Virgili)
- MBESSA Lorraine	-Didáctica del Español (Universidad Autónoma de Madrid)
-MEKAPTIO Justine	-Literatura Española (Universidad de Marua)
-MENGUE Clarence	-Literatura Hispanoafricana (Universidad de Alcalá de Henares)
-MWENGE NGOIE Jean-Paul	-Literatura y Cultura españolas (Universidad de Salamanca)
-NAMI LEUMI Agnès	- Lengua Española (Universidad de Duala)
-NGAH EYARA Margarite Yvette	-Didáctica del Español (Universidad de Lleida)
-NGO MBEB Clementine	-Literatura Española/género, masculinidades, sexualidades (Universidad de Marua)
-NGOUEKO TIAKOT CHIAFFI Anne Honorine	-Didáctica de ELE (Universidad de Lleida)
-NJIKE YOBA NJIKE Stella Isabelle	-Lengua y Lingüística Españolas (Universidad de Lleida)
-NKEN Theodore Lejeune	- Lengua y Cultura Españolas y Camerunesas (UCM)
-NOAH Anicet	-Literatura Española (Universidad de Yaundé I)
-OFOGO NKAMA Boniface	- Literatura Hispanoamericana (UCM)
-OLEA LEMEKEUH Landry	- Didáctica del Español (Universidad de Lleida)
-OUMAROU SAMBO Pierre Stéphane	-Literatura Hispanamericana (Universidad de Marua)
-OTABELA MEWOLO Joseph-Désiré	-Literatura Hispanoamericana e Hispanoafricana (UNED)
-OWONO Gisèle	-Didáctica del Español (UNED)
-POLA Bertrand Cyrille	-Literatura Comparada (Universidad de Marua)
-REMI NJIKI Michel	- Literatura Española (Universidd de Cádiz)
-SADIO HABISSOU	-Didáctica del Español (UNED)
-SAPPI Alain Richard	-Literatura Española (UCM)
-TEMEYISSA PATALE Justine	-Literatura Hispanoamericana (Universidad de Marua)
- TCHINELE DAGHUIE Joseph Sévérant	- Literatura Española
- YAGANG Christelle	- Didáctica del Español (Universidad de Lleida)
-YOUMBI Valéry	-Didáctica del Español (Universidad de Rovira i Virgili)

4 Cameruneses con título de doctor jubilados (Ya no colaboran en docencia ni en investigación con las universidades camerunesas)	- AKOA Dominique	-Gramática Española
	- NDONGO SEMENGUE	-Traducción e Interpretación
	- SUKA UMU SUKA Marcos	-Gramática Española
	-TAMA BENA Vital	- Traducción e Interpretación
7 Doctores en estudios hispánicos fallecidos. ¡Que en paz descansen!	-BAMELA David (Universidad de Yaundé I)	- Gramática Española (UNED)
	-BEKONO MVOE	-Lengua y Lingüística Españolas
	-DIKANDA	-Lengua y Lingüística Españolas
	-KADZUE Antoine	-Literatura y Civilización Españolas (Universidad de Toulouse Le Mirail)
	-KENMOGNE Jean (Universidad de Yaundé I),	-Literatura Española (UCM)
	-MENDOGO MISSONGUI Dieudonné	-Literatura Española
	-NGAH MBANA Angèle	-Literatura hispanoamericana
Número total de cameruneses doctores en estudios hispánicos	**130 universitarios/as**	

Tabla nº 2. Relación (no exhaustiva) de los cameruneses doctores en estudios hispánicos

Los datos de la tabla 2 arrojan luces sobre el potencial del hispanismo camerunés en el ámbito universitario. No creo que haya un país en África que tenga más universitarios doctores en estudios hispánicos que Camerún, ni Guinea Ecuatorial donde el español es la lengua oficial. Reitero que esta lista no pretende ser la relación exhaustiva de los cameruneses titulares de un doctorado en estudios hispánicos, por lo que es probable que haya olvidado a algunos universitarios.

3 Motivaciones por el aprendizaje del español y otras facetas del hispanismo camerunés.

La consulta bibliográfica sobre la realidad del español en Camerún (Mbarga, 1994; González Godínez, Martínez Hernando y Rodríguez Dopico, 2006; Kem-mekah Kadzue, 2012, 2016) deja entrever que dicha lengua siempre ha despertado un gran interés entre los alumnos. En realidad, como señalábamos en las líneas anteriores, se empezó con la enseñanza del alemán en 1948 y la del español cuatro años después. Pero a lo largo del tiempo, el español se ha posicionado como el idioma más demandado en Camerún, "y eso a pesar de que los recursos que destinan las autoridades y organizaciones alemanas a la difusión y promoción de su lengua son significativamente superiores a los que destina España" (Martínez Hernando y Rodríguez Dopico, 2006:63). El trabajo de Serrano Avilés (2014) resalta unos resultados cruciales en cuanto a la evolución del número de alumnos de español en Camerún y en África Subsahariana en general. Si en el año 2006, solo 3 países de África Subsahariana formaban parte de los doce países del mundo con más alumnos de español, en el estudio de Serrano Avilés (2014), comprobamos que África francófona cuenta ya con 5 países, entre ellos Camerún. Si en el trabajo de Godínez González, Martínez Hernando y Rodríguez Dopico (2006), se estimaba en 62 430 el número de alumnos, Onomo Abena (2014) apunta, en el libro coordinado por Serrano Avilés (2014), que en Camerún se documenta un total de 193 018 estudiantes de español, de los cuales 190 606 cursan en la educación secundaria y 2 412 en las universidades. Según los datos que nos han comunicado desde la Inspección Nacional de Español del Ministerio de las Enseñanzas Secundarias, al escribir este trabajo durante el año 2024, se estima cerca de un millón de alumnos de ELE formados en los colegios e institutos públicos y privados por, aproximadamente, tres mil docentes.

Los motivos de este cambio de tendencia y de la demanda, cada vez más significativa, son diversos. Se puede destacar: (i) la cercanía entre el francés y el español (Mbarga, 1994); (ii) el amor y el cariño desinteresado que sienten los alumnos por el español debido a su belleza y musicalidad (Kem-mekah Kadzue, 2012); (iii) la incidencia del fútbol español y el hecho de que "la lengua española no tiene estigma de lengua colonial" (Godínez González et al., 2006:63); (iv) el impacto de las telenovelas y de la música en español (Kem-mekah Kadzue, 2016); (v) "la percepción del español como lengua fácil"(Kem-mekah Kadzue, 2012 & Onomo Abena, 2014), "la música cubana desde los años sesenta y el cantante Julio Iglesias tuvieron una influencia sobre los que tenían que elegir una segunda lengua" (Onomo Abena, 2014:189), "la presencia de Samuel Eto'o Fils en el FC Barcelona, sin olvidar el campeonato de la liga española de fútbol con los famosos equipos del Real Madrid y FC Barcelona" (Onomo Abena, 2014:189), etc. Según Kem-mekah Kadzue (2012:62,148), para los alumnos cameruneses, es "una lengua muy bonita, muy alegre, es una lengua romántica, es la lengua de Dios, es la lengua de la galantería", "es la lengua de la ternura", "es una lengua de alegría". A este respecto, recogemos este testimonio de una universitaria camerunesa:

> En mi caso diría que vemos el español como una lengua muy guapa, muy bonita, muy alegre. No sé si uno se puede enfadar en español [Risas]. Es curioso. En 4e cuando nos tocaba elegir entre el alemán y el español, ya decía que el alemán es el idioma de la gente que le gusta la guerra, la fuerza... mientras que los que eligen el castellano son más amables, más alegres, que les gusta bailar, que les gusta cantar [Risa] (Kem-mekah Kadzue, 2012:148).

En general, tanto los alumnos como los docentes cameruneses de ELE, tienen una creencia y actitud muy positiva hacia lo español. A todos les gusta el idioma y precisan que decidieron aprenderlo, ante todo, por el amor o aprecio pasional que tenían por lo que consideran *lengua preciosa, melodiosa, lengua de Dios,* tal como se puede leer en Kem-mekah Kadzue (2016). Según Kem-mekah Kadzue (2016), entre otras motivaciones que les impulsaron a optar por el castellano predominan: (i) el ya mencionado aprecio por la lengua, "porque me gusta mucho el español"; (ii) la cercanía del español al francés, "porque se parece al francés"; (iii) es un vehículo para acercarse y conocer otro mundo, "porque me permite comprender y apreciar mejor la cultura, el cine, el arte español e hispanoamericano"; (iv) por su facilidad y su belleza en comparación con la otra lengua extranjera ofrecida en el sistema educativo, "es más fácil y más bonita que el alemán y, finalmente; (v) el aprecio por la música en español, "porque me gusta la música en español".

En el mismo estudio, entre los aspectos que más les gustan de España y los españoles, sobresalen principalmente: la lengua española, la sonoridad y musicalidad de la misma, la música en español y el fútbol. Los alumnos cameruneses muestran una gran motivación basada en los factores afectivos. En realidad, las actitudes positivas y el gran interés del alumnado subsahariano, y camerunés en particular, por el español no es un asunto novedoso. De hecho, en la consulta bibliográfica realizada sobre la enseñanza del español en Camerún y en África Subsahariana en general, se percibe claramente ese profundo interés que manifiestan los estudiantes subsaharianos en general y cameruneses, particularmente, por la lengua y cultura hispánicas. Si recurrimos a los estudios desde los más antiguos hasta los más recientes sobre el español en África Subsahariana francófona [Mbarga (1995), Godínez Gonzaléz et al. (2006), Manga (2009), Kem-mekah Kadzue (2014a), Kem-mekah Kadzue (2014b), Onomo Abena (2014) y Ngah Eyara (2015) sobre el español en Camerún, Benítez Rodríguez (2010), Benítez Rodríguez (2012), Ndoye (2005), Ndoye (2007a), Faye & Ngom (2014) sobre el español en Senegal, Konan Koffi (2009), Benítez Rodríguez & Koffi Konna (2010), Drombé Djandue (2012), Koui (2014) sobre el español en Costa de Marfil, Sossouvi (2014) sobre el español en Benín, Eyeang (1997) y Mbengone Ekouma (2014) sobre el español en Gabón, Mauguis (2014) sobre el español en Burkina Faso, Ndoye (2007) sobre el español en África Subsahariana] observamos que todos los autores exponen que los alumnos subsaharianos de español se interesan mucho por lo español.

En definitiva, tal y como mencionamos en un estudio anterior (Kem-mekah Kadzue, 2014) en Camerún, aunque elegir aprender el español o cualquier otra lengua extranjera es obligatorio en el sistema educativo, ese carácter de asignatura obligatoria no se hace sentir como una carga adicional para el discente porque los que optan por ella lo hacen ante todo por afección a la lengua. De hecho, un gran número de alumnos subsaharianos se identificarían en esta afirmación de un alumno burkinés: "para mí el español no es una opción sino una pasión" (Maugis, 2014:137). En la misma línea, Godínez González et al. (2007) subrayan que los pocos españoles que viven en Camerún y los que se van de viaje allí se quedan sorprendidos por la pasión que demuestran los cameruneses por la lengua española.

El español en Camerún también goza del estatus de lengua de creación literaria. En realidad, entre los numerosos hispanistas cameruneses, existen un grupo de personas que, además de escribir sus producciones científicas (artículos, ensayos, etc.) en su lengua de trabajo, han optado por escribir sus obras de ficción en lengua española. La producción artística de estos autores ha dado lugar al nacimiento del concepto: literatura camerunesa de expresión española o literatura hispanocamerunesa. Los textos de la mencionada literatura abarcan los grandes géneros literarios como la poesía, la narrativa y el teatro. Cabe subrayar que, entre 2007 y 2008, la literatura camerunesa de expresión española selló su condición y existencia con la publicación de dos antologías: una poética, *Equinoccio* (2007) y otra de narrativa, *El carro de los dioses (2008)*. Ambos libros son recopilatorios de poemas, relatos y fragmentos de novelas de los escritores siguientes: Inongo Vi-Makomè, Celine Clemence Magneche Nde, Magloire Mol Nang, Germain Metanmo, Robert-Marie Johlio y Guy Merlin Nana Tadoun.

Figura 1 Portadas de las dos primeras antologías de la literatura hispanocamerunesa

También hay que añadir a la lista *Oralidad y lirismo. Antología de literatura hispanocamerunesa*. Esta antología de Narcisse Fomekong, Premio Internacional de las Literaturas Africanas «Justo Bolekia Boleká» de 2020, viene a dar una continuidad al trabajo iniciado y perpetuado por los autores de la primera etapa de la literatura camerunesa de expresión española.

Figura 2 Portada de la antología coordinada por Narcisse Fomekong

Esta nueva antología reúne textos de un conjunto de diecinueve autores camerune-ses que escriben en español: Guy Merlin Nana Tadoun, Celine Clemence Magneche Nde, Germain Metanmo, Maho Ma Mahop, Gils Da Douanla, Tchinele Daghuie, Oscar Kem-mekah Kadzue, Geraldin, Mpesse, Cyrille Nguebou, Junior Akwo Ayuck, Aimeran-ce Chouala, Fomba Nombo, Narcisse Fomekong, William Dongmo, Antonio Keyanfe, Rostand Sitcheu, Christian Noustawo, Yomi Noukoua, Ernesto Guetch. Como apunta Narcisse Fomekong Djeugou (2020), es una voz plural de las voces que buscan su camino en un contexto dominado por las literaturas en lenguas francesa e inglesa.

El español es una lengua muy presente en todos los centros educativos donde se imparte. A modo de ejemplo, los clubs de español creados por los docentes en sus institutos respectivos divulgan la lengua y la cultura españolas a través de la decla-mación de poemas, canciones y los bailes latinos como la salsa y el tango como factor de motivación y medio de aprendizaje de la oralidad. También se organizan las olimpiadas, a nivel nacional a cargo de la Asociación de Profesores de Español de Aquí y Allá (PEA2), para suscitar la motivación de los aprendices y encuentros con jóvenes escritores hispanistas en los institutos. A nivel universitario, cada año en las Universidades de Yaundé I y Dschang, se organiza la semana cultural de España en Camerún donde los universitarios muestran a toda la comunidad universitaria su sa-ber y saber hacer en español (lecturas de poemas, teatro, interpretaciones musicales, bailes, certámenes literarios, etc.).

También me parece interesante hacer eco de otra tendencia que se está dando estos últimos años: el español en los medios de comunicación cameruneses. Las radios universitarias de las universidades de Yaunde I (el programa *Hablemos español*), Marua (*Vista sobre el mundo hispánico*) y Dschang (*Destinación española*) cuentan con un programa emitido en español, gestionado por los estudiantes cameruneses. Se trata de programas emitidos en vivo en los que los estudiantes de español de nivel avanzando ponen en práctica su saber, saber hacer y saber ser, tratan temas de interés socioeducativo sobre Camerún, así como temas relacionados con el aprendizaje de la lengua y cultura española, hispanoamericana e hispanoafricana. En la misma línea, la revista cultural camerunesa *Lepan África,* antes de añadir en 2021 el francés e inglés como otras lenguas de edición, se editaba y publicaba todo su contenido exclusivamente en español.

> A la pregunta de saber cuáles pueden ser los impactos de los contenidos de esa revista, el director de publicación Géraldin Mpesse precisa que los lectores —estudiantes, docentes, universitarios, hispanófilos y curiosos— descubren y aprenden mucho de África, esto es, sus culturas y su civilización. Añade que el impacto se puede percibir en la medida en que a partir de los *feedback* de lecturas, se produce una forma de desconstrucción en las mentes de los lectores que tenían ciertos prejuicios sobre África. Éstos descubren la auténtica África orgullosa de sí misma, un África escrita por los propios africanos. (Tsamo Dongmo, 2024:sp)

Así pues, el español se convierte en una herramienta para promover el conocimiento de sí mismo. Además de *Lepan África,* otras revistas culturales cameruneses, como *Ecos hispanos* y *Cuadernos de Ateneo,* han sido creadas en Camerún y participan en la difusión de las realidades culturales y educativas camerunesas en español a toda la comunidad hispana. Por otra parte, en el paisaje televisivo de Camerún, existen varios programas presentados en español en vivo. Tenemos el ejemplo del programa *¡Basta ya!* de la cadena *DBS* (Dan Broadcasting System). "Es la cadena pionera en materia de difusión de lo español en Camerún. Basada en la Ciudad de Duala, la cadena dirigida por Marc Houessou emite por EUTELSAT bajo la frecuencia 12562 Mhz en todos los hogares cameruneses" (Tsamo Dongmo, 2024:sp). ¡Basta ya! es una programa de debate, presentado por Salvador Ndjambe, que suele constar de 3 a 4 invitados hispanistas (docentes cameruneses de ELE) que debaten sobre un tema de la actualidad socioeducativa y política de Camerún.

Figura 3: Programa televisivo camerunés emitido en español (¡Basta ya!)

Finalmente, Hatolong Boho (2014) que demuestra la presencia del español en el paisaje lingüístico de Camerún: en los soportes publicitarios, en los nombres de negocios y productos comerciales (*Zapatero Shop*, *Pueblo viejo*, *La cave de Don Miguel*, *Don García Tinto*, *El valle encantado snack bar*, *Santiago complexe*, *Plaza furnitures and electronics*, *El dorado Coiffure*, *Frutas*), etc. Dicho investigador advierte que el español sirve de estratagema para los actores económicos, pues un eslogan o un anuncio publicitario en lengua extranjera reviste un factor de demarcación con respecto a lo trivial de las lenguas oficiales.

En cuanto a movimientos asociacionistas hispanistas en Camerún, cabe destacar la primera asociación de profesores de español denominada Asociación Camerunesa de Hispanista (ACH) que existe desde 1994 y que, en su tiempo, reunió tanto a los profesores de institutos y colegios como a los profesores de universidad. Por la inexistencia de actividades realizadas por la misma en la última década, puede decirse que esta asociación, a día de hoy, solo existe de nombre. La asociación de docentes de ELE más consolidada hoy en día en Camerún es la *Asociación de Profesores de Aquí y Allá* (PEA2). Esta última organizó del 23 al 25 de junio de 2022 el primer Congreso Internacional de Hispanistas en Camerún (CIHC) en la Embajada de España en Camerún, bajo el tema Contribución de Camerún en la promoción de la lengua española y las culturas hispánicas. La segunda edición del CIHC se celebró del 27 al 29 de junio de 2024 en la Escuela Normal Superior de la Universidad de Yaundé

I. Además de los hispanistas cameruneses, tanto de la educación secundaria como universitaria, que se han movilizado para la celebración del mismo, hay que destacar también la presencia en Yaundé de hispanistas africanos de renombre como Justo Bolekia Boleka y de varias instituciones españolas y ecuatoguineanas para la celebración de este gran encuentro.

— El embajador de España en Camerún

— La directora del Instituto Cervantes de Dakar y la coordinadora académica de la misma institución.

— La directora de la Asesoría de Educación de Costa de Marfil.

— El director de la Fundación Comillas.

— El director de la Escuela Complutense Africana.

— La vicerrectora de estudiantes de la Universidad Complutense de Madrid

— La Dirección General del Español en el Mundo

— La Embajada de Guinea Ecuatorial en Camerún

— El decano de la Facultad de Letras de la Universidad de Malabo.

Figura 4 Imágenes del II Congreso Internacional de Hispanistas en Camerún

Además de la *Asociación de Profesores de Aquí y Allá* (PEA2) existen otros movimientos asociacionistas como la *Asociación para la Promoción de las Lenguas Española y Camerunesas* (APILEC) que, además de ofrecer clases de apoyo gratuitas de español y de algunas lenguas camerunesas al alumnado de familias de escasos recursos, fundó en 2023 una de las primeras bibliotecas (afro)hispánicas en Camerún, *La Afroeleteca (L'Afroelethèque)*. Se trata de un pequeño espacio cultural, ubicado en

Yaundé, donde acuden estudiantes de español de la Universidad de Yaundé I y de la Escuela Normal Superior de Yaundé, así como algunos docentes de ELE y en la que se puede pedir prestados libros de su interés, consultarlos durante un tiempo antes de devolverlos para su consulta. La APILEC colabora con instituciones universitarias españolas, como la Universidad de Zaragoza a través de su biblioteca de letras y la Universidad de Lleida, que en varias ocasiones le han brindado donaciones de libros. También han trabajado en colaboración con varios docentes de ELE españolas como Elena Prieto y María Méndez Santos que han realizado campañas de donaciones de libros y recursos audiovisuales en beneficio de *La Afroeleteca/L'Afroelethèque*.

Figura 5 Imágenes de La Afroeleteca/L'Afroelethèque

Capítulo 02
Metodología de enseñanza del español en Camerún y orientaciones para la implementación del EIBC

"No se puede aprender una lengua sin hablarla. Desde la 4e (primer curso de ELE) que empecé a aprender el castellano, nunca tuve la oportunidad de hablarlo, solo conocía el español de los libros, de los cuadernos" Etaba[1]

(Testimonio de una informante camerunesa, Trabajo de Fin de Máster,

KEM-MEKAH KADZUE, 2012:153)

Una de las preguntas que me planteé en mi tesis doctoral (Kem-mekah Kadzue, 2016) respecto a la competencia comunicativa de los alumnos cameruneses, y que vuelvo a plantear aquí, es la de saber por qué después de 5 años[2] aprendiendo español en la educación secundaria los alumnos cameruneses terminan su itinerario siendo incapaces de mantener una mínima conversación en situación de comunicación real en español. Es obvio que muchos alumnos cameruneses e incluso de otros países africanos francófonos, después de ese periodo, redactan textos bastante correctos en español y, asimismo, solucionan ejercicios de gramática y léxico rellenando huecos, recitan los días de la semana, los meses del año, etc. Pero la pregunta más importe es: ¿cuántos acaban la Educación Secundaria siendo capaces de hablar o mantener una mínima conversación en diversas situaciones de comunicación real en dicha lengua? Más preguntas: ¿Será que durante el proceso de enseñanza se trabaja poco la **expresión oral**? ¿Será que solo, o principalmente, se enseña la **comprensión lectora** y/o **la expresión escrita**? ¿Será que en la enseñanza del español en Camerún se trabaja solo, o principalmente, la **competencia gramatical o lingüística**? ¿Será que todavía no se implementa correctamente la enseñanza de idiomas basada en

---

1 Se usaron nombres ficticios para no revelar informaciones personales de los informantes.

2 5 años, 3-4h horas de español semanales, lo que equivale aproximadamente a 500-576 horas de su vida aprendiendo español en la educación secundaria. ¿En ese tiempo normalmente, un aprendiz tendría que tener una competencia por lo menos equivalente al nivel B2?

competencias (**EIBC**)? ¿Por qué nos sorprende tanto ver a personas que, después de 8 años de aprendizaje de español, o sea 5 en la secundaria y 3 de grado universitario, mantienen correctamente una conversación en español? ¿Eso no debería ser lo normal? ¿Cuántos universitarios cameruneses, que aprendieron español durante 5 años, después de llegar a la Universidad para cursar estudios universitarios se percatan de que después de tantos años de aprendizaje en Camerún nunca habían otorgado el valor que se merece a la dimensión comunicativa en el aprendizaje del español? La respuesta es sin dudas: muchos. Desgraciadamente, es en ese momento en que algunos empiezan a tener una conciencia crítica en torno al proceso de aprendizaje y al pensar en sus experiencias de alumno/a de ELE, llegan a la misma conclusión que Etaba (testimonio que aparece en el íncipit de este capítulo). Lo anterior no es una cuestión propia solo en Camerún, se trata de una realidad que se da también en otros países africanos. Benítez Rodríguez (2010) señalaba, **más de una década atrás**, que:

> Senegal es en la actualidad el segundo país del África subsahariana en lo que al número de estudiantes de español se refiere, pero después de tantas horas de dedicación son pocos los que lo hablan. **Pueden sorprender a cualquiera cantando "Guantanamera" o recitando el "Romance sonámbulo" de García Lorca, pero no hablan español**. Y no es por falta de interés, ni por falta de amor por el español, ni siquiera por falta de capacidad para aprender lenguas, ni por falta de dedicación, sino porque hay muchas carencias: carencias en la formación de los profesionales docentes, carencias de materiales y de recursos. (Benítez Rodríguez, 2010:250)

En las líneas siguientes, partiremos de los resultados de investigaciones propias y de terceros para reflexionar sobre algunas cuestiones que dificultan una enseñanza comunicativa de la lengua y una EIBC en Camerún y sobre todo proponer orientaciones pedagógicas susceptibles de hacer posible un verdadero cambio de paradigma metodológico en las prácticas docentes con el fin de garantizar un mejor rendimiento en la producción y comprensión oral de los alumnos cameruneses de ELE de la educación secundaria.

1 La dificultad de implementar la EIBC en Camerún y orientaciones para hacer posible el cambio de paradigma metodológico

Lo cierto es que las investigaciones sobre el enfoque metodológico en la enseñanza del español en Camerún y en otros países africanos, Manga (2006), Manga y García Parejo (2007), Eyéang (1987), Konan Koffi (2009), Caro Muñoz (2010), Benítez Rodríguez (2010), Serrano Avilés (2014), Kem-mekah Kadzue (2014), Kem-mekah Kadzue (2016), Leyre Alejaldre (2014), Djandue Drombé (2012) ya dejaron constancia de la dificultad de llevar a cabo una enseñanza comunicativa de la lengua en las aulas. En Costa de Marfil, Konan Koffi (2009) señala que, a pesar de que la Ley de Reforma

Educativa de 1985 estipula que la enseñanza del español debe fomentar el desarrollo de las cuatro destrezas (escuchar, hablar, leer y escribir) en el aula, se advierte que las prácticas docentes en muchos casos siguen el método tradicional, fundamentalmente con el profesor como protagonista del proceso. Djandue Drombé (2012), en su estudio sobre el análisis de las producciones orales subraya que, al observar la dinámica de la clase, se advierte que el alumno no tiene muchas oportunidades de participar oralmente. En la misma línea, Benítez Rodríguez (2010:245) comenta que, partiendo de la investigación etnográfica que realizó en centros educativos senegaleses, llegó a la conclusión de que "en realidad lo que se hace en clase dista mucho de ser lo que se preconiza, lo que se recomienda [en la normativa curricular]". El mismo investigador añade que "el profesor intenta hacer la clase más dinámica, pero al final, de una u otra manera, lo que fomenta es que el alumno estudie el español memorizando la gramática". Eyeang (1987), en otro estudio etnográfico en el que plantea cómo se puede superar la dificultad del número elevado del alumnado en el aula para conseguir un aprendizaje significativo de la lengua, muestra que buena parte del alumnado, los que están en el fondo del aula de la clase, brillan por su poca participación en el aula. Caro Muñoz (2013), después de su experiencia como lectora de español en Gabón, afirma que la enseñanza sigue siendo muy escolar, basada en la gramática y en los textos, sin ninguna conexión con la comunicación. En la misma perspectiva, Manga y García Parejo (2007:338) en un estudio sobre las prácticas educativas y la actuación docente en las aulas de ELE en Camerún, afirman que en la dinámica de la clase y en la forma de evaluación, predomina un enfoque tradicional influenciadas ambas por las prácticas existentes en las aulas de la lengua francesa. Kem-mekah Kadzue (2016:461) al analizar las prácticas docentes y la realidad del aula concluye que "hay una parte, aunque muy pequeña, de docentes que aplican o intentan aplicar los enfoques modernos de enseñanza, pero la gran mayoría todavía no". Si como en Senegal, Costa de Marfil, Gabón y Camerún los estudios que hemos consultado destacan que el enfoque comunicativo no funciona debido, entre otros motivos, al número abundante de alumnos en el aula, a la falta de manuales y a la carencia en formación didáctica inicial y continua del profesorado, en Kenia, Serrano Avilés (2013) afirma que "aunque los kenianos suelen ser muy comunicativos, la metodología comunicativa choca a veces con su concepción de una clase y lo que debe suceder en ella". En este caso, las propias creencias del alumno en torno a la enseñanza representan una dificultad más. Por su parte, Leyre Alejaldre (2014), después de un estudio etnográfico realizado sobre el método de enseñanza de idiomas en el sistema educativo de Gambia, afirma que:

En todas las observaciones se apreció que el profesor es la autoridad máxima en la clase y los estudiantes tienen que obedecerle; además, si un estudiante hace algo inapropiado según el profesor y la normativa escolar, se le penaliza con un castigo (...). La relación profesor-estudiante es autoritaria y contraria a las metodologías pedagógicas que se utilizan en otros lugares del mundo. (Leyre Alejaldre, 2014:277)

Así pues, las referencias bibliográficas sobre el tema del cambio de paradigma metodológico en el aula dejan entrever que eso se debe a varios motivos. A continuación, enunciamos los más destacados, así como planteamos unas propuestas de intervención didáctica para encarar esas dificultades:

1.1 La cultura de enseñanza/aprendizaje

La cultura de enseñanza/aprendizaje se refiere a las creencias y los conocimientos que los docentes y discentes tienen sobre cómo se enseña o aprende una lengua. Esas creencias o representaciones pueden tirar, o bien hacia enfoques y teorías tradicionales de enseñanza/aprendizaje (behaviorismo, por ejemplo), o bien hacia teorías actuales (socioconstructivismo y conectivismo, por ejemplo). A la pregunta en qué medida tienen las creencias un efecto sobre la actuación de los docentes, Richards & Lockhart (2008:35) responden que "estas creencias y valores son el soporte de gran parte de las decisiones y acciones de los profesores, y por ello constituyen lo que se denomina 'la cultura de la enseñanza'". En la misma línea, Richards et al. (2001:1) advierten que "the study of teacher's beliefs forms part of the process of understanding how teachers conceptualize their work". Coincidiendo con los autores anteriores, Ramos Méndez (2005) estipula que:

> Las creencias son ideas relativamente estables que tiene un individuo sobre un tema determinado, forjadas a través de su experiencia personal bajo la influencia de un proceso de construcción social, agrupadas en redes o sistemas, de cuya veracidad está convencido y que actúan como un filtro a través del cual percibe e interpreta el mundo que lo rodea, tomando sus decisiones de acuerdo con ello. (Ramos Méndez, 2005: 18)

Hay que apuntar que, en Camerún, según los resultados a los que llegamos en nuestras investigaciones sobre las creencias del alumnado/profesorado camerunés de ELE sobre los métodos/enfoques de enseñanza (Kem-mekah Kadzue, 2015 y 2016), la tradición educativa en cuanto a la enseñanza de L2/LE está, y siempre ha estado, basada en una enseñanza transmisiva o transmisora caracterizada, entre otros aspectos, por:

— la clase centrada en los conocimientos, con una persona (docente) que parece ser un grifo que vierte el agua (conocimientos) en unos cubos (cabezas vacías, tabula rasa).

— el docente como principal o único protagonista en el aula y el uso del método de gramática-traducción en el que la principal competencia trabajada es la competencia lingüística o gramatical, y donde la expresión escrita y comprensión lectora son las principales destrezas trabajadas,

— las clases impartidas a la vez en la lengua meta y en la lengua materna de los alumnos y con ejercicios (memorizaciones, recitaciones, etc.) en los que la teoría de enseñanza predominante es el conductismo,

— los vestigios de una educación colonial (docente aterrador, condescendiente y sabelotodo; clase magistral, clima hostil al desarrollo de la libertad de arriesgarse a opinar o cometer un error, etc.) lo que conduce a que los estudiantes den demasiado respeto a la figura del docente y se limitan casi siempre a callarse, tomar apuntes, aprenderlos de memoria e intentar dar buena impresión el día del examen reproduciendo en sus hojas a rajatabla lo memorizado. A este respecto, Ramos Méndez (2007:21) señala que las "creencias de aprendientes y profesores, además de tener una dimensión individual, tienen una dimensión cultural basada en la cultura de aprendizaje en la que se han formado y desarrollado unos y otros."

— "la función tradicional de la escuela, en el ámbito de la lengua, ha sido enseñar a leer y a escribir. La habilidad de la expresión oral ha sido siempre la gran olvidada de una clase de lengua centrada en la gramática y en la lectoescritura" (Cassany, 1994:134).

Los resultados obtenidos por Kem-mekah Kadzue (2015) demuestran que, a pesar de las múltiples reformas educativas que ha conocido el sistema educativo camerunés que abogan por una enseñanza centrada en el alumnado, en la gran mayoría de las aulas la enseñanza todavía sigue las sendas de los enfoques tradicionales, en el que el profesorado es el principal protagonista del proceso de enseñanza. Aunque resulte paradójico, también llegamos a la conclusión de que la gran mayoría de los docentes encuestados piensan que el rol del profesor en el aula consiste en ser el guía, el dinamizador, el asesor, etc. No obstante, tras el análisis realizado en la variable relativa a la enseñanza del componente gramatical, nos hemos dado cuenta de que la gran mayoría siguen métodos tradicionales (fuerte protagonismo del profesor, el alumnado asume el papel de receptivo, imitador, memoriza reglas gramaticales y, finalmente, se les dan ejercicios o tareas extraescolares). "76% de los informantes piensan que el tipo de alumnado de lenguas que corresponde al alumnado camerunés es el alumno conformista, pasivo y perezoso ya que su concepción de la enseñanza, su rol en el aula, su concepción de una clase y lo que debe suceder en ella dificulta la enseñanza comunicativa" (Kem-mekah Kadzue, 2015:474).

Por otra parte, los docentes encuestados comparten creencias sobre lo que es enseñar/aprender una lengua que pueden tanto posibilitar como dificultar la enseñanza centrada en los enfoques actuales. Las creencias de los docentes sobre el método de enseñanza están, por una parte, orientadas hacia la enseñanza comunicativa, y, por otra parte, hacia una enseñanza puramente gramatical del idioma. Los resultados obtenidos en Kem-mekah Kadzue (2016), destacan que algunos docentes cameruneses a pesar de tener un conocimiento actualizado en didáctica tienden a enseñar español como se les ha enseñado. Se les hace difícil deshacerse de las prácticas comunes a su propia experiencia de alumno. Por otra parte, incide negativamente la visión poco acertada que muchos aprendientes tienen sobre la educación en general. Muchos todavía ven la escuela como un lugar para aprender cosas de memoria y seguidamente trasladarlos en un examen para obtener buenas notas e ir a la clase siguiente, no valorando como se debe la finalidad comunicativa del aprendizaje de una lengua extranjera (LE) ni la escuela como un instrumento que sirve para cambiar en positivo su entorno social. Como Etaba, solo conocen "el español de los libros", "el español de los cuadernos". No tienen una consciencia lingüística y consciencia sobre el proceso de aprendizaje desarrollada para ver el español como una herramienta que hay que dominar (hablar correctamente y ser competente) porque puede garantizar una posible inserción socioprofesional. Prueba de ello es que en muchas investigaciones sobre las motivaciones de los alumnos cameruneses de la educación secundaria (Godínez González et al., 2006; Kem-mekah Kadzue, 2012, 2016; Onomọ Abena, 2014), predominan más las motivaciones afectivas e intrínsecas en detrimento de las instrumentales: "la aprenden por placer", "la aprenden por amor", "la aprenden porque es una lengua muy bonita", "es la lengua de Dios", "la aprenden por la música y telenovelas", etc. Muy pocos alumnos, por no decir casi ninguno destacan la motivación instrumental: ser traductor, docente, asesor lingüístico, guía turístico, diplomático, etc.

El papel del profesor es darse cuenta de esta realidad, cambiar él mismo la visión que tiene sobre la enseñanza y procurar que su desempeño docente permita modificar gradualmente esta cultura de enseñanza/aprendizaje en el alumnado. El docente debe **comunicar sobre la metodología de enseñanza** que implementará a lo largo del curso escolar en su primera clase con un grupo en la etapa de **la negociación del contrato didáctico**. También debe asegurarse de que sus alumnos la entiendan, perciban su importancia y la respeten a lo largo del año. Actualmente, la reforma metodológica insta a los docentes cameruneses a enseñar según el enfoque por competencias (EPC) con entrada por situaciones de vida. Pero la gran pregunta es: ¿cuántos docentes piensan que merece la pena explicar a los alumnos/as en qué consiste este cambio metodológico, cuál es su finalidad y cuál es el nuevo rol que deben desempeñar en el proceso de enseñanza/aprendizaje? La respuesta, seguramente, es pocos. Y quizá los hay que ni entienden esta novedad pedagógica. Por lo tanto, la formación inicial y continua es fundamental para el cambio progresivo y efectivo de creencias de los docentes.

Para garantizar un cambio metodológico efectivo y eficiente, otra propuesta que planteo radica en que los docentes debemos trabajar en nuestras clases el "**aprender a aprender**". Es decir, llevar a nuestros alumnos y a nuestras alumnas a reflexionar sobre la forma en que aprenden, las estrategias que utilizan, fomentar en ellos la autonomía y la consciencia sobre el acto de aprender. Recordemos que según el MCER y el PCIC el "**saber aprender**" forma parte de las competencias generales que los docentes debemos trabajar en el aula. Es imprescindible que dejemos claro a nuestros discentes que "enseñar no es una actividad transmisora. No se envía 'conocimiento' de un lado a otro de la clase" (Trujillo Saéz, 2012:50). Ramos Méndez (2005:114) dice a este respecto que "el buen aprendiz no nace, sino que se hace". Para hacerse buen alumnado necesita del acompañamiento de su guía (el docente). Es fundamental llamar la atención de cada alumno sobre la finalidad comunicativa del aprendizaje de una lengua y las estrategias didácticas para hacerlo realidad. Sin esa **comunicación-negociación del contrato pedagógico,** respecto a la metodología de enseñanza, la implementación de la innovación está condenada al fracaso. Como bien indica el MCER,

> A partir de la reflexión que hace el alumno sobre el desarrollo de sus propias capacidades para desenvolverse en el uso de la lengua, podrá orientar su aprendizaje en relación con sus propias necesidades, primero con la ayuda del profesor y más adelante, progresivamente, con mayor autonomía. (MCER, 2007:40).

La implementación muy rigurosa y radical de una determinada novedad metodológica, sin negociación y razonamiento, sería poco producente en un contexto de cambio de creencias y de paradigma metodológico como es el nuestro (Kem-mekah Kadzue, 2016). Coincidimos con Serrano Avilés (2014:49) que apuntaba en este sentido que "el problema de la aplicación del método comunicativo en África Subsahariana tiene que ver con el olvido de uno de sus requisitos axiomáticos: la negociación –incluso del propio método- con el alumno". En la misma línea (Caro Muñoz la 2010:121) advierte que los alumnos no poseen un metalenguaje para definir las características de la innovación metodológica, "de ahí que sea necesario hacerles conscientes de la novedad introducida en las aulas y propiciar así la adaptación y contribución de sus ventajas." (Caro Muñoz, 2010:121). Como un director en un rodaje, debemos deja claro al alumnado su rol y función en el aula en cada clase. Serrano Avilés (2013), de su experiencia de docente en África negra, advierte que hay mucho respeto a la autoridad en África y el profesor lo es y mucho. Ello hace que especialmente con alumnos mayores o muy jóvenes la interacción sea algo forzada. Por ello, concluye Serrano Avilés, la actitud del profesor es fundamental y si se logra un ambiente distendido en clase tienden a participar animadamente. El papel del docente es fundamental para sentar en el aula las condiciones oportunas para fomentar una clase dinámica y participativa. En una investigación anterior advertíamos que:

> Nuestros alumnos son lo que queremos que sean. El factor afectivo en el aula y el seguimiento pedagógico nos parecen claves para ganar la colaboración, la empatía, la confianza del alumnado, el clima motivacional en el aula y conseguir así el éxito educativo. Somos cantantes, cómicos, dinamizadores sociales, actores, somos artistas y tenemos el poder de hacer que nuestras clases sean divertidas e interactivas (Kem-mekah Kadzue, 2015:477).

Figura 6 La figura del docente de ELE (Viñeta de Forges sobre una idea de Lourdes Miquel)

En *Las competencias clave del profesorado de lenguas segundas y extranjeras* (Instituto Cervantes, 2012), dos de las ocho macro competencias claves del docente plantean ese rol del docente: (i) organizar situaciones de aprendizaje, (ii) implicar a los alumnos en el control de su propio aprendizaje. En la misma línea, Pizarro (2013:167) afirma que "en los planteamientos metodológicos de los enfoques comunicativos es el profesor quien debe proporcionar las condiciones idóneas para que el aprendizaje pueda tener lugar de forma eficaz". Así pues, es muy conveniente ayudar a los alumnos y orientarles hacia la novedad metodológica y negociar con ellos su adaptabilidad con el fin de llegar a la interiorización y aplicación de la misma. Esta fase es de suma importancia porque sé a ciencia cierta que si en un aula de español en Camerún, un docente emplea toda la hora de la clase jugando a "quién es quién", "pasa palabra", "pilla, pilla", "lo sabe o no lo sabe" o haciendo karaoke, teatro o juego de rol, por poner unos ejemplos de algo que no están acostumbrados a hacer en el aula, algunos alumnos volverán a casa con la idea en la mente de que *El profesor no ha preparado la clase de hoy*" o "*No hemos hecho nada hoy, ni siquiera hemos tomado apuntes en nuestros cuadernos*". Como docentes, es nuestro papel hacerles ver que también se aprende jugando, cantando, haciendo debates, manualidades, interactuando con sus compañeros o haciendo de profesor en el aula con actividades como las ponencias y los talleres. Es preciso que los aprendices sepan que no solo se aprende escuchando detenida y religiosamente al profesor y tomando apuntes.

Concluyo que la condición sine qua non para garantizar el cambio de las creencias de los alumnos sobre cómo se enseña/aprende, es ante todo cambiar primero las creencias de los propios docentes durante la formación inicial y continua. De ellos depende la deconstrucción de las creencias de los alumnos. Por otra parte, los formadores de los docentes debemos predicar con el ejemplo. Nuestras propias prácticas docentes deben romper con los enfoques tradicionales de enseñanza: relación asimétrica docente/alumno, clases magistrales, enseñanza centrada en el profesorado, enseñanza transmisora basada en la secuencia exposición-estudio-ejercitación-prueba- examen, etc. La práctica de la enseñanza de idioma basada en competencias (EIBC) también debe comprobarse en nuestra manera de enseñar, evaluar y formar a los futuros docentes.

1.2 El volumen horario, la masificación del aula y el material educativo.

En el análisis de los datos recogidos en el marco de la redacción de mi investigación (Kem-mekah Kadzue, 2016), la mayoría de los docentes cameruneses apuntaban que el programa de español es extenso, descontextualizado y el tiempo reglamentado para su enseñanza reducido por lo que no les da tiempo de hacer en clase tareas interactivas y colaborativas, ya sea en pareja o en pequeños grupos, para trabajar la expresión e interacción oral. En otras palabras, debido a lo anteriormente mencionado, no tienen suficiente tiempo para organizar situaciones que hagan posible la (co) construcción del conocimiento y competencias (enfoque socioconstructivista), por eso se limitan a dar las clases como si vertieran agua en un receptáculo. Por otra parte, otros docentes abogaban que el entorno de las clases en Camerún (más de 70 alumnos/as por aulas, la falta de corriente eléctrica o recursos tecnológicos, por ejemplo) no permite trabajar las cuatro destrezas lingüísticas básicas, notablemente las habilidades de expresión e interacción oral (EIO) y comprensión auditiva (CA). Por otra parte, están los que destacaban que ni siquiera el material pedagógico (libro de texto) favorece la enseñanza de todas las destrezas ya que no viene acompañado, por ejemplo, de soportes audio o audiovisuales. A continuación, voy a abordar cada una de estos condicionantes que según los docentes encuestados dificultan la EIBC.

Respecto a la cuestión de la extensión de los programas, a raíz de las últimas novedades en este sentido, puede concluirse que las políticas educativas camerunesas se han preocupado por los contenidos curriculares y eso ha dado lugar a la reforma curricular que está en vigor desde 2014. Los planes de estudio de los diferentes niveles de aprendizaje de los programas actuales son menos extensos que los anteriores

60

y están contextualizados a la realidad del día a día de los alumnos. Los contenidos se adecúan a las exigencias del enfoque por competencias. La necesidad de una reforma curricular, de la que hablaba en mis investigaciones anteriores (Kem-mekah Kadzue, 2014[3]), ha sido tratada y solucionada por las políticas educativas de Camerún. A día de hoy, sabemos que en cada nivel de enseñanza del español hay solo 5 módulos o unidades didácticas que tratan de las realidades del día a día de los alumnos como podemos comprobar en la muestra del programa que viene a continuación: (i) vida familiar y social, (ii) vida económica, (iii) medioambiente, bienestar y salud, (iv) ciudadanía y (v) medios de comunicación.

Domaines de vie	Familles de situations traitées au 1er cycle
1. Vie familiale et sociale	• Participation à la vie familiale • Maintien des de saines relation professionnelles • Intégration sociale.
2. Vie économique	• Découverte des activités génératrices de revenu • Découverte du monde du travail, des rôles sociaux, des métiers et des professions ; • Confiance en soi, de ses aspirations, de ses talents, de son potentiel • Exercices de saines habitudes de consommation.
3. Environnement, bien-être et santé	• Préservation de l'environnement ; • Recherche d'un meilleur équilibre de vie ; • Choix et observation de saines habitudes de vie.
4. Citoyenneté	• Connaissance des règles de fonctionnement de la société camerounaise ; • Découverte des valeurs et traits culturels de la société camerounaise.
5. Média et Communication	• Découverte du monde des médias ; • Découverte des technologies de l'information et de la communication.

Tabla 3 Fragmento del programa del primer ciclo

Domaines de vie	Rôles sociaux	Buts du programme d'études
Vie familiale et sociale	Membre d'une famille et de la société	Amener l'apprenant à s'assumer comme membre d'une famille et d'une société.
Vie économique	Producteur et consommateur de biens et services	Amener l'apprenant à élaborer son projet professionnel, à opérer des choix judicieux en matière de consommation.
Environnement, bien-être et santé	Participant actif dans la sauvegarde de la santé, de l'environnement et du bien-être	Amener l'apprenant à adopter des comportements responsables vis-à-vis de son environnement, de son bien-être, de sa santé et de celle des autres.
Citoyenneté	Citoyen du Cameroun et du monde	Amener l'apprenant à assumer son rôle de citoyen dans la société camerounaise et à s'ouvrir aux valeurs universelles.
Medias et communication	Producteur et consommateur d'informations	Amener l'apprenant à faire preuve de créativité et de discernement dans la consommation et la production de l'information.

Tabla 4 Fragmento del programa del primer curso

---

3 "La reforma curricular y el diseño de un marco de referencia deben ser un objetivo fundamental de cara a sostenibilizar el currículo y mejorar la calidad de la E/A del español en Camerún. Vivimos en un mundo globalizado y cada vez más competitivo. Mejorar la calidad de la formación de nuestros estudiantes, para hacer de ellos ciudadanos competitivos y competentes en el día de mañana" (Kem-mekah Kadzue, 2014:251).

La única observación respecto al volumen horario de repartición de clases es que se ha pasado de cuatro horas semanales de clase de español a dos y tres horas. De ahí que se hace necesario plantear modelos de enseñanza vanguardistas, que comentaremos en las líneas siguientes, para poder llevar a cabo de manera significativa toda su programación anual. En cuanto a la incidencia del número elevado de alumnos por aulas para llevar a cabo una enseñanza competencial y la falta de tiempo para trabajar todas las habilidades lingüísticas o componentes de la competencia comunicativa, las propuestas que realizamos son varias y se remiten a las técnicas propias a la pedagogía de los grandes grupos y la de los métodos activos. La pedagogía de los grandes grupos manifiesta una ruptura con la enseñanza individualista y nos parece ser la solución más viable frente al reto de la masificación del aula. No en vano Trujillo Sáez (2002:67) afirma que "hay ciertas competencias básicas que no es posible desarrollarlas en soledad" ya que, por ser animales sociales, necesitamos a nuestros semejantes para desarrollarlas. A continuación, exponemos unos modelos de enseñanza que darían solución a los retos planteados anteriormente.

a. La clase invertida

También conocida como *flipped classroom,* la clase invertida es un modelo pedagógico que propone que los/as alumnos/as tengan a su disposición el contenido o los apuntes de la asignatura (en formato vídeos, audio o texto escrito) antes de la clase presencial. El planteamiento de esta metodología radica en que:

«les contenus de cours sont livrés au moyen de ressources (le plus souvent des capsules vidéos) consultables en ligne et le temps de classe est exclusivement consacré à des projets d'équipe, à des échanges avec l'enseignant et entre pairs, à des exercices pratiques et autres activités de collaboration » (l'Université de Sherbrooke, 2011).

La idea es que se lo lean o estudien en casa y en la clase se hacen los deberes prácticos, las reflexiones, la resolución de dudas, debates, trabajo en grupo, etc. Y así el alumnado moviliza todos los recursos estudiados en casa para solucionar ejercicios prácticos desarrollando las competencias básicas y generales para que sea un ciudadano competente el día de mañana. Esta metodología permite descentralizar el proceso de enseñanza/aprendizaje, responsabilizar al alumno sobre su aprendizaje, dar la espalda a la clase centrada en los conocimientos y pasar a clases que permiten construir competencias.

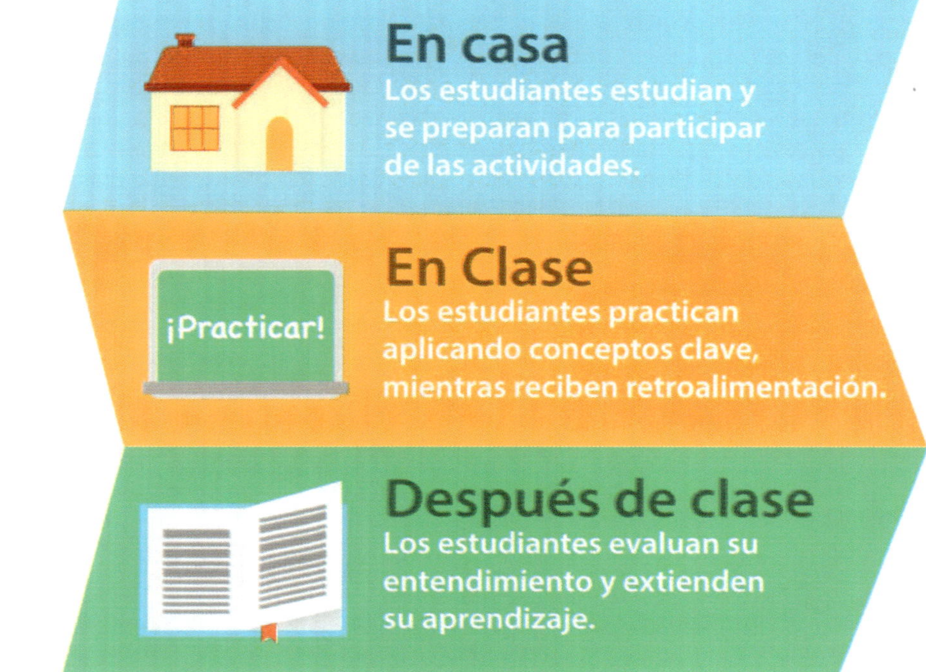

Figura 7 Ilustración del APB.

Una práctica docente tradicional común en Camerún y en muchos otros países africanos donde se enseña español es que, en los niveles iniciales, el profesorado pasa buena parte del horario de clase escribiendo todo el contenido de una lección determinada (el uso de ser y estar, el uso de por y para, los comparativos, el presente de indicativo, el gerundio, la duración, etc.) en la pizarra para que los alumnos los apunten a pie de letra en sus cuadernos. En los niveles avanzados, se puede llegar a dictar o leer el contenido de la lección a los alumnos e ir escribiendo palabras difíciles en la pizarra. En todo caso, la gran mayoría del alumnado pasa casi toda la sesión de clase dedicándose a hacer una actividad: tomar apuntes. Cuando los alumnos terminan de anotar lo escrito en la pizarra, se explica el contenido de la lección en cuestión para, a continuación, realizar tareas prácticas y encomendar tareas caseras. El poco tiempo que queda para llevarlos a hablar, hablan los mismos de siempre.

Figura 8 Fotografías de dos estudiantes de prácticas en un instituto de Yaundé en marzo de 2024.

Lo que quiero resaltar es que en nuestras aulas dedicamos demasiado tiempo a escribir en la pizarra contenidos que los alumnos tienen que copiar religiosamente en sus cuadernos. Se trata de una pedagogía centrada en la exposición de los contenidos. Por eso Etaba dice que *solo conocía el español de los cuadernos, de los libros*". Procediendo así, después no da suficiente tiempo de movilizar esos conocimientos apuntados en los cuadernos para solucionar tareas basadas en situaciones reales de la vida. Me parece que la clase invertida es una gran solución para evitar pérdidas de tiempo debido a una enseñanza donde los alumnos dedican mucho tiempo tomando apuntes.

Pienso que si el alumnado tiene a su disposición el contenido de la asignatura en el formato oportuno antes de la clase presencial, le da tiempo a leerlo y entenderlo o, al menos, intentar entenderlo. Que entienda lo que lee o no, el discente va a clase mejor preparado, no llega a clase como una *tabula rasa* sino a plantear sus dudas contestar con firmeza las preguntas del profesor o la profesora, solucionar los ejercicios con sus compañeros, a trabajar con la lengua y no solo a tomar apuntes. Me parece que igual que el docente, el alumnado debe ir a clase preparado con lo que va a estudiar o hacer. Estos alumnos, los que han leído la materia que se estudiará, son unos aprendientes participativos e interesados. Es tarea del docente, llevar una metodología de enseñanza que implique a sus alumnos para que se responsabilicen del papel que les corresponde en el proceso de enseñanza/aprendizaje. Esa preparación se hace en casa o simplemente en el tiempo personal de los estudiantes (TPE). Según Cassany (2021:23) "en los años ochenta y noventa la preocupación del docente era gestionar los 60 o 90 minutos de clase presencial. Hoy, en cambio, tenemos que pensar en otras cosas. Con internet, el aula se ha vuelto híbrida y virtual". En este sentido, el docente camerunés no solo debe preocuparse por las 2 o 3 horas semanales de español a la semana, el aprendizaje significativo del español va más allá de esas horas. La clase de español ya no es solo lo que ocurre entre las cuatro paredes, sino también lo que hace el alumnado fuera del entorno físico del aula. Los docentes debemos encender la llama del trabajo personal del alumno (TPA) y conectar esa dimensión del proceso de aprendizaje con nuestras prácticas docentes presenciales. Solo así alcanzaremos todos los objetivos que nos fijamos al inicio de cada curso lectivo. La clase invertida aparece, pues, como uno de los métodos activos que deberíamos implementar en nuestras aulas de ELE.

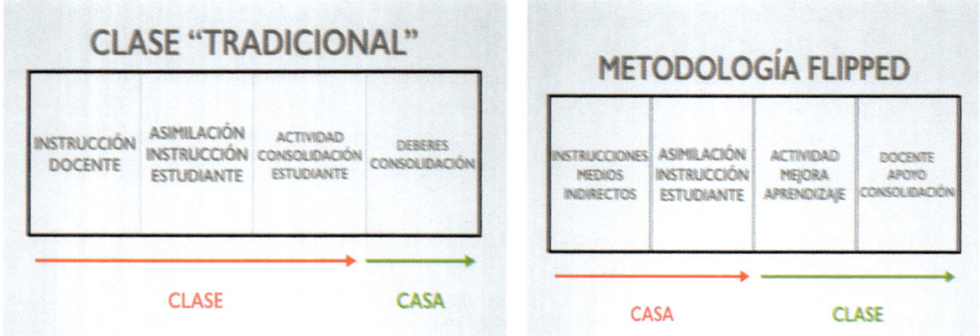

Figura 9 Clase tradicional vs. clase invertida (Fuente: E Servicios Educativos © 2021)

No vale decir que eso es difícil o poco viable. La tecnología es el presente y es el futuro de la educación y del mundo. Lo más importante son las ganas de hacer mejor su trabajo, incorporando los recursos tecnológicos para facilitarlo, lo más difícil es el primer paso. Se trata de una tarea ardua al principio, pero que facilita nuestras prácticas docentes venideras, dar los primeros pasos e ir sumando experiencias. A modo de ejemplo, en el marco de mi actividad profesional de formador de profesores de ELE en la Escuela Normal Superior de Yaundé, en el curso académico 2021-22, invité a mis alumnos y alumnas a utilizar los programas informáticos *Loom y Powerpoint* para crear lo que decidimos llamar "tapas didácticas" o "cápsulas didácticas" (vídeos de corta duración, 5 minutos como mucho) sobre algunos temas de gramática española. Al principio, todo el alumnado (futuros profesores de español en la secundaria) estaba un poco intranquilo y reacio con la iniciativa. Algunos consideraban que era una actividad empeñosa, otros no sabían ni usar powerpoint y ninguno de ellos conocía la aplicación *Loom*. Otro problema era que todos decían que no tenían dinero para la conexión a internet, necesaria para grabar la clase con *Loom*. Desde el principio, los estudiantes solo veían dificultades en vez de considerar el proyecto como una de las soluciones a algunos problemas que plantea la enseñanza del español, en particular, y la enseñanza en general en nuestro país. Pese a ello, les motivé e iniciamos dicho proyecto. Cada uno escogió un nivel determinado de enseñanza de ELE y un tema de clase de gramática o de traducción y preparó una clase con *Powerpoint* siguiendo el método inductivo. Seguidamente pasamos a grabarlas con *Loom* con un resultado tan favorable que a partir de lo realizado, esos estudiantes-futuros profesores de ELE, pasaron de meros consumidores de material pedagógico disponible en la web a creados de materiales de enseñanza 2.0. Todas las cápsulas didácticas que diseñamos explicaban, de manera resumida en cinco minutos como máximo, un tema de gramática española (desde el planteamiento de los objetivos hasta la actividad de consolidación pasando por la manipulación de un corpus) y pueden ser usadas por cualquier docente, puesto que están disponibles en línea, dentro del paradigma de lo que hemos explicado en este apartado: *flipped classroom* o clase invertida.

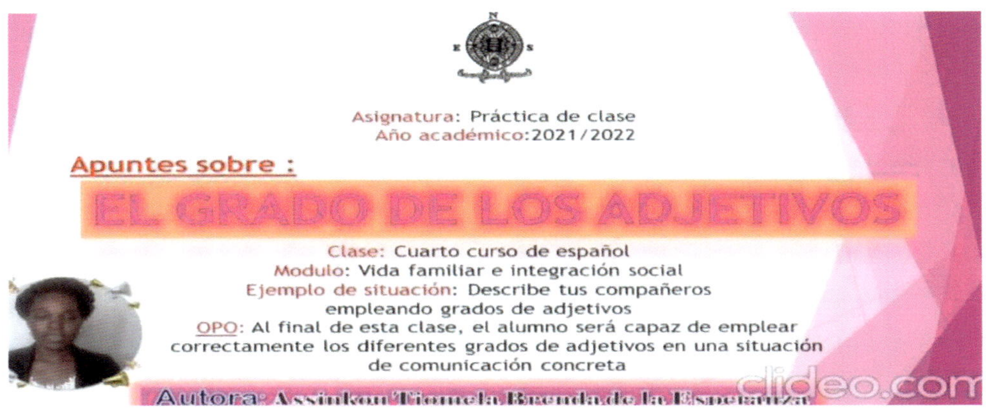

Figura 10 Portada de una cápsula o tapa didáctica diseñada por una alumna-profesora sobre el grado de los adjetivos

La figura anterior es la portada de una de esas cápsulas didácticas que diseñaron mis estudiantes-futuros profesores de ELE en la Educación Secundaria. *¿Cómo se usaría este material en el aula de ELE?* Un ejemplo de explotación puede ser el siguiente. En casa los alumnos visualizan el vídeo donde se explica la estructura gramatical y cuando llegan a clase plantean sus dudas, si las tuvieran y, seguidamente, hacen ejercicios de consolidación en pequeños grupos bajo la supervisión del profesor poniéndose en práctica lo estudiado, lo que dará *más tiempo para desarrollar* todas las competencias básicas y generales en los discentes. La cuestión de la masificación, en este caso, ya no plantearía un gran problema porque en la planificación de la clase presencial se pone énfasis en el trabajo en grupo.

Durante la crisis del COVID 19, en 2020, todos los sectores de la sociedad se paralizaron y la educación no fue una excepción. Se cerrarron las instituciones educativas y se suspendieron las clases. En Camerún durante ese tiempo, los docentes y las políticas educativas empezamos a improvisar, a duras penas, medidas de intervenciones didácticas a partir de las tecnologías. Mi opinión es que no tenemos que esperar que llegue otra pandemia u otro problema estructural para llevar a cabo innovaciones (tecno)pedagógicas en nuestras prácticas docentes. Invito pues a los docentes a usar los contenidos audiovisuales diseñadas en el Centro de Educación a Distancia del Ministerio de las Enseñanzas Secundarias situado en Yaundé y disponibles en acceso libres en Youtube. Se trata de lecciones en formato vídeo hechas bajo la coordinación de los inspectores pedagógicos sobre los temas del programa de enseñanza de la secundaria con una duración de entre 30 a 45 minutos. Si bien, la duración de los mismos no cumple con las características de las cápsulas didácticas, nos parece que esos vídeos diseñados por el ministerio pueden ser usados para implementar nuestra propuesta de las clases invertidas.

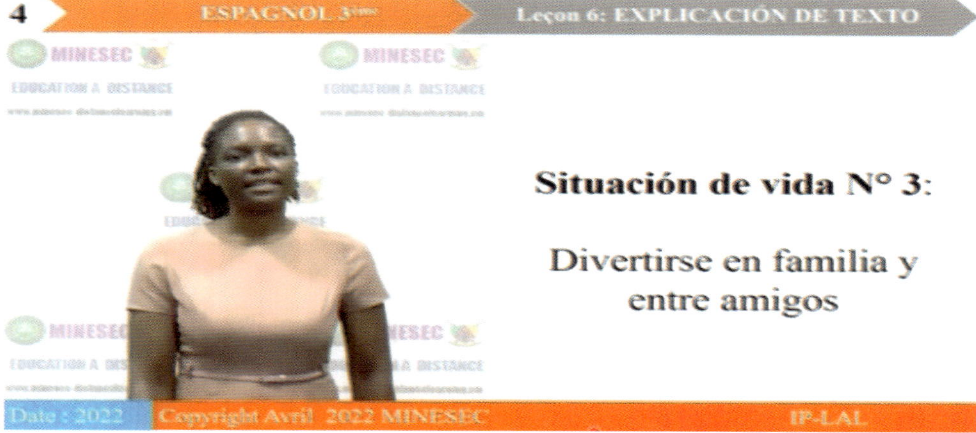

Figura 11 Captura de pantalla de uno de los vídeos

Si lleváramos a nuestros alumnos a visualizarlos en casa, en la clase presencial, asimilarían los temas con más facilidad e incluso participarían más en las actividades de aprendizaje. Por otra parte, invito al profesorado camerunés a ser creativo. Un docente por naturaleza es una mente creativa, es una mente inquieta. La gran parte de los docentes cameruneses de ELE subrayan la poca variedad de tareas presentes en los manuales para justificar la monotonía en las actividades diarias que llevan al aula (Kem-mekah Kadzue, 2016). Pensamos que es preciso que "el profesor no se contente tampoco con llevar cada día a clase el mismo libro de texto y aplicar 'confortablemente' sus contenidos. Es necesario que se convierte también en buscador y elaborador entusiasta de materiales" (Djandue Drombé, 2012:10).

Por lo tanto, invito a los docentes a diseñar materiales didácticos digitalizados, a poder ser capsulas didácticas por ser de corta duración y fácilmente descargables. Solo es cuestión de ganas y de práctica para crear las capsulas didácticas de las que hablamos en los párrafos anteriores. No hay que ser un especialista en tecnología educativa para diseñar tapas o cápsulas educativas. Recuerdo que cuando inicié a mis estudiantes en la creación de esas cápsulas educativas, todos, al principio, parecían poco entusiasmados con el proyecto. Pero al finalizar esta actividad, mi di cuenta de que "malgré un manque d'enthousiasme remarqué chez nos étudiants en début de formation, à la lumière de nos analyses, 50% de ceux-ci affirment qu'une fois sur le terrain, ils utiliseront des capsules créées par eux-mêmes ou par des tiers pour enseigner et 45% de participants affirment qu'ils en créeront » (Kem-mekah Kadzue, 2024:18). Nos parece preciso reiterar que, para practicar la pedagogía de la clase invertida, no es obligatorio usar siempre un material audiovisual como en el caso de las cápsulas pedagógicas que hemos explicado anteriormente. También se puede hacerles llegar los recursos en formato papel para que ya desde casa los consulten y se familiaricen con lo que vayamos a enseñar. Eso nos ayuda en nuestra labor de docente a la par que facilita el desarrollo de las competencias en los discentes, pues ese procedimiento responsabiliza a los alumnos y les incide a ser aprendices autónomos.

b El Aprendizaje Basado en Proyectos

El Aprendizaje Basado en Proyectos (ABP) es un modelo de innovación educativa que busca responder a las problemáticas reales de la comunidad escolar o del país, a partir de proyectos que involucran a los y a las estudiantes de una manera activa en su realización. En equipos de aprendizaje (tradicionalmente llamados grupos), se les pide que investiguen sobre un problema de la vida real y diseñen un plan de acción de cara a proponer una solución concreta a la problemática estudiada. En aulas de lenguas extranjeras, este enfoque permite trabajar destrezas o saberes sociales y fomentar la conexión con otras asignaturas (interdisciplinariedad), asimismo que trabajar el espíritu emprendedor y creativo de los alumnos. Pienso que el ABP aporta una solución al problema de volumen horario reducido en la medida en que "favorece la integración del currículum" (Trujillo Sáez, 2012:10). El docente puede reunir algunas situaciones de vida recogidas en el currículo y tratarlos integradamente en una misma secuencia y/o unidad didáctica. Por otra parte, para cada uno de los 5 módulos del programa de enseñanza del español en Camerún, los alumnos pueden diseñar y realizar proyectos de interés para la comunidad educativa e incluso para la sociedad camerunesa.

Pongo un ejemplo concreto para ilustrar la aplicación del ABP en el séptimo curso de la educación secundaria o quinto curso de ELE. Escojo al azar el *Módulo 2. Medioambiente, salud y bien estar*. Según la planificación anual, elaborada a partir de las informaciones recogidas en el currículo oficial, que se sigue en los institutos de enseñanza secundaria, este módulo consta de tres lecciones principalmente impartidas en varias sesiones de clase, tal como se puede observar en el fragmento de programación didáctica anual que se presenta a continuación. Además de estas tres primeras lecciones, que reciben respectivamente los nombres de *Los tipos de residuos, su recogida y reciclaje, La contaminación industrial y protección del medio ambiente* e *Impacto de las actividades humanas en el medio ambiente* y la salud de las poblaciones, tenemos una semana llamada *Semana de Integración* [una especie de lección 4] en la que los docentes hacen tareas prácticas y repasos para preparar a los aprendices para la última semana dedicada a la evaluación, la corrección y la remediación, tal como aparece en este fragmento de la siguiente ficha de programación de las actividades a realizar por el docente en este módulo.

Nivel: quinto curso de ELE/séptimo curso de la educación secundaria

Trimestre: 1

Periodo: de la semana X a la semana Y.

Módulo 2: medioambiente, salud y bienestar

Objetivo general del módulo: al finalizar este módulo, el alumno deberá ser capaz de integrar el vocabulario y la gramática necesarios para producir y traducir, en una situación comunicativa, a partir de un soporte visual y/o auditivo, en lenguaje cotidiano, enunciados coherentes descriptivos, narrativos, explicativos, argumentativos o informativos de al menos 12 frases sobre los tipos de residuos, su recogida y reciclaje; la contaminación industrial y la preservación del medio ambiente; el impacto de las actividades humanas en el medio ambiente y en la salud de la población.

Ejemplo de situación de vida	Objetivos	Saber/contenidos	Saber hacer	Saber ser	Duración
Lección 1: Los tipos de residuos, su recogida y reciclaje [semana 1]	Enumerar los tipos de residuos (domésticos, industriales) y su recogida, reciclado, descarga, compostaje e incineración.	1.Explotación de texto - lectura - explicación de vocabulario - comentario 2.Traducción de oraciones imperativas con y sin pronombres complementos.	Solucionar problemas relacionados con el tratamiento y el reciclaje de residuos.	Trabajar la observación, toma de consciencia, sensibilidad.	3 horas

Lección 2: La contaminación industrial y protección del medio ambiente [semana 2 y 3]	Hablar de la responsabilidad ciudadana en el saneamiento y cuidado del medio ambiente y	1.Explotación de texto - lectura - explicación de vocabulario - comentario 2.Traducción de la obligación personal e impersonal	Solucionar problemas relacionados con la higiene y la salubridad en entornos urbanos, agrícolas e industriales.	Trabajar la escucha activa, la responsabilidad, la toma de iniciativa y la apertura del espíritu.	6 horas
Lección 3: Impacto de las actividades humanas en el medio ambiente y la salud de las poblaciones. [semana 3 y 4]	Describir las consecuencias de la destrucción del medio ambiente para las personas y su salud, y proponer soluciones para sanear los entornos urbanos, agrícolas e industriales.	1.Explotación de texto - lectura - explicación de vocabulario - comentario 2.Traducción de las frases restrictivas (prohibición).	Resolver problemas relacionados con las consecuencias de la destrucción del medio ambiente para la salud humana y del medioambiente.	Idem	6 horas
Semana de integración: actividades de integración [semana 5]	Preparar a los alumnos para la evaluación, haciendo actividades diversas.	Actividades de integración: juego de rol, debate, comprensión de textos, traducción, etc.	Resolver tareas relacionadas con el tema estudiado en grupo, pareja, etc.	Trabajar el espíritu cooperación, el trabajo en equipo, la ayuda mutua, la convivencia, etc.	3 horas
Evaluación y remediación [semana 6]	Comprobar si los alumnos han alcanzado los objetivos fijados al iniciar el módulo.	1.Evaluación (comprensión lectora, traducción y redacción) 2. Corrección y entregas de las copias.			3 horas

Tabla 5 Ficha de programación de la unidad didáctica "Medioambiente salud y bien estar".

A la hora de impartir este módulo, un docente que sigue el mismo procedimiento usado por sus docentes cuando él mismo era alumno/a, buscaría en el manual oficial o en internet, textos que corresponden a cada una de las temáticas específicas de las tres lecciones. En lo que se refiere a la primera semana, una vez en el aula, procederá a hacer un comentario de texto para familiarizar a los alumnos con el léxico y, seguidamente, les planteará preguntas cerradas de comprensión del texto y preguntas abiertas de reflexión personal y contextualización de la cuestión objeto de estudio, con el fin de llevar a sus alumnos a proponer ellos mismos soluciones al problema relacionados con el tratamiento y el reciclaje de residuos. Para la próxima clase de la misma semana, sobre la traducción de las frases imperativas, escogería unas frases sueltas que conlleven la estructura lingüística a estudiar y a partir de la misma, impartirá su clase de traducción.

Este es el procedimiento habitual que siguen los docentes en las aulas del séptimo curso en Camerún. No digo que sea malo. Pero enseñar siempre así resulta aburrido y cansino tanto para los alumnos como para el profesorado. Los docentes de ELE debemos ser creativos, romper los moldes e implementar otras técnicas de enseñanza que promuevan la enseñanza/aprendizaje orientada hacia la acción. Debemos llevar a nuestros aprendices a practicar el *aprender haciendo* de Dewey. El APB involucra a los discentes en un proyecto en el que realizan todas las actividades comunicativas de la lengua, tal como se aprecia en la figura siguiente:

Figura 12 Qué aprendizaje promueve el ABP (Cobo Gonzales y Valdivia Cañotte, 2017)

Siguiendo el APB, me parece que el módulo *Medio ambiente salud y bien estar* puede dar para realizar por lo menos tres proyectos de impacto socioeducativo en nuestros institutos. Los tres proyectos podrían titularse respectivamente "¡Cuidemos nuestro instituto!", "¡Cuidemos nuestro hogar!", "¡Cuidemos nuestra ciudad!". El profesor dividiría la clase en varios equipos de aprendizaje. A título de ejemplo, los grupos encargados de llevar el proyecto "¡Cuidemos nuestro instituto!" tendrían que realizar las siguientes actividades o tareas posibilitadoras teóricas y prácticas y la suma de las mismas permitiría realizar el proyecto completo:

(i)   **Identificar el problema:** Explorar el entorno de su colegio/hogar/ciudad para identificar los tipos de desechos o residuos (*competencia léxica*) que hay en el patio, las aulas, las zonas verdes, comedor, zonas de comercio, en la entrada del instituto, azulejos, etc. Si el instituto es muy grande, el docente podría adjudicar a cada grupo una zona específica de acción e investigación. Este ejercicio permite que los discentes se familiaricen con el vocabulario específico del tema objeto de estudio.

(ii) **Reflexionar sobre las causas**: Reflexionar sobre las causas del problema medioambiental detectado en el instituto. Investigar o reflexionar sobre quiénes son los posibles responsables de tirar desechos por doquier.

(iii) **Pasar a la acción:** Recogerlos, si es posible, para mantener sano el espacio. Se sabe que el ABP favorece la integración curricular. A la hora de pasar a la acción, el docente de español podría trabajar en colaboración con el profesor de la asignatura *trabajo manual* para que este último lleve a los alumnos a limpiar, desbrozar, recoger escombros, clasificarlos por tipos y mantener el entorno del instituto limpio.

Figura 13: Implementación del ABP (www.frrepik.es)

(iv) **Hacer una sensibilización:** A modo de proyecto final, los discentes podrían diseñar una campaña de sensibilización sobre el reto medioambiental en el colegio, y los problemas de salud que eso acarrea, con textos escritos en español (expresión escrita, *imperativo positivo y negativo*) y francés en folios o carteles reciclados (traducción, destreza de mediación lingüística) y pegarlos en zonas estratégicas del instituto. También pueden hacer esa campaña de sensibilización de manera más activa yendo a algunas aulas de español del instituto para leerlas y explicarlas (expresión e interacción oral) a los discentes. O simplemente, hacer la acción de sensibilización en clase, ante sus propios compañeros de clase.

(v) **Proponer soluciones concretas.** Resolver problemas relacionados con las consecuencias de la destrucción del medio ambiente para la salud humana y del medio ambiente.

Estableciendo una conexión con la clase de manualidades (*Trabajo manual*) y con la complicidad del profesor de dicha asignatura, una parte del proyecto final también podría ser que fabriquen basureros y los dispongan por el instituto (Saber hacer y saber ser). Otra variable podría ser que recojan cajas de cartones o bidones de 10 litros de agua mineral que se encuentran por doquier y que los corten, los personalicen y los dispongan en las aulas para que los alumnos ya no tiren desechos en el suelo. Con un proyecto parecido, los estudiantes ponen en práctica todos los tres temas de este módulo. Esto sí que es el enfoque por competencias en mayúscula. Reflexionar sobre situaciones, problemas de su entorno y proponer soluciones prácticas que tengan un impacto favorable en nuestro entorno inmediato. El ABP deja en evidencia que no todo se aprende en aulas de cuatro paredes. Es más, fuera del aula, los alumnos suelen sentirse más a gusto y más libres. Se arriesgan, toman iniciativas, son proactivos y el aprendizaje se da de manera natural.

A la luz de la lectura de esta propuesta, se observa que el ABP involucra y responsabiliza al alumnado sobre el papel que le corresponde en el acto de aprender. A partir de este modelo, el docente puede trabajar todas las habilidades lingüísticas y competencias comunicativas y generales o transversales para que los alumnos sean competentes en los temas abordados en el aula. Como advierte Roegiers (2008)

Sans négliger les savoirs, les savoir-faire, ni les life skills, cette approche affirme toutefois que l'important est de permettre à l'élève de disposer d'un bagage cognitif et socio-affectif transversal pour faire face aux exigences des différentes disciplines, ou plutôt des différents champs disciplinaires, parce que la perspective est de dépasser progressivement le découpage en disciplines. Certains types de processus d'« enseignement-apprentissage », notamment la pédagogie du projet et la pédagogie de l'apprentissage, qui s'inspirent toutes deux des principes du socioconstructivisme, ne sont valorisés que parce qu'ils apparaissent comme particulièrement adaptés pour développer ces compétences transversales. (Roegiers (2008:7)

Así pues, tanto el EPC como el ABP favorecen la interdisciplinariedad e integración de todas las competencias que permitan que el aprendiz sea un ciudadano competente y un agente agente social (PCIC) que puede intervenir para el bien propio y de su comunidad educativa y de su sociedad.

Figura 14 Ilustración del ABP (www.frrepik.es)

Otro ejemplo de actividad que encaja con este enfoque puede plantearse dentro del módulo: *Vida económica y mundo del trabajo* en el cuarto curso de ELE. Uno de los objetivos de este módulo es que los alumnos analicen las actividades generadoras de ingresos de nuestro panorama social y diseñen un proyecto empresarial (solucionar el problema de paro). Igual que en el proceso anterior, pongamos la situación de vida siguiente: "Solucionar el problema de paro juvenil en mi pueblo". Invitamos a un grupo de alumnos y alumnas a que reflexionen sobre las causas del paro juvenil en su pueblo y analicen las actividades susceptibles de generar ingresos en el pueblo de cara a crear un proyecto de negocio. Una vez la actividad escogida (pesca, agricultura, telefonía, turismo, etc.) pasan a diseñar por escrito los pasos para hacerlo realidad. Otro objetivo del mismo módulo es que el alumno o alumna sea capaz de gestionar adecuadamente un sueldo (*gérer son salaire*, être producteur et consommateur responsable). En este sentido el proyecto puede consistir en que cada uno diseñe un proyecto en el que destaque una estimación del sueldo de su padre/madre y elabore un plan para gestionar los gastos de casa y de la familia con el fin de poder llegar a fin de mes y ahorrar. En el sexto curso, la primera lección del módulo *vida económica y mundo laboral* versa sobre el turismo como actividad generadora de ingreso. Como actividad de aprendizaje bajo el paradigma del ABP, se podría decir que un grupo de alumnos escoja un lugar turístico de Camerún, busquen información sobre el mismo y elaboren un folleto en español y en francés para la promoción del lugar escogido.

Voy a proponer otra idea de actividad que ya sugerí en Kem-mekah Kadzue (2016). Las aulas de ELE en Camerún suelen ser numerosas y hacen difícil la participación activa de todos los alumnos tal como han enunciado nuestros informantes. Imaginémonos que queremos trabajar una unidad didáctica que trata de deportes, ropa, imperativo y descripción física de un sujeto. Primero podemos poner como título de nuestra propuesta *"Hagamos deporte y hablemos de ello"*. A partir de las actividades posibilitadoras, tratamos en el aula de todo aquello que nos permite llevar a cabo nuestra tarea o proyecto final que es hacer deporte y hablar de ello. Como tarea final, primero dividimos a los alumnos en grupos: al primer grupo le ponemos Equipo A o Equipo Barça: al segundo Equipo B o Equipo Real Madrid: al tercer grupo le damos el nombre de Equipo C o Los periodistas; los grupos D y E son los aficionados de cada equipo y otros dos grupos los identificamos, respectivamente, con los entrenadores y el árbitro del juego. Para la última semana de clase de esta unidad didáctica les decimos a los alumnos que vengan vestidos con sus uniformes de la asignatura de deporte. Ese día los llevamos todos al campo de fútbol del instituto. Una vez allí, se ponen a aprender jugando y viviendo en primera persona una situación de comunicación real que es la de un partido de fútbol entre dos rivales históricos del fútbol español. En este sentido, los alumnos y alumnas usan de manera contextualizada lo aprendido en las tareas posibilitadoras durante la tarea final y utilizan la lengua meta con un fin determinado y real: los hay que narran el partido, los que apoyan a sus equipos, los entrenadores dan instrucciones a sus jugadores, la afición anima a su equipo, una pareja hace de periodista y plantea preguntas postpartido a los jugadores, etc. El docente mientras tanto toma notas y evalúa a los distintos grupos. Mediante una actividad como esta, ¿no se lograría que la gran mayoría, por no decir todos los alumnos, participen activamente en el aula? Obvio que eso se conseguiría. Esta tarea promueve el aprendizaje de forma significativa y vivencial ya que los alumnos vivirían esa experiencia como protagonistas.

Este es el cambio de paradigma del que hablamos, es imprescindible que el docente ponga las condiciones idóneas para que el aprendiz pueda aprender de su actividad. Como dice Francisco Mora (2013), sin emoción, no hay curiosidad, no hay atención, no hay aprendizaje, no hay memoria. Es imprescindible desarrollar en el aula actividades atractivas que enciendan en la mente de los alumnos el gusto y el ansia por aprender.

Tanto el ABP como la clase invertida permiten desarrollar la autonomía del alumnado, les responsabilizan sobre el desempeño de su papel en el proceso de aprendizaje y, finalmente, permiten ganar en tiempo y alcanzar con facilidad los objetivos de aprendizaje de manera integrada. Por lo tanto, recomiendo encarecidamente ambos modelos de prácticas activas de enseñanza sobre todo en el segundo ciclo de ELE (tercer, cuarto y quinto curso de ELE en la educación secundaria) ya que son una vía de escape a los problemas planteados al introducir este apartado.

Sé a ciencia cierta que estas propuestas le parecen muy interesantes, pero a la vez un tanto utópicas o irrealistas. Si eso le ha parecido, es normal porque supone un cambio total de las dinámicas que suele seguir en sus clases. Solo le animo a probarlo, de vez en cuando. Poco a poco aprenderá de los errores y dificultades que surjan en la implementación y, seguidamente, mejorará sus prácticas venideras. Es cierto que el ABP exige una creatividad docente y mucha labor de preparación o planificación de las etapas o actividades a realizar tomando en cuenta los objetivos y los contenidos y las competencias que se debe desarrollar en la secuencia o unidad didáctica, pero una vez puesta en marcha los discentes se convierten en principales protagonistas en el proceso de enseñanza/aprendizaje y los docentes son meros guías, supervisores, facilitadores.

1.3 Trabajar en/fuera el/del aula la comprensión auditiva y la expresión e interacción oral.

En Kem-mekah Kadzue (2016), la mayoría de los docentes encuestados (61%) defendió, entre otros impedimentos, que la obligación administrativa de terminar el programa al finalizar el año, les impedía enseñar de manera efectiva las cuatro destrezas lingüísticas básicas. Como bien hemos comentado en apartados anteriores, esa cuestión del estrés de terminar el programa ya no debería darse porque los programas han sido revisados y reestructurados. Por otra parte, los métodos activos (la clase invertida, la pedagogía de proyectos, etc.) permiten democratizar tanto el proceso de E/A como el conocimiento, de modo que el alumno ya no pasa la hora de clase dedicándose a tomar apuntes. Con la clase tradicional y centrada en los conocimientos, no daba tiempo a trabajar todas las competencias. La clase actual debe estar centrada en el enfoque por competencias y por lo tanto se debe trabajar todas las destrezas lingüísticas y competencias básicas y generales que permiten al discente ser hablante competente.

Otra dificultad que plantea la enseñanza de la comprensión auditiva según los docentes encuestados en la investigación citada anteriormente es la falta de recursos tecnológicos y materiales en los institutos y colegios para llevar a cabo esta labor. De ahí que proponemos, a continuación, unas estrategias para que los docentes cameruneses puedan subsanar las mencionadas pegas infraestructurales y tecnológicas en el terreno.

a. Trabajar la comprensión auditiva con los recursos que disponemos

Soy consciente que las carencias de nuestro contexto educativo (falta de infraestructura y soportes tecnológicos, falta de actividades y recursos audiovisuales en el manual oficial, etc.) dificultan enseñar la comprensión auditiva. Pero tampoco por ello los docentes debemos llegar a afirmar rotundamente que por las mencionadas dificultades es imposible trabajar la comprensión auditiva en nuestras aulas de ELE, tal como nos lo aseguraron algunos docentes (Kem-mekah Kadzue, 2016). Enseñar la comprensión auditiva (CA) también remite a enseñar al alumno microhabilidades como discriminar sonidos y pares mínimos, saber segmentar la cadena acústica en las unidades que la componen, saber captar el tono del discurso, prestar atención, etc. Por otra parte, para enseñar la CA en nuestro contexto, el docente puede recurrir a su propia voz. A continuación, van unas actividades de comprensión auditiva que pueden trabajar perfectamente en el aula pese a no disponer de recursos tecnológicos.

Actividad 1. Usted va a escuchar tres mensajes del buzón de voz de un teléfono leídos por el profesor. Escuchará cada mensaje dos veces. Después debe contestar a las preguntas (1-3). Seleccione la opción correcta (a / b / c). Marque las opciones elegidas. Tiene 30 segundos para leer las preguntas. *[sirve para trabajar la comprensión de un texto hablado y la capacidad de destacar del mismo la información requerida]*

Mensaje 1: (el profesor lee en voz alta el mensaje[4])

1. ¿Para qué llama Roberto a Cristina?

    a) Para devolverle su agenda.

    b) Para proponerle salir a comer.

    c) Para recordarle que tienen una cita.

Mensaje 2: (ídem)

2. ¿Qué tiene que hacer Pedro?

    a) Acudir a una reunión.

    b) Elaborar un informe.

    c) Enviar unos datos.

Mensaje 3: (Idem)

3. ¿Para qué llama el hombre a la mujer?

    a) Para que le envíe el currículum.

    b) Para concertar una cita.

    c) Para aplazar una entrevista.

Actividad 2. En la recepción de una escuela de español de Bata. Tres estudiantes dan sus datos personales. Escucha y completa. *[sirve para trabajar la discriminación de información, los números, adjetivos de nacionalidad]*

Nombre: Pedro	Nombre: María	Nombre:..
Apellido: Obiang	Apellido: Seck	Apellido: Kenfack
Nacionalidad:	Nacionalidad: senegalesa	Nacionalidad:...
Edad:....................................	Edad:	Edad: 24
Profesión: estudiante	Profesión: camarera	Profesión: estudiante
Teléfono:................................	Teléfono:....................................	Teléfono: 650 51 15 60

---

4 Dicho mensaje puede ser un texto cogido en internet o en el manual de clase. Pero al hacer esta actividad, los alumnos al principio no tienen que tener a su disposición el texto escrito. Tienen que hacer la tarea escuchando la lectura del docente.

Actividad 3. A continuación, tu profesor/a leerá varios nombres, subraya el nombre que has oído. *[sir-ve para trabajar la discriminación de sonidos y pares mínimos, la sílaba tónica, la entonación]*

78

Amelia/Amelía	11. Gabón/Jabón	21. Cinta/Sinta
Perra/Pera	12. Él/el	22. Rol/role
Óscar/Oscar	13. Mira/mirar	23. ¿Vino?/vino
Papa/papá	14. Carlos/Carlo	24. Sal/Sale
Panda/banda	15. Cine/Sine	25. Cura/Curar
Cama/Karma	16. Paja/Caja	26. Ahora/Ahorra
Arnao/Arnau	17. Pagar/Pajar	27. Pez/Vez
Hago/Ajo	18. ¡Qué va! /Kebab	28. Boca/Poca
Higo/Hijo	19. Pala/Bala	29. Cuando/Cuanto
Gusto/Justo	20. Cinta/Sinta	30. ¿Cuándo?/Cuando

Actividad 4. Escucha la lectura del profesor y subraya la frase que oigas. *[sirve para trabajar la entona-ción. El profesor solo tiene que leer una de las dos frases de cada número]*

1. Vives en una casa grande.

    ¿Vives en una casa grande?

2. La escuela está cerca de la universidad.

    ¿La escuela está cerca de la universidad?

3. No tiene hambre.

    ¿No tiene hambre?

4. Son cameruneses.

    ¿Son cameruneses?

5. ¡Qué guapa vas siempre!

    [...] ¿Qué, guapa? ¿vas siempre?

6. -Llevó gafas

    Llevo gafas

7. - Estudio Geografía

    Estudió Geografía

Actividad 5. Presta atención a lo que canta el profesor y rellena los huecos que están en esta letra de la canción de Juanes (A Dios le pido). *[Serviría para trabajar, además de la comprensión auditiva, expresión escrita y la pronunciación, el presente de subjuntivo]*

Que mis ojos se……………………………,

con la luz de tu mirada

Yo, a Dios le pido

Que mi madre no se ……………………………………………………

Y que mi padre me ……………………………………………………

A Dios le pido

Que te ……………… a mi lado

Y que más nunca te me ……………… mi vida

A Dios le pido

Que mi alma no ……………………… cuando

De amarte se trate mi cielo

A Dios le pido

Por los días que me quedan

Y las noches que aún no llegan

Yo, a Dios le pido

Por los hijos de mis hijos

Y los hijos de tus hijos

A Dios le pido.

Que mi pueblo no…………… tanta sangre

Y se ……………………… mi gente

A Dios le pido

Que mi alma no ………………… cuando

De amarte se trate mi cielo

A Dios le pido

[…]

Actividad 6. Escucha las palabras siguientes que pronuncia tu profesor y subraya la sílaba tónica:

Alemán	- japonés	- Banderas
Alemana	- lección	- estudiar
Estudiante	- madre	- mesa
Bolígrafo	- hospital	- Carmen
Compañero	- Carlos	- Examen

Si ante actividades de comprensión auditiva como las que hemos diseñado anteriormente el docente no dispone de recursos tecnológicos en el aula para poner el audio, puede utilizar su propia voz para leer los 3 mensajes de la primera actividad procurando cambiar su voz según quien habla. Pasa lo mismo con la actividad dos. De igual modo, en una actividad de diálogo como en la segunda tarea, dos o tres alumnos podrían leer los diálogos mientras sus compañeros escuchan sin mirar el texto y posteriormente rellenar las informaciones de cada protagonista según lo que hayan percibido tras la lectura de sus compañeros. La realización de la actividad tres, cuatro, cinco y seis es mucho más fácil: el docente va leyendo las palabras y los alumnos subrayan las que oyen. En la actividad cuatro, el docente canta esta canción y los alumnos completan los vacíos con los verbos conjugados en presente de subjuntivo.

El objetivo es agudizar el oído de nuestros/as alumnos/as, trabajando la escucha atenta con la discriminación de informaciones y de oposiciones fonológicas. Tenemos que asegurarnos de que perciban y entiendan un audio en el que se habla en español sin o con el apoyo del texto. Por mi experiencia propia de alumno de ELE en Camerún, ninguno de mis docentes de secundaria nos propuso una actividad como las presentadas anteriormente.

De mi experiencia de investigador y examinador de futuros docentes de ELE, observando clases de los docentes de ELE en la secundaria, tampoco he visto a ninguno trabajar explícitamente la comprensión auditiva. Cassany y al. (1994) señala que, en general, los alumnos y maestros no solemos tener en cuenta la habilidad de escuchar en la clase de lengua y a raíz de eso los alumnos demuestran carencias importantes de comprensión oral. Las destrezas que siguen prevaleciendo son la expresión escrita (escribir) y la comprensión lectora (leer) tal como comentaron los docentes encuestados en el marco de mi tesis doctoral (Kem-mekah Kadzue, 2016) y en menor medida la expresión oral. Como recuerda Cassany y al. (1994:110) "los alumnos dedican mucho tiempo a escuchar en la escuela, básicamente durante las exposiciones magistrales de los maestros. [...] Pero no se trabaja de forma específica y decidida" la comprensión auditiva. También es cierto que en los manuales de ELE, que usamos actualmente en Camerún, no hay ejercicios para trabajar la comprensión auditiva. Pero eso no debe ser una excusa, una de las misiones de un buen docente es diseñar actividades, ir más allá de lo que está disponible en el manual de enseñanza. El hecho de que los manuales de la colección Nueva didáctica del español no vengan acompañados del material para trabajar la comprensión auditiva no debería ser una excusa para no enseñar dicha destreza.

Otra manera de trabajar la comprensión auditiva, en nuestro contexto, sería notablemente a través de las canciones. Muchos alumnos cameruneses optan por el español por el cariño que sienten por su música (Kem-mekah Kadzue, 2016). De ahí que si en las prácticas docentes abundan actividades en las que se recurre a las canciones sería un incentivo para mantener viva la llama de la motivación intrínseca en los alumnos. Una observación que hemos hecho es que muchos docentes cameruneses de ELE suelen recurrir a las canciones como una actividad para "matar" el tiempo que algunas veces sobra de clase cuando este recurso es una gran herramienta educativa y debemos aprovecharla mejor. Es cierto que, si nos limitamos solamente a cantar por cantar al finalizar la clase, puede que este ejercicio nos permita trabajar elementos prosódicos o suprasegmentales pero también debemos sacar partido del contenido de las canciones y utilizar fragmentos de la misma para hacer tanto una clase de estructura gramatical como de comentario de texto. Y al finalizar la clase, si se trata de una clase de gramática, cantamos toda la letra con los aprendientes y les preguntamos cuál es el mensaje o la moraleja de la misma, qué título pondrían a la canción, etc. También podemos pedir que en casa la busquen y la escuchen y nos digan en la clase siguiente de qué va. Con lo que el alumno o la alumna ya no se limitarán a cantar por cantar y se acostumbrarán a prestar atención al contenido cuando la escuche. En el último capítulo de este libro, se presenta un conjunto de canciones que los docentes cameruneses podrían utilizar en sus clases de ELE como corpus o muestra de uso de la estructura de la lengua a enseñar.

Otra actividad a la que los docentes podrían recurrir para trabajar la comprensión auditiva, sobre todo en niveles iniciales, es el dictado. No hay nada más práctico para trabajar la percepción de los sonidos y la escritura como el dictado. Como recurso fuera del entorno clase, podemos recomendar a nuestros discentes que miren los canales de televisión de Guinea Ecuatorial o que escuchen música en español por su cuenta. Las actividades de interacción real (juego de rol) en el aula, también permiten trabajar la comprensión auditiva en el sentido de que para que un alumno interactúe adecuadamente con su compañero tiene que poder percibir y descifrar aquello que diga éste. Los modelos de actividades que puede usar el docente de ELE camerunés para trabajar la comprensión auditiva incluyen **escuchar[5] un enunciado (texto, palabras o frases sueltas)** y:

(i)   repetir lo escuchado,

(ii)   recitar,

(iii)   detectar errores,

(iv)   adivinar algo,

(v)   obedecer a instrucciones,

(vi)   discriminar información verdadera o falsa,

(vii)   discriminar sonidos,

---

5 La comprensión auditiva no se limita en escuchar un enunciado, hay que hacer algo después de escucharlo para demostrar que la persona oyente puede descodificar y codificar lo escuchado.

(viii) hacer un resumen,

(ix) dar su punto de vista,

(x) parafrasear lo dicho,

(xi) responder a preguntas,

(xii) rellenar huecos, etc.

b. Más allá de la expresión oral: trabajar la interacción real en situaciones comunicativas reales

Respecto a la destreza de interacción oral, se observó que hay docentes cameruneses que intentan trabajarla (kem-mekah Kadzue, 2016). No obstante, el problema encontrado en las prácticas de las actividades de clase radica en que los docentes generalmente trabajan solo a partir de una dinámica de juego de preguntas docentes-alumnos. Excepcionalmente, en los niveles más avanzados, se hace ponencias. La cuestión es que se deben multiplicar las actividades que permiten integrar tanto la **expresión oral en las aulas**, contestar las preguntas del profesor oralmente, hablar sobre un tema preparado de antemano ante sus compañeros, caso de las ponencias), como la **interacción/conversación real en situaciones de comunicación real** (a partir de simulaciones o juego de rol, teatro, mesas redondas, debates sobre temas que planteen situaciones de la vida real, trabajo en grupo o en pareja para solucionar una tarea, etc.). Cassany et al. (1994) también distingue las actividades de comunicaciones singulares de las duales y las plurales. Las *singulares*: un receptor o más no tienen la posibilidad inmediata de responder y, por lo tanto, de ejercer el papel de emisor. Ejemplo: exposición magistral, ponencias, discurso grabado, etc. Son las que predominan en las aulas de ELE de la educación secundaria en Camerún. También se consideran como comunicaciones orales autogestionadas. La autogestión es el arte de la oratoria, de hablar en público, de convencer o simplemente de informar. Las *duales*: dos interlocutores pueden adoptar alternativamente los papeles de emisor y de receptor. Ejemplo: las llamadas telefónicas, entrevistas, dialogo de dos personas. Las *plurales*: tres interlocutores o más pueden adoptar alternativamente los papeles de emisor y de receptor. Ejemplo: reunión de vecinos, debate en clase, conversación de amigos, etc. Estas dos últimas se consideran plurigestionadas y suponen más dificultad y no se trabajan apenas en el aula camerunés de ELE. La plurigestión es el arte de la conversación, del intercambio y de la colaboración entre interlocutores.

El MCER también hace referencia a esta necesidad de superar la clasificación tradicional de las cuatro destrezas lingüísticas para realizar en el aula actividades de interacción oral. En el apartado dedicado a las competencias, volveremos sobre este tema. A continuación, presentamos unos ejemplos de actividades sobre algunos temas de los módulos del programa que pueden permitir trabajar una expresión e interacción en situaciones reales de comunicación.

Actividad 1. Simulación de una interacción entre vendedor y cliente. Habla con tu compañero. Eres vendedor ambulante y él es un cliente que quiere comprar frutas, de las más baratas y mejor calidad que tienes. *[Clase sobre los comparativos, módulo vida económica]*

Actividad 2. Sois estudiantes. Has salido a tomar y picar algo con tu amiga. Pero vais muy justo de dinero para llegar a fin de mes. Consultad la carta del restaurante y poneros de acuerdo sobre lo que vais a pedir. Luego se acerca el camarero y hacéis el pedido. *[Clase sobre los tratamientos (tú y usted), presente de indicativo de los verbos defectivos, los comparativos, módulo vida económica]*

Actividad 3. Cuenta a tus compañeros/as dos historias increíbles que supuestamente has vivido ya que una de ellas es falsa. Al terminar de contarlas, tus compañeros tienen que adivinar cuál es falsa y razonar tus propósitos. *[Clase sobre el imperfecto simple, el pretérito indefinido, pretérito pluscuamperfecto, la narración, los marcadores temporales y del discurso, etc.]*

Actividad 4. Te encuentras con un conocido en la calle y te pregunta cómo llegar a un sitio. Simulad esa situación de conversación con uno de tus compañeros. *[Clase sobre los adverbios de lugar, el imperativo positivo y negativo]*

Actividad 5. Imagina que cuando vas en el taxi, se sube a él tu vecino que es español y acaba de llegar a Camerun para hacer turismo. Os ponéis a hablar e intercambiar informaciones personales (nombre, profesión, en qué ciudad vive, etc.). Tú le das consejos sobre sitios turísticos que tiene que visitar en el país. *[Clase sobre el imperativo positivo y negativo, turismo en Camerún, saludos, presentaciones y despedidas, etc.]*

Actividad 6: Llegan las vacaciones. Al salir de clase, hablas con tu mejor amiga sobre lo que cada una de vosotras hará durante las vacaciones. *[Clase sobre viajes y ocios, actividades generadoras de ingreso, expresión del deseo, etc.]*

Actividad 7. Estáis en el patio del colegio durante el descanso. Tu compañero de clase, después de comer un plátano, tira la cáscara en el patio del colegio y le das consejos sobre la necesidad de cuidar el medioambiente. *[Clase sobre el tema del medioambiente, vida ciudadana, imperativo negativo y positivo, etc.]*

Actividad 8: Explica a tu compañero de clase, que es nuevo en la ciudad de Yaundé, cómo coger el taxi para llegar a su casa... *[Clase sobre los adverbios de lugar, imperativo negativo y positivo, etc.]*

Actividad 9. En parejas, los alumnos se preguntan información sobre su familia, a partir de la cual cada uno realiza el árbol genealógico de la familia del otro. Posteriormente se intercambian lo que han escrito y comprueban si sus esquemas son correctos. *[Clase sobre el módulo vida familiar e integración social, pronombres interrogativos, etc.]*

Actividad 10. En parejas y por turno, un alumno empieza una conversación, empleando tú o usted, y el otro alumno tiene que continuar el mismo tratamiento. En la conversación hay que presentarse, hablar de datos personales (edad, lenguas, barrio, etc.) y despedirse.

Actividad 11: Prepara diez preguntas para un compañero y luego pregúntale. Anota las respuestas porque luego tendrás que presentar a tu compañero al resto de la clase: ¿Dónde vives? ¿Cómo se llaman tus padres? ¿De dónde eres? ¿Te gusta el español?, etc. *[Clase sobre el módulo vida familiar e integración social, primer día de clase del año]*

En definitiva, a tenor de las actividades anteriores, puede concluirse que si en el manual oficial de enseñanza de español no hay actividades suficientes o interesantes para trabajar la expresión e interacción oral, el docente puede partir de los objetivos de cada situación de vida del plan de estudio del nivel de aprendizaje para diseñar actividades de interacción oral significativas y motivadoras.

1.4 La poca preparación del profesorado en materia didáctica

Otro aspecto no menos importante que según la bibliografía consultada, (Belinga Bessala, 1996; Manga y García Parejo 2007; Kem-mekah Kadzue, 2016) dificulta el desarrollo de la competencia comunicativa en los discentes es que hay docentes, ya sean novatos o veteranos, que no están preparados, suficientemente, para poner en práctica una enseñanza basada en el desarrollo de la competencia comunicativa. Cabe señalar que tampoco es culpa suya. La puesta en marcha de una innovación metodológica necesita unas fases de transición y de negociación entre las políticas educativas, los docentes en el terreno e incluso los alumnos para dar lugar a su efectividad. Pero la realidad que suele darse es que todo viene decidido sin consenso y los docentes deben someterse a la nueva legislatura, a veces sin entenderla, pues ha faltado tomar en cuenta el periodo de transición, de negociación y a veces de formación inicial y continua para que el cambio de enfoque metodológico se entienda y se aplique de verdad en las aulas de todo el país. No en vano Batista, León y Alburguez (2009) subrayan que la puesta en marcha de estas innovaciones, casi siempre, viene acompañada de una compulsividad que impide su consolidación.

En este sentido, no me sorprendería, que en el contexto camerunés de ELE, haya docentes que no sepan lo que realmente significa y supone desarrollar la competencia comunicativa en los alumnos y las alumnas de lenguas extranjeras. Es decir, docentes que desconocen tanto las competencias que hay que trabajar en el aula de ELE como la finalidad de este EPC. Rogiers (2008), en un estudio de hace más de una década sobre la implementación del EPC en África advierte que: « Toutefois, la notion même d'approche par compétences est loin d'être entièrement stabilisée: elle est comprise de plusieurs manières différentes, et traduite à travers un certain nombre de variantes dans les curriculums». Por lo tanto, me ha parecido oportuno dedicar los apartados siguientes a la cuestión del enfoque por competencias (EPC).

2 El enfoque por competencias (EPC) en Camerún: ¿por qué y para qué?

En el currículo camerunés de ELE (2014), se puede leer lo siguiente en relación con el cambio de paradigma metodológico:

> À la place d'une école coupée de la société, s'est installée une école intégrée, soucieuse du développement durable, et qui prend en compte les cultures et les

savoirs locaux. La réalisation de cette école nouvelle, inscrite dans la loi d'orientation de l'Education, et la nécessité d'insertion socioprofessionnelle requièrent l'adoption d'un paradigme pédagogique pour l'élaboration des programmes d'études : *l'Approche par les compétences avec une entrée par les situations de vie*. (Ministère des enseignements secondaires, 2014:4)

En efecto, los seres humanos somos animales sociales, lo dejó claro el filósofo Aristóteles (384-322, a. de C.). Los aprendientes de una LE, siendo animales sociales por naturaleza, son ciudadanos que el día de mañana están/estarán inmersos en el proceso de socialización y se encuentran/encontrarán ante diversas situaciones de vida ante las que tienen/tendrán que actuar correctamente. De ahí surge la necesidad de implementar el enfoque por competencias en el proceso de enseñanza/aprendizaje de lenguas. Se trata de procurar que la escuela prepare a los aprendices a ser personas autónomas y capaces de actuar de manera apropiada ante cualquier situación de la vida real. Por eso se habla, en el caso de Camerún, del enfoque por competencias, con entradas por situaciones de vida. Esto significa darle la espalda a la enseñanza que transmite conocimientos (enseñanza transmisora) descontextualizados con el docente como principal protagonista para pasar a una enseñanza que dé protagonismo a los discentes y les lleve a manipular y movilizar los conocimientos para solucionar en el aula, o fuera de ella, problemas que pueden darse en situaciones de la vida real. Y así se construyen las mentes competentes para encarar con destreza los desafíos de mañana.

En resumen, podemos decir que el EPC tiene como objetivo dotar a los alumnos y las alumnas de competencias útiles, sostenibles y transferibles en la vida social. Como bien se estipula en la portada del programa del tercer al quinto curso de ELE (2019, 2020), se trata de "observer son environement pour mieux orienter ses choix de formation et réussir sa vie". Es decir que estos programas están concebidos para que el aprendiz observe, analice y conozca su entorno social y del conocimiento del mismo pueda escoger el dominio social que le apasione como campo de estudio e intervención. Así consigue sus sueños de vida impactando en la sociedad en la que vive.

En países en vía de desarrollo, como en los países africanos, el EPC aparece como una metodología que puede contribuir significativamente al desarrollo, en la medida en que transforma a los alumnos en agentes sociales (concepto usado tanto en el PCIC como en el programa del primer ciclo de ELE de Camerún) autónomos, responsables, reflexivos y concienciados con los retos de su entorno social. No en vano Roegiers (2006b) afirma que el EPC da un sentido a los aprendizajes escolares y muestra al alumnado la utilidad de todo lo que se hace en la escuela. Así, pues, "l'actuel programme s'appuie sur des situations réelles de vie dans lesquelles l'apprenant développe des compétences diverses en tant qu'**acteur social** » (Ministère des enseignements secondaires, 2014 :17).

En el ámbito de la enseñanza de lenguas extranjeras propiamente dicho, con la EIBC, el alumno no sólo acumula un conjunto de conocimientos lingüísticos (véase, método de gramática-traducción, por ejemplo), sino también desarrolla competencias, habilidades, saber hacer y saber ser transferibles en situaciones de comunicación auténticas de la vida real. El objetivo del aprendizaje de la LE más allá de dominar la competencia gramatical o lingüística (vocabulario, conjugación, etc.), es más bien desarrollar todos los componentes de la competencia comunicativa y de las competencias generales en el alumnado.

2.1 ¿Qué significa y supone desarrollar la competencia comunicativa en el aula de LE?

¿Qué es una competencia? ¿Son sinónimos los conceptos *competencia lingüística* y *competencia comunicativa*? ¿Qué competencias se supone que debe desarrollar un docente de lenguas extranjeras? ¿Qué significa ser hablante competente de ELE? Para entender lo que realmente significa enseñar por competencias, conviene empezar con una clarificación de la terminología afín.

El concepto *competencia* (*competence* en inglés) lo acuñó Noam Chomsky (1965), juntamente con el concepto *actuación* (*performance* en inglés). Definía la competencia como el conocimiento que una persona tiene de la lengua, es decir el dominio del sistema lingüístico, lo que conocemos hoy como *competencia lingüística* o *gramatical*. En cambio, consideraba la *actuación* como el uso real de la lengua en situaciones concretas. Estas definiciones y el propio concepto han evolucionado considerablemente. Cenoz Iragu (1996) apunta que el concepto de competencia de Chomsky provocó reacciones importantes entre los investigadores situados fuera del marco de la gramática generativa. Se consideró inadecuado porque no consideraba aspectos centrales del uso de la lengua y era reduccionista o poco abarcador si se aplica a la enseñanza de lenguas segundas y extranjeras[6]. La definición de Chomsky representó pues un punto de partida que ha favorecido el desarrollo de otros conceptos ligados a la competencia. Es el caso del concepto de *competencia comunicativa*, acuñado por Hymes (1972). Según él, la competencia lingüística de Chomsky no es suficiente para hablar una lengua. Junto a ella existe la competencia sociolingüística, la competencia discursiva, la competencia estratégica, la competencia sociocultural y todas ellas, conjuntamente, forman la *competencia comunicativa* (Batista, León y Alburguez, 2009).

Sabemos todos que, tradicionalmente, desde que somos niños siempre se nos ha dicho que *"se va a la escuela para aprender a leer y escribir"*. Pero es una afirmación

---

6 El propio Chomsky (1980), más adelante, maduró su tesis y reconoció que, además de la competencia gramatical, también existe la competencia pragmática, es decir el conocimiento de las condiciones y el modo de uso apropiado.

que ha alcanzado hace años su fecha de caducidad, al menos en el ámbito de la enseñanza de lenguas extranjeras. En realidad, era una concepción propia a la enseñanza de la lengua materna, ya que se supone que el nativo habla y practica su lengua a diario. Esta consideración de la enseñanza y aprendizaje de la LM ha tenido y sigue teniendo un impacto en las aulas de LE. Por otra parte, siempre se ha pensado que en la clase de lengua se va a aprender la gramática (es decir manipular y dominar solamente el sistema de la lengua en palabras de Chomsky). Pero hoy en día es otra afirmación que ha alcanzado hace años su fecha de caducidad, por ser incompleta. Enseñar una lengua, que sea una LM o una LE, en el siglo XXI tiene como meta desarrollar en el alumnado la competencia comunicativa para que sea hablante competente en diferentes situaciones o contextos de la vida donde estará apelado a usar la lengua. En palabras de Hymes (1971), la competencia comunicativa se relaciona con saber "cuándo hablar, cuándo no, y de qué hablar, con quién, cuándo, dónde, en qué forma". Esta definición me parece perfecta porque resume todas las facetas de la lengua y su uso que debe dominar una persona para ser un hablante competente. No solo importa que lo que diga el alumnado sea gramaticalmente correcto, sino también debe serlo desde el punto de vista pragmático. De ahí la necesidad de asociar el aprendizaje de la gramática a un contexto de uso real de la lengua.

Ha habido varios modelos para clasificar los componentes de la competencia comunicativa. Aquí se recoge el de Canale y Swain (1980) y Canale (1983) porque nos parece más abarcador para hablar de este tema. El modelo de Canale (1983), además de reunir parte de los componentes competenciales recogidos tanto en el currículo de ELE de Camerún como en el MCER, toma en cuenta otra dimensión de la competencia comunicativa muy importante sobre todo para el contexto camerunés, pero que no aparecen ni en el MCER (como se puede comprobar en la figura que aparece a continuación), ni en el currículum camerunés de ELE: se trata de *la competencia estratégica*. A continuación, presento el esquema que según el MCER resume lo que significa desarrollar la competencia comunicativa en el aula de lenguas. La figura 4 demuestra que dominar una lengua no solo es conocer y manipular su gramática. Para asegurar un dominio general de la lengua, el conjunto de competencias que vemos en la figura siguientes debe ser atendido en la planificación e impartición de clases.

Figura 15 Esquema descriptivo de las habilidades lingüísticas y competencias que hay que trabajar en el aula de lengua según el MCER Volumen complementario (2021)

Como se puede observar en la figura anterior, además de trabajar en el aula **los componentes de la competencia comunicativa** que explicaremos con más detalles en las próximas páginas, **hay otras competencias** que todo docente debe desarrollar en el aula. Hacemos referencia a las denominadas **competencias generales o transversales** y las **destrezas o habilidades lingüísticas**. A continuación se presenta de manera detallada el conjunto de competencias y subcompetencias, destrezas y microdestrezas que todo docente de ELE debe trabajar en el aula. Me parece preciso realizar este censo ya que si bien nuestro currículo oficial establece que el objetivo de la enseñanza es llevar al alumnado a "réaliser des activités langagières variées relevant de **la reception** (orale et écrite) et de la **production** verbale, de l'**interaction** et de la **médiation**" (Ministère des Enseignement Secondaire: 6), no hay en el mismo un esquema que resuma y explique, de manera clara y concisa, el conjunto de las competencias, subcompetencias y actividades comunicativas de la lengua que el profesorado camerunés debe trabajar en sus clases.

La tabla que presento a continuación es amplia y expone de manera detallada el conjunto de competencias y actividades comunicativas de la lengua que los docentes debemos trabajar en el aula de ELE, incluyendo incluso algunas competencias que no aparecen explícitamente ni en la figura anterior sacada del MCER (es el ejemplo de la competencia estratégica), ni en el currículo camerunés de ELE (es el ejemplo de la competencia estratégica y del saber aprender). Este referencial de competencias se proyecta como una brújula que puede orientar al profesorado camerunés a la hora de crear actividades de aprendizaje que integren todos los aspectos a trabajar en el aula para que los alumnos sean hablantes competentes.

COMPETENCIAS QUE TENEMOS QUE TRABAJAR EN EL AULA DE ELE PARA QUE NUESTROS ALUMNOS SEAN COMPETENTES		
Llevar a clase actividades que trabajen todos los (sub) componentes de la competencia comunicativa (CC) *Los alumnos no pueden desarrollar correctamente actividades comunicativas de la lengua (hablar, leer, escribir, comprender/escuchar, interactuar, traducir), si no dominan la gramática, la pronunciación, el léxico, la cultura, las estrategias comunicativas, etc. De ahí la necesidad de trabajar:*	**Llevar al aula actividades comunicativas de la lengua sobre las 5 Destrezas o habilidades lingüísticas (DL/HL) siguientes:** *La DL es la Capacidad del alumnado de codificar (transmitir) y descodificar (recibir) un mensaje en la lengua meta.*	**Competencias generales o transversales (CG)** *Para (des)codificar con eficacia es preciso tener conocimiento del mundo, consciencia, estrategias, destrezas sociales, valores. De ahí la necesidad de trabajar también las CG*

1. La competencia lingüística: el objetivo es llevar al alumnado a dominar el sistema lingüístico de la lengua objeto de estudio. Es la única competencia que siempre se ha trabajado en las aulas de lenguas en el paradigma de los métodos estructurales. La evolución actual con los métodos nociofuncionales es que no solo se trabaja la competencia lingüística con el mero fin de ver cómo funciona la lengua, sino ver cómo usar sus componentes para hacer cosas con la lengua (expresarse, escribir, escuchar, etc.). Por eso, a la hora de enseñar la competencia lingüística debemos considerar el desarrollo de las DL/HL. Según el MCER, Los subcomponentes de la competencia lingüística incluyen: la competencia léxica, gramatical, semántica, fonológica, ortográfica y ortoépica.

Competencia léxica:

Enseñar el vocabulario y capacitar al alumnado a utilizarlo en contexto.

Competencia gramatical:

Enseñar las reglas de gramática propias a la lengua meta y capacitar al discente a usarlo en situación de comunicación.

Competencia semántica:

Enseñar el significado e interpretación del signo lingüístico (palabras, expresiones, símbolos, etc.) y producir enunciados que tengan sentido.

Competencia fonológica:

Enseñar la pronunciación, haciendo hincapié en los aspectos segmentales (sonidos vocálicos y consonánticos, sílabas, fonemas, alófonos) y suprasegmentales (entonación, acentuación, ritmo y tono).

Competencia ortográfica:

Enseñar a producir textos ortográficamente correctos (aquí interviene las destrezas lingüísticas y el saber hacer).

Competencia ortoépica:

Enseñar a articular partiendo de la forma escrita. Es decir, enseñar la correspondencia entre grafía y sonido, para evitar problemas articulatorios.

Producción oral: Expresión e interacción oral (EIO)[7]

Otra clasificación (MCER): expresión oral, interacción oral. El MCER (2002) separa pues la expresión oral de la interacción oral. Considera la **interacción** como una destreza más, tal como se puede ver en la figura 14.

El docente debe trabajar en el aula actividades (*juego de rol, responder a preguntas, interpretar, intermediar, resumir, cantar, contar, recitar, debatir, etc.*) que lleven al alumnado a **hablar/expresarse y sobre todo interactuar/conversar** en situaciones comunicativas reales.

Tradicionalmente, los docentes limitaban la producción oral a actividades como monólogos, juegos de preguntas-respuestas entre el docente y los discentes, ponencias. Así no trabajaban realmente la **interacción** (juego de rol, teatro, etc.) que también es una parte de la producción oral.

En este sentido, la práctica típica que consiste en limitarse a hacer el juego de preguntas-respuestas entre el docente y el alumnado, solo permite trabajar una mínima faceta de la producción oral.

1. Saber: Aquí estamos al nivel del conocimiento declarativo. El objetivo es llevar al alumnado a tener conocimiento del mundo de manera general y de manera específica sobre su mundo propio y el del país de la lengua que aprende. Sus subcomponentes:

- conocimiento del mundo

- conocimiento entre mundos

---

2. La competencia sociolingüística: el objetivo es conducir al alumnado a producir y entender enunciados tomando en cuenta el contexto comunicativo (normas y convenciones de interacción, situación de los participantes, su relación, sus intenciones).

Canale (1983) considera que la competencia sociolingüística incluye la pragmática. Y para mí, no se puede hablar de pragmática sin hablar de cultura y sociedad. Por lo tanto, aquí también incluimos la competencia sociocultural y, por extensión, la competencia intercultural. El MCER en cambio separa la competencia sociolingüística a la pragmática.

Competencia sociocultural/intercultural:

Aquí se trata, por una parte, de acercar al alumnado a los aspectos culturales/idiosincrasia/ valores del país de la lengua que se aprende, y, por otra parte, compararlos cuando es oportuno con la cultura propia de los alumnos. Se fomenta la tolerancia, el espíritu abierto, el interés por conocer y entender una cosmovisión a veces ajena a la propia. En pocas palabras, se desarrolla la competencia intercultural en los discentes.

Competencia pragmática:

Esta competencia está interrelacionada con la anterior en la medida en que trata de entrenar al estudiante en la adecuación discurso y contexto. Y esto pasa por proporcionarle conocimientos socioculturales que le permitan expresar enunciados de forma apropiada según el contexto sociocultural de comunicación.

2. Producción escrita: Expresión e interacción escrita (EIE)[8]:

Otra clasificación aceptable (MCER): Expresión escrita, interacción escrita.

El docente debe trabajar en el aula actividades (rellenar huecos, escribir, rescribir, resumir, completar, traducir, corresponder columnas, chatear, responder a un mensaje, etc.) que lleven al alumnado a escribir correctamente la lengua. Aquí deben prevalecer actividades de manipulación y escritura de textos comunicativos[9] (cartas, correos, reclamaciones, recetas de cocina, CV, anuncios, folletos, diálogos, etc.) y no solo la escritura de redacciones como siempre se ha hecho tradicionalmente.

2. Saber ser: La competencia existencial, valores, creencias, factores de la personalidad. El objetivo es realizar actividades que permiten trabajar valores, incrementar los factores individuales positivos inmersos en cada persona. Educar en valores.

---

ello la **interacción** para que los docentes no se limiten a hacer tareas de producción oral de tipo **monólogo** (habla de tu familia, cuenta dos historias sobre ti de las que una es falsa, preséntate, dinos qué quieres ser de mayor, etc.), sino que la combinen con otras actividades producción oral que impliquen una **conversación/interacción real en una situación de vida** (Tarea 1: te acabas de encontrar con un compañero de clase nuevo/recién llegado. Simulad una converzión en la que os saludáis, os presentáis y os despedís. Tarea 2: Estás en una entrevista de trabajo. Tu compañero de clase es el entrevistador y tú el que busca trabajo. Simulad esta situación de comunicación, etc.). Pero hay que subrayar que según la clasificación del MCER (2002), **la interacción oral** aparece como una destreza más, es decir separada de la expresión oral. De todas formas, lo más importante no es la clasificación que sigamos, sino la integración de ambas dimensiones del uso oral de la lengua.

8 El volumen complementario del MCER (2020) propone una nueva apelación *expresión e interacción escrita.* En realidad, unos años atrás, se decía **expresión escrita (EE),** pero a día de hoy resulta necesario asociar a ello la **interacción** para los docentes no se limiten a hacer actividades de producción escrita **de tipo monólogo** (redacción) que no impliquen una interacción real en situación comunicativas reales. Además de este tipo de actividad hay que trabajar las actividades de producción escrita que impliquen un intercambio entre dos personas (cartas, e-mail, chat, anuncios, etc.).

9 Es evidente que **la redacción** es la actividad que siempre se ha utilizado para enseñar a los alumnos a escribir, pero los modelos de enseñanza de la expresión escrita actuales recomiendan **el uso de textos comunicativos.** Las actividades de expresión escrita basadas en textos comunicativos son más significativas en el sentido en que remiten a cosas que los alumnos escriben o escribirán en la vida real y para un receptor real. Esas actividades tienen más sentido. Pero eso no significa que haya que eliminar la redacción en las actividades de aprendizaje, sino compaginarla con actividades más comunicativas.

3. La competencia discursiva: el objetivo es llevar al alumnado a conocer la estructura, producir o entender textos tomando en cuenta las características del género discursivo y tipología textual que corresponda.	Géneros discursivos Características de tipos de texto y géneros literarios	**3.Comprensión auditiva/comprensión oral (escuchar):** el docente debe realizar en el aula actividades (captar, discriminar, escuchar, interpretar, etc.) que lleven a los aprendientes a practicar la audición y descodificación de enunciados audiovisuales. Esta destreza también recibe el nombre de comprensión oral.	**3. Saber hacer:** Es una competencia práctica que se observa en las acciones o el actuar de un aprendiz o en la ejecución de una tarea tanto en clase como en la vida real.
4. La competencia estratégica: El objetivo es proporcionar al alumnado recursos verbales y no verbales para favorecer la efectividad de la comunicación y estrategias para facilitar el aprendizaje. Por eso se habla de estrategias de comunicación y estrategias de aprendizaje. Esta es, a mi modo de ver, la competencia menos trabajada en las aulas y en los libros de ELE. Eso se debe sin duda a que no todos los autores están de acuerdo en incluir la competencia estratégica como uno de los componentes de la competencia comunicativa. Pero creo que es importante, llevar a nuestros alumnos a usar estrategias comunicativas cuando sea oportuno para mantener la comunicación viva.	**- Estrategias de comunicación** Enseñar al alumno a recurrir a estrategias comunicativas (gestos; muletillas lingüísticas como 'pues', 'es que...', 'mmmm', 'a ver', 'me parece que...', 'ehhhh', 'o sea', 'bueno', '¿vale?', '¿me explico?'; perífrasis; reformulaciones; conectores lógicos; parafraseo; cambio de código; uso de préstamos de la L1; resumir lo dicho; uso de palabras como 'chisme', 'cosa' para referirse a las conceptos que desconocemos; uso de recursos como 'por ejemplo'; petición de ayuda con 'cómo se dice...'; etc.) para hacer efectiva la transmisión de su mensaje. Esta estrategia ayuda a evitar bloqueos cuando estamos comunicándonos. **- Estrategias de aprendizaje.** Despertar la conciencia del aprendiz sobre las estrategias idóneas para aprender mejor (saber aprender). Es más, en un contexto como el nuestro en Camerún, marcado por el cambio de paradigma metodológico, es importante llevar al alumnado a reflexionar sobre sus técnicas y estrategias de aprendizaje.	**4. Comprensión lectora/Comprensión de lectura (leer):** el docente ha de trabajar en su clase actividades (articular, pronunciar, leer, recitar, etc.) que permitan al alumnado leer y sobre todo descodificar enunciados leídos. **5. Mediación (mediar)** En el MCER se considera **mediar** (actividades de mediación, traducción e interpretación, principalmente) como otra destreza más. Eso tiene todo el sentido del mundo, pues en la vida real, en algún momento estamos apelados a realizar estas actividades cuando intercambiamos con la gente o manipulamos informaciones de todo tipo. Cualquiera que aprende una LE, puede encontrarse en situación de hacer de mediador lingüístico e intercultural. Como ejemplo de actividades para trabajar esta destreza podemos citar: la traducción (tema y versión), la interpretación del discurso oral, la mediación de textos y gráficos, etc. Si se considerara tal cual la clasificación[10] del MCER, aquí tendríamos una sexta destreza: la interacción (interacción oral e interacción escrita). En conclusión, tendríamos, primero las 4 destrezas clásicas (la expresión oral, la expresión escrita, la comprensión lectora, la comprensión auditiva) y la mediación y la interacción.	**4. Saber aprender:** Llevar al alumnado a ser un aprendiz autónomo y reflexivo que piensa y conduce su proceso de aprendizaje de cara a garantizar un mejor rendimiento. Sus subcomponentes son: - Conciencia lingüística - Estrategias metacognitivas o de aprendizaje

---

10 Lo más importante no es la clasificación, sino llevar al aula actividades comunicativas de la lengua que permitan trabajar todas esas destrezas lingüísticas.

Trabajar en el aula el conjunto de **conocimientos, habilidades, competencias, conductas, estrategias,** relacionadas en la tabla anterior, permite desarrollar las competencias en mayúscula. No en vano, el Diccionario del Centro Virtual Cervantes define las competencias como la suma de **conocimientos (saber), destrezas (saber hacer) y características individuales (saber ser, saber aprender)** que permiten a una persona realizar acciones correctamente en el marco de su proceso de socialización e interacciones con sus semejantes. Todo lo desarrollado de manera separada en la tabla anterior se interactúa y se complementa para incentivar en el alumno la competencia comunicativa. Cabe precisar que, como hemos adelantado antes de presentar esta tabla, en el Currículo de ELE en Camerún se echa de menos una clasificación clara de estas competencias que los docentes debemos desarrollar en el aula. Pero eso no significa tampoco que no estén presentes en el mismo, al contrario, están presentes de manera implícita, aunque no todas. A continuación, recogemos una muestra de nuestro currículo que demuestra que sí se hace mención implícitamente a las competencias que hemos reunido y resumido en la tabla anterior:

CADRE DE CONTEXTUALISATION		AGIR COMPETENT		RESSOURCES		
Famille de situations	Exemples de situations	Catégories d'actions	Exemples d'actions	Savoirs essentiels	Savoir être	Autres ressources
Utilisation des représentations iconographiques, de la lecture, de l'oral et de l'écriture pour comprendre et résoudre les problèmes liés à la santé et à l'environnement.	1. Suivi de l'actualité liée à la santé et à l'environnement. 2. Recherche de connaissances liées aux gestes utiles. 3. Consultations médicales. 4. Réaction face aux situations d'urgence (bagarre, accident, inondation, incendie...). 5. Prévention des problèmes de santé.	1. Visualisation, écoute et lecture pour obtenir des informations, se faire une opinion, interagir et résoudre un problème de santé ou de l'environnement. 2. Demande de renseignements sur le bien-être, la santé et l'environnement. 3. Écoute et prise de parole pour échanger une information, donner son point de vue, exprimer son état de santé ou celui d'un tiers.	1. Voir un dessin, une photo, une image, un documentaire ou un film présentant un beau cadre de vie, les bienfaits d'une activité physique ou les actions dangereuses de l'Homme sur l'environnement. 2. Écouter ou lire des textes simples et courts portant sur la santé, le bien-être et l'environnement. 3. Lire des signes/non verbaux, une affiche ou une prescription médicale pour s'orienter, s'informer, reconnaître un produit utile ou dangereux (stupéfiants, drogues). 4. Se renseigner sur l'état de santé de quelqu'un. 5. S'entretenir avec le personnel médical afin d'obtenir un rendez-vous dans une formation sanitaire (date, lieu, heure...).	A- Savoirs notionnels **Grammaire** - les présentatifs : c'est, ce sont. - les adjectifs qualificatifs. - l'accord de l'adjectif qualificatif - le féminin et le pluriel des noms. - l'accord sujet/ verbe. - les prépositions (entre, ante, tras, bajo, encima de, sobre, delante de, detrás de) ; - la phrase affirmative, négative et interrogative. - obligation personnelle : tener que + infinitif - l'expression de la durée - le superlatif absolu - l'apocope - les adjectifs indéfinis : bastante, mucho, demasiado, poco. **Orthographe et phonologie** - la prononciation des lettres : a, u, c, ch, ll, ñ, v, x, z. - les sons. - l'accent tonique. - l'accent graphique **Conjugaison** - l'infinitif - le gérondif - l'imparfait de l'indicatif. - le présent du subjonctif - conjugaison du verbe « doler ».	- Sens de l'observation. - Progrès. - Curiosité intellectuelle. - Esprit d'initiative. - Écoute	Ressources humaines : - entourage de l'apprenant (famille, classe, quartier, rue, etc.) ; - personnes ressources en la matière ou travaillant dans le secteur.

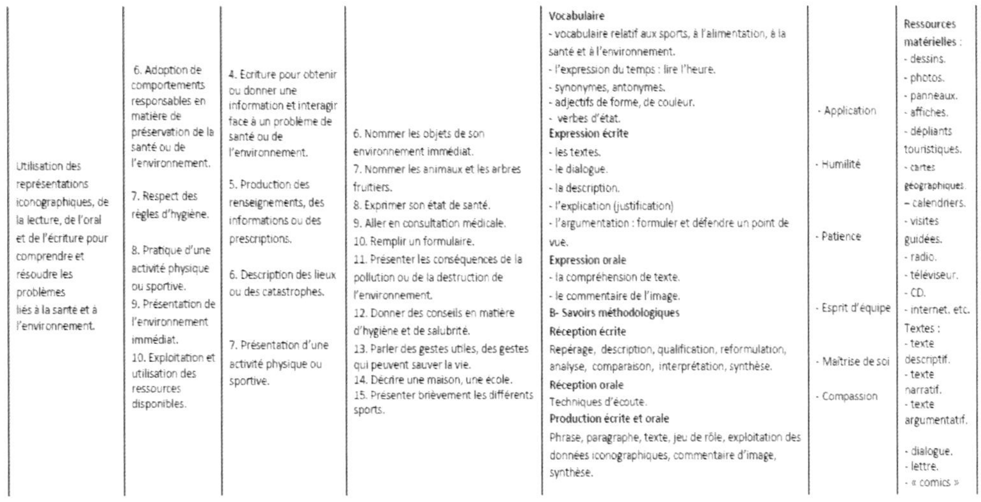

Utilisation des représentations iconographiques, de la lecture, de l'oral et de l'écriture pour comprendre et résoudre les problèmes liés à la santé et à l'environnement.	6. Adoption de comportements responsables en matière de préservation de la santé ou de l'environnement. 7. Respect des règles d'hygiène. 8. Pratique d'une activité physique ou sportive. 9. Présentation de l'environnement immédiat. 10. Exploitation et utilisation des ressources disponibles.	4. Ecriture pour obtenir ou donner une information et interagir face à un problème de santé ou de l'environnement. 5. Production des renseignements, des informations ou des prescriptions. 6. Description des lieux ou des catastrophes. 7. Présentation d'une activité physique ou sportive.	6. Nommer les objets de son environnement immédiat. 7. Nommer les animaux et les arbres fruitiers. 8. Exprimer son état de santé. 9. Aller en consultation médicale. 10. Remplir un formulaire. 11. Présenter les conséquences de la pollution ou de la destruction de l'environnement. 12. Donner des conseils en matière d'hygiène et de salubrité. 13. Parler des gestes utiles, des gestes qui peuvent sauver la vie. 14. Décrire une maison, une école. 15. Présenter brièvement les différents sports.	**Vocabulaire** - vocabulaire relatif aux sports, à l'alimentation, à la santé et à l'environnement. - l'expression du temps : lire l'heure. - synonymes, antonymes. - adjectifs de forme, de couleur. - verbes d'état. **Expression écrite** - les textes. - le dialogue. - la description. - l'explication (justification) - l'argumentation : formuler et défendre un point de vue. **Expression orale** - la compréhension de texte. - le commentaire de l'image. **B- Savoirs méthodologiques** **Réception écrite** Repérage, description, qualification, reformulation, analyse, comparaison, interprétation, synthèse. **Réception orale** Techniques d'écoute. **Production écrite et orale** Phrase, paragraphe, texte, jeu de rôle, exploitation des données iconographiques, commentaire d'image, synthèse.	- Application - Humilité - Patience - Esprit d'équipe - Maîtrise de soi - Compassion	Ressources matérielles : - dessins. - photos. - panneaux. - affiches. - dépliants touristiques. - cartes géographiques. – calendriers. - visites guidées. - radio. - téléviseur. - CD. - internet. etc. Textes : - texte descriptif. - texte narratif. - texte argumentatif. - dialogue. - lettre. - « comics »

Tabla 7 Fragmento del programa del primer curso, módulo 3. Vida ciudadana y apertura al mundo

En esta muestra del programa de ELE del primer curso de ELE, que hemos escogido al azar, están casi todas las competencias de la tabla nº 1.

— En la columna "Savoirs essentiels", tenemos varios componentes de la competencia lingüística (*grammaire, orthographe, phonologie, vocabulaire*).

— En la columna anteriormente mencionada, se listean las cuatro habilidades lingüísticas a trabajar en el módulo 3, destrezas productivas (*production écrite et orale*) y receptivas (*reception orale et écrite*).

— En la misma línea de las destrezas lingüísticas, en la columna "Agir compétent/Catégories d'actions", se listean las microhabilidades de las competencias productivas o receptivas que se deberán trabajar según el tema del módulo (2. *Demande des renseignements sur le bien-être, la santé et l'environnement, descriptions des lieux ou catastrophes, 3. Lire une affiche ou une prescription médicale, etc.*).

— En la columna "Agir cométent/Exemples d'actions", tenemos elementos que remiten tanto al saber hacer como al conocimento del mundo o conocimiento declarativo (7. *Nommer les animaux et les arbres fruitiers, 3. Lire une prescription médicale*).

— Si bien no se hace referencia explícitamente al concepto **saber hacer**, todas de las acciones que el alumnado deberá ser capaz de realizar al finalizar el módulo (véase **Agir comp**étent/Exemples d'actions) fundamentan la competencia práctica que es **el saber hacer**.

— En la columna "Savoir être", se enumeran claramente las competencias existenciales y valores que se ha de trabajar en el aula. Esto es, la *paciencia*, la *humildad*, la *compasión*, etc.

— Finalmente, en la última columna (Autres ressources), el listado de los tipos de textos (*Textes descriptifs, narratifs et argumentatifs*) a los que podrá recurrir el docente permiten trabajar la competencia discursiva.

— Si bien no se hace referencia explícita a la **competencia sociolingüística**, es evidente que estará enseñada si el docente domina los principios claves de su trabajo. Por ejemplo, para producir oralmente o por escrito un enunciado para dar consejos o recomendar acciones para proteger la naturaleza, se le enseñará al alumno cómo realizarlo tomando en cuenta el contexto comunicativo y el destinatario. Los textos que usará el docente, como soportes en este módulo dependiendo del autor, también podrían servir para tratar de algunas voces léxicas propias a una zona del mundo hispánico. En este caso, se puede subrayar que, aunque explícitamente no aparezca dicha competencia, es importante integrarla en las actividades de aprendizaje para llevar a los alumnos y las alumnas a codificar y descodificar tomando en cuenta el contexto, el destinatario y la intención comunicativa.

— Quedan ausentes en la muestra escogida dos de las competencias presentadas en el referencial de competencias: **el saber aprender** y **la competencia estratégica**. Lo que hay que destacar es que no se detectan explícitamente en nuestro currículo, quizás porque su implementación en las prácticas docentes depende sobre todo de lo que se llama currículo implícito. El currículo implícito u oculto se refiere a todas aquellas directrices que siguen o toman el profesorado en el aula, si bien no están recogidas explícitamente en el currículo oficial, Dependiendo más de la formación inicial y continua del docente. Según la realidad que se da en una clase, por ejemplo, después de observar alguna carencia en estrategias metacognitivas y estrategias de comunicación específicas que encuentren los alumnos, el docente debe incorporar en su práctica tanto **el saber aprender** como **la competencia estratégica**. Eso es muy importante porque para que un alumno de ELE sea hablante competente es preciso que se valga de la competencia estratégica: uso de muletillas lingüísticas, uso de los gestos o reformulaciones para hacer posible la efectividad de su comunicación. Por otra parte, sabemos que los alumnos a la hora de aprender recurren a estrategias de aprendizaje basadas en las teorías behavioristas. Por lo tanto, si queremos que aprendan con facilidad es evidente que de vez en cuando les recomendemos estrategias de aprendizaje que se acerquen a otras teorías de aprendizaje (cognitivismo, socioconstructivismo y conectivismo).

Eso sí, en la muestra del programa, hemos encontrado elementos para favorecer **estrategias de ense**ñanza **(programa orientado en el proceso)**, con la referencia a los tipos de actividades y recursos materiales y humanos a los que podría recurrir el profesor a la hora de diseñar sus programaciones didácticas. De manera general, esos recursos, si están bien presentados, también pueden considerarse como muestras que facilitan el aprendizaje (saber aprender). Es el caso de los trabalenguas que se recomiendan en otros módulos para trabajar algunos sonidos que causan mayor dificultad en los discentes. De manera general, debemos dejar claro que puede que en un currículo o en un manual de enseñanza del español no encontremos referencias a todas las competencias que hemos presentado en la tabla 6. No por eso el docente debe dar más importancia a una competencia que a otra, más bien ha de procurar incorporarlas todas en sus prácticas de manera integrada ya que esa es la clave para capacitar a nuestros alumnos y nuestras alumnas para que sean hablantes competentes.

En mis clases de didáctica de ELE, algunos estudiantes suelen preguntarme "¿cómo es posible desarrollar todas estas competencias en el aula en 50 minutos de clase?". Supongo que algunos lectores al ver todas las competencias desarrolladas en la tabla del referencial de competencias, quizá se habrán planteado la misma pregunta. La respuesta que doy a esta duda es siempre la misma: "No se trata de enseñarlas todas en una sesión de clase, eso no es viable. Tenéis que integrar las que podáis en vuestras secuencias didácticas. Para ello, es preciso respetar el principio de integración de destrezas y competencias en las actividades que diseñéis.". El principio de integración de destrezas o competencias remite a la combinación de dos o más competencias en una actividad de aprendizaje. En otras palabras, no se debe diseñar una actividad para trabajar únicamente la expresión e interacción oral, otra para trabajar la comprensión auditiva, otra para trabajar la comprensión lectora, otra para trabajar las destrezas sociales, otra para trabajar las destrezas específicas a la lengua, etc. Todas estas destrezas se compenetran, se interconectan y enseñarlas de manera integrada hace que el aprendizaje tenga sentido y sea motivador porque, así, se activan todos los procesos cognitivos que permiten a los alumnos aprender. Por ejemplo, en el contexto camerunés, hay una clase que nos acostumbramos a llamar "clase de estructura gramatical/estructura de comunicación". **Los docentes debemos saber que el objetivo de esa clase no solo es trabajar la competencia lingüística. Siempre que surja la menor posibilidad, debemos integrar en la misma otro(s) componente(s) de la competencia comunicativa, así como activar el uso de las destrezas lingüísticas.** Incluso en una sola actividad se pueden trabajar varias destrezas a la vez. Un corpus textual puede incorporar contenidos lingüísticos (competencia lingüística), sociolingüísticos (competencia sociolingüística), culturales (saber, competencia sociocultural e intercultural), educativos/valores (saber ser) y didácticos (estrategias de aprendizaje). Por otra parte, la manera de explotarlos en el aula puede permitir integrar varias destrezas o micro-destrezas a la vez: la pronunciación, la lectura, la comprensión de lectura, lectura-comentada, el diálogo, la (re)escritura, el debate, etc. De ahí la necesidad de aplicar el principio de integración de competencias

En realidad, en situaciones reales de comunicación, el ser humano siempre está apelado a poner en práctica el uso de varias destrezas a la vez. Veamos un ejemplo: cuando una persona lee el periódico (comprensión lectora) llega un momento en que comenta alguna información relevante con otra persona y se ponen a debatir (expresión e interacción oral). Si la noticia leída está en español o inglés y el lector está hablando con un familiar que no hable estos idiomas, procederá primero a traducir o resumir lo leído en la lengua de su interlocutor (mediación), etc.

Otro ejemplo digno de mención es el que recoge el Diccionario del Centro Virtual Cervantes.

> Entre toda la clase se selecciona una obra literaria y cada uno la lee por su cuenta (comprensión lectora); (2) en clase se intercambian impresiones en grupos (interacción oral); el profesor comenta, aclara e interpreta algunos fragmentos del texto (mediación oral); (3) cada grupo formula una pregunta al resto de la clase (expresión oral y comprensión auditiva); (4) las preguntas se apuntan en la pizarra (expresión escrita); (5) comienza un concurso en el que por turnos cada grupo intenta responder a las preguntas formuladas por los demás (interacción oral).

Por si no ha quedado muy claro, a continuación, presento unos ejemplos de situación de comunicación, actividades o muestras de uso de la lengua que ilustran la importancia de cada uno de estos componentes y subcomponentes de la competencia comunicativa de la tabla 6 para garantizar una comunicación eficaz y efectiva. Asimismo, demostramos en la segunda columna cómo partiendo de esas situaciones comunicativas, un docente puede explicar la situación comunicativa en el aula y, por consiguiente, trabajar todas las destrezas lingüísticas y componentes de las competencias generales y comunicativas que desea en una lección.

Situación de comunicación o tareas que ilustran la integración de competencias y destrezas	Componentes y subcomponentes de la competencia comunicativa
Situación 1: Un español dice: *Hala, ¡qué guapo vas vestido! /¡Qué camiseta más chula!* Posibles respuestas de un/a español/a: *¡Pues, anda que tú/ ¡qué va! Es ropa del verano pasado/ ¡Anda que la tuya!* Posibles respuestas 2 (un alumnado camerunés de ELE): *¡Gracias! ¡Muchas gracias! Eres muy amable.*	**- Competencia lingüística o gramatical:** para expresar correctamente lo que dice el español se tiene que dominar la expresión de la exclamación, respetar la entonación de la frase exclamativa. **- Competencia pragmática/sociocultural:** La respuesta 1 es lo que diría un español porque en España es común responder a los elogios quitándoles valor o devolviéndolos. "Anda que tú" significa tú más, tú también, cuando contesta anda que la tuya, eso significa "la tuya también". Pero la respuesta 2, si bien es correcta gramaticalmente, puede considerarse como incorrecta a nivel pragmático, pues la respuesta correcta a esta frase según el contexto de uso de España no sería tan solo un "gracias". **- Destrezas lingüísticas:** A partir de esta situación de comunicación se pueden trabajar en clase todas las (micro)destrezas que queramos: comprensión lectora, pronunciación, entonación, expresión oral. Todo depende de cómo el docente decida explotar el corpus.
Situación 2: Un español dice al encontrarse con un amigo: *¡Hey, tío! ¿qué pasa?* Respuesta 1: *Hey, todo bien, ¿y tú?/ Pues, nada, aquí de relax en casa. Y tú ¿qué te cuentas?* Respuesta 2 (Aprendiz de ELE): *¡Hola! No pasa nada. / No hay ningún problema.* Respuesta 3 (Aprendiz de ELE): *¿Tío? No soy tu tío.* Respuesta 4: *¡Bien! Y tú, ¿qué onda, wey?*	**Competencia lingüística o gramatical:** clase sobre los saludos. **Competencia pragmática/sociocultural/el saber:** La respuesta 1 es correcta. Pero la 2 y 3, no. Cuando trabajaba en España de educador social en un centro de menores, muchos alumnos de origen francófono, por no saber que esa fórmula dependiendo del contexto también es una manera de saludar en español, siempre contestaban "no pasa nada", "no hay problema" al saludo informal "¿qué pasa?" siendo en este caso un error pragmático. Pasa lo mismo con el aprendiz de la respuesta 3, desconoce que en este contexto tío significa, "amigo", "colega". **Competencia sociolingüística:** La respuesta 4 es correcta, pero hay que tener conocimiento del mundo hispano (en este caso, español mexicano) para saber que "Y tú, ¿qué onda, wey" significa "¿Y tú qué tal, amigo?". **Destrezas lingüísticas:** A partir de esta situación de comunicación, se pueden trabajar todas las destrezas lingüísticas que queramos.

Situación 3 (Tarea):

Ha sido el cumpleaños de tu compañero/a y le han regalado algunas cosas. Pregúntale quién le ha obsequiado cada cosa.

Tú: ¡Qué camiseta tan bonita!, ¿quién te la ha regalado?

Tu amigo: Me la ha regalado Mar.

Tú: ¡Qué zapatos más chulos! ¿Quién te los ha regalado?

Tu amigo: Me los ha regalado Carlos esta mañana.

Tú: ¡Qué mono tu bolso!

Tu amigo: Me lo regaló mi madre, ayer.

Contenido gramatical: Este corpus puede ser utilizado para enseñar la exclamación, los pronombres de objeto directo, el español coloquial, el pretérito perfecto, el pretérito indefinido, el vocabulario sobre la ropa.

Destrezas lingüísticas: comprensión lectora, expresión oral, interacción oral, expresión escrita. Si les pedimos a los discentes que traduzcan algunas frases añadiríamos la mediación.

A modo de ejemplo, para trabajar la expresión e interacción oral, podríamos decir a los alumnos que en pareja se imaginen en la misma situación y que hagan lo mismo con otros objetos: bolígrafo, móvil, bolso, cartera, corbata, anillo, pantalones, camisa, chanclas, etc.

Situación 4 (tarea):

Escucha a Manuel hablar de su casa. Contesta a las preguntas. [el profesor pone en marcha la pista audio]

1. ¿Cómo es el piso de Manu?

2. ¿Cuántos dormitorios tiene?

3. ¿Dónde está el cuarto de baño?

4. ¿Tiene terraza? ¿Cómo es?

5. En parejas. Habla con tu compañero sobre tu casa: dónde está, cómo es, cuántas habitaciones tiene, etc.

6. Escribe la descripción de la casa de tu compañero y utiliza el vocabulario siguiente: salón, comedor, cocina, cuarto de baño, dormitorio, piso, edificio, planta.

Contenido gramatical: Vocabulario sobre las partes de la casa, el presente de indicativo, los números ordinales, la diferencia entre hay y está, el uso de ser y estar, la frase interrogativa.

Competencia discursiva: uso de los marcadores del discurso: primero, luego, después, etc.

Destrezas lingüísticas: comprensión auditiva, expresión e interacción oral, expresión escrita.

Situación 5: Después de una semana de clase, durante la que se ha hablado de las preposiciones y algunos aspectos de la cultura españolas, un profesor de ELE propone la tarea siguiente a sus alumnos, como tarea casera.

Tarea de consolidación: Elige la opción correcta entre paréntesis y di si la frase es verdadera o falsa:

1. __________(En/ A / Desde) verano se celebra en Pamplona una de las fiestas más típicas de España: los Sanfermines.

    A. Verdadero   B. Falso

2. En Nochevieja__________(en/ a / hacia) las doce de la noche del día de diciembre se comen uvas.

    A. Verdadero   B. Falso

3. Para viajar ________ (en/ de / a) Camerún hay que solicitar un visado en la Embajada de Camerún en Madrid.

    A. Verdadero   B. Falso

4. La guerra civil española duró_______ 1936________ 1939 (por, para/ de, a/ desde, hasta)

    Verdadero   B. Falso

5. __________(A/ En/ Desde) 2010 España ganó la copa mundial de fútbol.

    A. Verdadero   B. Falso

6. La tortilla de patatas y el gazpacho son platos típicos ______(de/ del/ a) Camerún.

    A. Verdadero   B. Falso

En cuanto a esta última tarea, se observa que el profesor ha respetado el principio de integración de competencias y destrezas:

- Competencia gramatical: uso de las preposiciones
- Destrezas: comprensión lectora. Posibilidad de incluir la expresión e interacción oral en caso de que no haya consenso si la frases es verdadera o falsa, puede haber debate en entre los alumnos.
- Competencia cultural

Tabla 8 Situaciones de comunicación y tareas que ilustran la integración de habilidades lingüísticas y componentes de la competencia comunicativa.

A partir de la tabla 8, se comprueba, tal como lo establece el Consejo de Europa (2002), que el proceso de enseñanza y aprendizaje no se limita a una serie de estructuras gramaticales y léxicas, sino que integra las competencias comunicativas e interculturales donde se relacionan el saber declarativo (saberes), personal (saber ser) y las habilidades y el conocimiento procedural (saber hacer) / (saber actuar).

2.2 ¿Qué significa enseñar según el EPC en el ámbito de la enseñanza de lenguas?

A raíz de lo argumentado en este capítulo se puede concluir, tomando en cuenta nuestro propio programa educativo basado en competencias y otras fuentes bibliográficas, que una enseñanza de idiomas basada en competencias (EIBC) debe contemplar cinco características principales que presento a continuación:

100

a. El desarrollo de la competencia comunicativa que pasa por una enseñanza en la que se trabajan los **(sub)componentes de la competencia comunicativa, las competencias generales** y **las habilidades lingüísticas**, ya que como bien lo estipula Méndez Santos (2021:187), "la competencia comunicativa es un concepto que supera la tradición, en la que solo importaba el conocimiento de reglas gramaticales (competencia lingüística), para dar paso a la importancia de la expresión oral, la adecuación y el contexto". Por lo tanto, se deben apreciar claramente los componentes de la **competencia comunicativa** y **competencias generales,** así como de las **habilidades lingüísticas** que deberá alcanzar el alumnado al finalizar la lección o la secuencia didáctica. En una EIBC, más allá de limitarse a transmitir conocimientos lingüísticos y culturales, se desarrollan actividades prácticas en las que el alumnado convoca o moviliza unos conocimientos adquiridos y recursos precisos puestos a su alcance para solucionar actividades planteadas a partir de las situaciones de la vida recogidas en el currículo. La finalidad de todo este ejercicio es construir las competencias que se aprecian en el discente cuando manipula (saber) y usa el español e intercambia (saber hacer y saber ser) con sus semejantes. En pocas palabras, trabajar las competencias en el aula y formar a alumnos competentes.

b. La contextualización de la enseñanza: la entrada por las situaciones de vida (ESV): Las prácticas docentes tienen que llevar a los aprendientes ante situaciones que pueden darse en su vida real. Si se plantea un problema el alumnado podrá, además, reflexionar y actuar, desarrollando habilidades prácticas que le serán de utilidad en la vida real. El EPC tiene, pues, como finalidad llevar a los alumnos a trasladar el conocimiento a la realidad para analizar y afrontar realidades o situaciones de la vida. Es decir, usar el conocimiento para solucionar problemas de la sociedad. El propósito es llevar al aprendiente a ser reflexivo y competente para poder incidir positivamente en su sociedad en el día de mañana, movilizando los recursos y conocimientos estudiados y trabajados en clase para solucionar un problema de la vida de todos los días. Procediendo de esta manera, se consigue formar a personas competentes. No en vano Rogiers (2006) subraya que "être compétent c'est savoir faire face aux problèmes du quotidien ». Hay docentes de lenguas que opinan que partir de una situación problema para impartir clase no es posible en el ámbito de la enseñanza de lenguas extranjeras. Yo discrepo en parte de ello. Es obvio que hay temas de clase en la enseñanza de lenguas (sobre todo temas gramaticales) en los que cuesta enseñar partiendo de una situación problema, pero eso no significa que sea imposible. En todo caso, lo más importante es partir de una situación de vida como punto de partida, no es absolutamente obligatorio que sea una situación problema. Para conseguir plantear este tipo de situación (problema), es preciso que el docente de LE, a la hora de diseñar su clase, no piense únicamente en la gramática, sino en las situaciones de la vida (así se integra las destrezas sociales en la clase de gramática) en las que se podría usar la estructura gramatical objeto de estudio. A modo de ejemplo, en la práctica docente 1 titulada *actividad inicial sobre la expresión de la condición realizable e irrealizable* (véase tema III) se puede comprobar que, pese a que sea una clase de gramática, se parte de una situación problema para enseñar. Se enseña a los discentes dos fotografías donde ha habido un accidente de tráfico por el incivismo (no respeto de los semáforos) de las personas implicadas. Los alumnos analizan ellos mismos la situación para detectar el problema que ha surgido y la causa y seguidamente se activa la necesidad del uso de la lengua para traducir la condición realizable e irrealizable en español (si hubieran respetado los semáforos, no habría habido un accidente, etc.). El problema planteado favorece la integración de las competencias sociales (saber ser) y lingüísticas.

c. Aplicabilidad/utilidad/funcionabilidad explícita de los aprendizajes: las prácticas docentes deben dejar claro a los alumnos para qué sirven los conocimientos que están adquiriendo o aprendiendo. Se les tiene que enseñar por dónde va el interés pedagógico y, así, jugarán el papel que les corresponda para alcanzar los objetivos de aprendizaje. La EIBC cobra verdadero sentido cuando el alumnado se percata de que el tiempo que invertirá en las tareas de aprendizaje le será provechoso en la vida real, es decir ayudarlo a desenvolverse en la sociedad y resolver los problemas que encuentre. Por lo tanto, se deben proponer tareas que cobren sentido dentro y fuera del aula por su utilidad e interés.

d. Planteamiento de los objetivos de aprendizaje: tanto los objetivos de aprendizaje como las actividades que los docentes lleven a clase se diseñan tomando en cuenta los niveles superiores de la taxonomía de Bloom, cuya versión revisada y muy sintetizada presentamos a continuación.

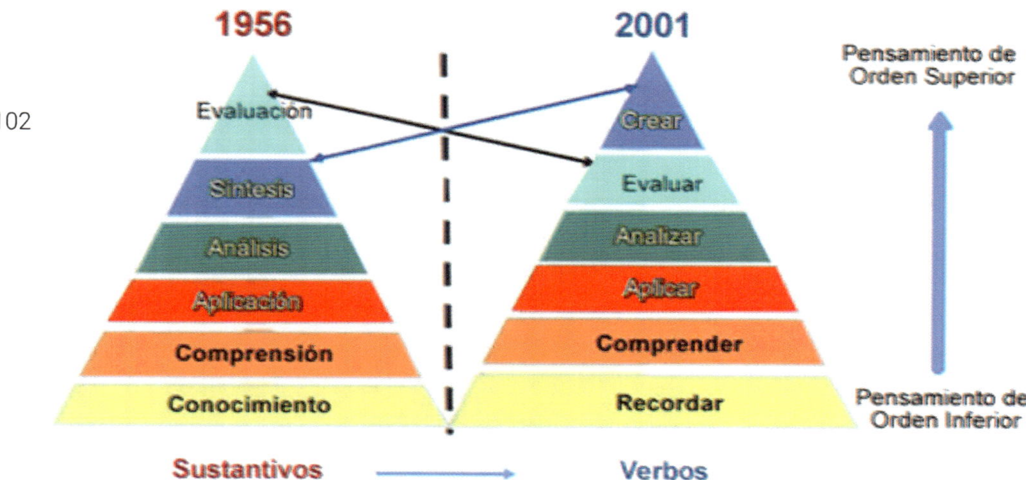

Figura 16 Taxonomía de Bloom revisada (adaptado de Wilson, Leslie O. 2019)

La taxonomía de Bloom es una herramienta clave que todos los docentes deben tener presente a la hora de formular los objetivos de aprendizaje que deben alcanzar los alumnos al finalizar la realización de las actividades de aprendizaje. Si un docente dice que "el alumnado debe ser capaz de **escuchar**, **repetir**, **memorizar**, **definir**, **citar**, **nombrar**, **enumerar**, **listear**, **recitar**, **comprender**, etc.", solo se está limitando al nivel de los **conocimientos**. Solo está evaluando la **memoria** del alumnado, su capacidad de **memorizar** y luego **verter lo aprendido en un examen**. Cuando estamos en el encuadre de este tipo de planteamiento, incluso las actividades que proponemos a los alumnos son de un nivel de dificultad sencillo. Por otra parte, de estos últimos verbos y tomando en cuenta el nivel de sus estudiantes, también se debe formular objetivos que se relacionen con **las actitudes** (hacia algo: **interesarse**, **integrarse**, **cuestionarse**, etc.) y **las competencias prácticas/capacidades** del alumno de realizar una acción que supone un nivel de complejidad superior. En este caso, se recomienda verbos como: **aplicar**, **establecer**, **diferenciar**, **juzgar**, **comparar**, **analizar**, **evaluar**, **valorar**, **crear**, **construir**, **proponer**, **solucionar**, **cuestionar**, **diseñar**, **desarrollar**, **interactuar**, **defender**, **argumentar**, **adoptar**, **debatir**, **discrepar**, **discriminar**, etc. Te invito a buscar en cualquier base de datos de internet una tabla más ampliada de los verbos del nivel superior de la taxonomía de Bloom.

Las teorías de enseñanza/aprendizaje predominantes son el (socio)constructivismo y el conectivismo: Finalmente, en el EIBC las teorías de aprendizaje principales subyacentes en las actividades que se lleven al aula (o fuera del aula) deben ser el constructivismo[11], socioconstructivismo[12] y el conectivismo[13]. Estas teorías de aprendizaje dan protagonismo al alumnado y les responsabiliza en el acto de aprender *haciendo cosas*. Por otra parte, estas teorías dan lugar a un aprendizaje experiencial, reflexivo, cooperativo y creativo. Eso no significa que se deba eliminar completamente de las prácticas docentes, las actividades que promuevan otras teorías de aprendizaje (conductismo, cognitivismo, etc.). Todas las teorías psicolinguísticas del aprendizaje son importantes para realizar actividades determinadas pero las que hemos citado son las que deben predominar en las prácticas docentes.

---

11 "Modelo psicológico y pedagógico que, a grandes rasgos, defiende que el aprendizaje se produce con base en la construcción del conocimiento mediante la solución de problemas y la interacción" (Méndez Santos, 2021:229).

12 Es una teoría del aprendizaje social que postula que el aprendizaje es algo colectivo. El aprendizaje se logra a partir de la socialización, es decir a través de la interacción y la comunicación entre los alumnos.

13 Teoría de aprendizaje promovida por George Siemens y Stephen Downes. Es una especie de combinación del constructivismo y del socioconstructivismo pero que aprovecha del paisaje del mundo digital (TIC).

Tareas de reflexión: análisis de actividades de aprendizaje

1. **Determina las competencias (habilidades lingüísticas, competencias generales y competencias comunicativas) trabajadas en las actividades de aprendizaje siguientes y di si en ellas se respeta el principio de integración de destrezas lingüísticas.**

Actividad 1. Lee el siguiente texto donde se describen las características del modelo comunicativo que se adopta en España y contesta a las preguntas.

Texto: En España, los hablantes adoptan en la conversación un modelo comunicativo próximo y simétrico (igualdad entre los interlocutores independientemente de su sexo, edad y condición social): se suceden los turnos sin interrupción, hay solapamientos, son frecuentes los continuadores (bueno, pues, hm, mmm, a ver, vale, vale, sí, sí, ya, ajá,…), se gesticula enfáticamente con las dos manos, se habla en un tono alto y con un tempo rápido, el rostro es expresivo y las miradas son directas. El español se caracteriza por ser un receptor participativo: da señales de atención continuada y completa las oraciones del interlocutor finalizando el enunciado iniciado por el hablante y sigue hablando como si no hubiera habido interrupción. Estas intervenciones tienen la función de ratificar al emisor. Destaca en la cultura española la presencia frecuente de la risa, especialmente en las conversaciones coloquiales.

1. ¿Qué título darías al texto?

2. ¿Cuáles son las características del modelo comunicativo en España?

3. ¿Cómo se caracteriza el receptor en la comunicación en España?

4. Según el texto, ¿qué valor crees que tiene el silencio en la conversación entre españoles? ¿Por qué? Y en Camerún, ¿qué valor tiene el silencio?

5. ¿Hay mucha diferencia en la forma de mantener una conversación en España y en Camerún? ¿Por qué?

6. En parejas, simula una conversión: tienes que actuar como el prototipo cultural español descrito en el texto y tu compañero el prototipo camerunés.

Adaptado de Nuevo prisma, Curso de español para extranjeros, Nivel C1

Actividad 2. Lee el siguiente texto sobre la relación entre dinero y felicidad. Fíjate en las palabras destacadas.

Texto: Sin salarios no se pueden ofrecer momentos de sano **esparcimiento**. La calma del hogar se ve afectada si pasan los días y no se encuentra trabajo. Baja la autoestima y las cualidades se ven **mermadas**. Por ejemplo, pueden gozar parecido el carnaval de Barranquilla un rico y un pobre, pero la calidad de su **disfrute** no será la misma. [...] ¿Pueden ser los pobres más felices que los ricos? ¿Son más felices los habitantes de Colombia o Nairobi que los ciudadanos de Suiza o Estados Unidos? Mientras seamos tan pobres, estas recetas no son más que un falso **consuelo**.

Adaptado de *Felicidad y riqueza* **de Fernando Estrada Gallego**

1. ¿Qué tesis defiende el autor? ¿Estáis de acuerdo?

2. Vamos a reflexionar sobre las estrategias que utilizamos para comprender un texto.

— ¿Qué haces cuando te toca leer un texto? ¿Lo lees completamente para hacerte una idea general, aunque no entiendas todas las palabras o prefieres pararte cada vez que encuentres una palabra difícil y la buscas en el diccionario?

— ¿Sabes el significado de las palabras destacadas? Si no es así, ¿te han impedido entender el sentido general del texto? ¿Por qué?

— Subraya las palabras claves del texto que son imprescindibles para la comprensión general.

— Tacha las palabras que no son necesarias para la comprensión general del texto.

3. Aquí tienes las definiciones de las palabras destacadas en el texto, según el Diccionario de la Real Academia. Asocia cada término con su definición. Si te fijas en el contexto en que aparecen en el texto te resultará fácil de hacer la asociación.

— .... : Conjunto de actividades con que se llena el tiempo libre.

— ....: Descanso y alivio de la pena, molestia o fatiga que aflige y oprime el ánimo.

— ....: del verbo..................Hacer que algo disminuya o quitar a alguien parte de cierta cantidad que le corresponde.

— ....: Tener gusto, complacencia y alegría de algo.

— ....: Acción y efecto de sentir placer.

4. **Debate:** ¿Vivir para trabajar o trabajar para vivir? Si os aumentan el sueldo ¿aumenta vuestra felicidad? ¿Qué preferís, ganar menos y tener más tiempo para vosotros, o lo contrario, trabajar más y tener más dinero?

Adaptado de Nuevo prisma, Curso de español para extranjeros, Nivel C1, pp. 46

Actividad 3. Lee las frases del 1 al 6. Relaciona las preguntas con las respuestas.

1. ¿Puedo encender la luz?
   Es que no se ve casi nada

2. Tengo que hablar con unos amigos.
   ¿Puedo hacer un par de llamadas?

3. Perdona, ¿puedo coger un cigarrillo?

4. Ángel, ¿puedo tirar estos periódicos a la basura?

5. ¿Puedes traerme el diccionario de inglés?

6. Casi no se oye, ¿verdad? ¿Puedo subir el volumen?

A. Es que no sé dónde está.

B. A ver... sí, sí, tíralos

C. Sí, claro. Súbelo.

D. Sí, claro. Hazlas, hazlas.

E. Lo siento, pero es que solo me queda uno.

F. Sí, sí. Enciéndela

Adaptado de ELE Actual, Curso de español para extranjeros, A2, P. 117

Actividad 4. Lee este correo enviado desde Barcelona y contesta a las preguntas.

Hola Kenfack:

Como ves, te escribo desde Barcelona. Vine el viernes por la tarde a pasar las vacaciones de semana Santa. Por la noche salí de tapas con unos amigos y luego estuvimos tomando unas copas. Salir de tapas es algo muy típico de la cultura española. Ayer por la mañana visité la Sagrada Familia y me gustó muchísimo. Por la tarde fui a las Ramblas y conocí a unos chicos muy simpáticos. Hoy he ido a la Fundación Miró y luego me he dado un paseo por el Barrio Gótico. Barcelona es preciosa. Lo malo es que me voy esta tarde. Hasta pronto.

Un beso

Cristina

1. Di los lugares que ha visitado Cristina.

2. A tu parecer ¿qué significa salir de tapas?

3. En el texto del correo aparecen verbos en pretérito indefinido. Léela de nuevo y escribe las formas de los siguientes verbos, que corresponden a ese tiempo

— Venir: vine   Visitar: ....   Estar: ....

— Salir: ....   Ir...........................   Conocer.................

— Gustar: ....

4. Lee estas referencias temporales (con ellas usamos el pretérito indefinido)

Ayer	Hace dos semanas	En Navidad	El mes pasado
Anteayer	en 2009	Hace tres semanas	El año pasado
El 15 de junio de 1977	El otro día	Hace tres meses	

____AYER_______________ HOY__

Ordénalas y colócalas en esta línea del tiempo (de la más próxima a la más alejada del presente.

5. En grupo de cuatro. Piensa en algo importante que hiciste en alguno de los momentos citados en la actividad anterior y escríbelo.

6. El año pasado conocí a mi novio..............................

7. Coméntalo con tus compañeros. ¿Hizo alguien algo interesante, divertido, sorprendente o extraño?

8. Escucha al docente leer los verbos siguientes conjugados en el pretérito indefinido y repite lo que oigas solo si la palabra está bien pronunciada. Si no está bien pronunciada, no digas nada. [El docente lee verbos conjugados de su elección]

Adaptado de ELE Actual, Curso de español para extranjeros, A2, P. 96

Actividad 5.

1. Lee este texto: Comidas y horarios

El desayuno de los españoles normalmente es un café con leche acompañado de galletas, cereales, pan tostado o bollos. Muchas personas toman el desayuno en un bar o en una cafetería. En esos casos es muy popular el café o el chocolate con churros. La comida se hace, normalmente, más tarde que en otros países: entre las dos y las cuatro de la tarde. Es la comida principal del día y muchos restaurantes tienen menús bastante baratos. La cena también se hace más tarde que en otros países, entre las ocho y las diez de la noche aproximadamente. La mayoría de las tiendas y de los negocios están abiertos por las mañanas desde las diez hasta las dos de la tarde y desde las cinco hasta las ocho de la tarde... Sin embargo, en los últimos años hay muchas tiendas que abren durante todo el día.

2. Ahora contesta verdadero (V) o falso (F)

— Los españoles nunca desayunan en los bares

— La mayoría de los españoles comen fuera de casa

— El horario de las comidas de los españoles es igual que en los demás países europeos.

— Los españoles cenan bastante tarde.

— La mayoría de los negocios españoles no abren por la tarde.

— Hay muchas tiendas que no cierran a mediodía

3. Comenta con tu compañero

— ¿A qué hora se levanta la gente en Camerún?

— ¿A qué hora se acuesta?

— ¿Cuál es el desayuno típico? ¿Es lo mismo para los adolescentes y adultos?

— ¿Cuál es la comida más importante del día?

— ¿A qué hora abren las oficinas y tiendas en Camerún?

4. Nguema es afroespañola y nos habla de la vida en Guinea y España. Escucha el texto que lee el profesor y contesta a las preguntas.

— ¿A qué hora se levanta la gente en España?

— ¿A qué hora se levanta la gente en Guinea?

— ¿Cuántas veces se come en España?

— ¿Cuántas veces se come en Guinea?

— ¿En Guinea existe la tradición de la siesta?

5. Escribe un párrafo sobre tu rutina diría. Para ello, utiliza los verbos: levantarse, ducharse, desayunar, empezar, terminar, comer, volver, cenar, acostarse, salir.

Adaptado de Nuevo Español en Marcha, A1, P. 42

2. Lee el enunciado que acompaña los materiales siguientes y contesta a las preguntas planteadas.

Material didáctico 1. En la conversación siguiente, una extranjera que ya sabe bastante español entra en una cafetería y tiene ganas de comer algo, pero no sabe el nombre. Observa la conversación y anota qué hacen ella y el camarero para resolver el problema.

— ¿Lo has adivinado? Explica cómo.

— ¿A qué competencia ha recurrido la extranjera para hacerse entender?

— ¿Crees que se debe trabajar dicha competencia en el aula de ELE? Justifícate.

Adaptado de Pinilla Gómez (2016:443).

Material didáctico 2. ¿Para qué sirven la tarea siguiente presentada al final de la unidad didáctica de un libro de enseñanza del español? ¿Qué competencia se quiere trabajar con esta actividad?

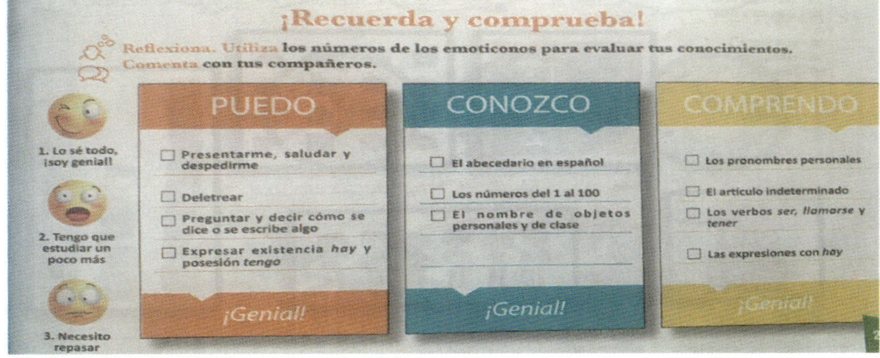

¡Genial! Curso de español, A1, P. 21

Material didáctico 3. Lee el texto siguiente y demuestra que el autor ha recurrido en varias ocasiones a su competencia estratégica para alcanzar su objetivo comunicativo. ¿Conoces el nombre de los electrodomésticos a los que se hace referencia en el texto? Enuméralos.

Por eso, todas las mañanas se hago un zumo en el chisme que permite sacar el jugo de fruta por separado. Suelo tomar uno de zanahoria y naranja, o de pomelo y manzana. Al mediodía, prefiero tomar la carne en forma de albóndiga. Para ello, uso ese aparato que corta la carne muy menudita y la mezclo con ajos, perejil y jamón serrano. La salsa la preparo con mi "tercer brazo". Así me queda fina. A veces hago bastante cantidad y la guarda, bien empaquetada, durante semanas en ese chisme lleno de cajones.

Mientras tanto, lavo la ropa en ese aparato que se mueve y hace tanto ruido. Como mi piso es pequeño, no tengo ese electrodoméstico que me permite tenerla lista en una hora. Por tanto, tengo que tenderla en la terraza.

Por la noche, solo tomo una ensalada y algo de pasta gratinada con queso. Me encanta esa costra calentita que se forma cuando pongo los espaguetis durante cinco minutos en esa cosa horrenda y negra que está empotrada en la pared. ¡Mira qué es útil!

Adaptado de Nuevo Sueña 3, Libro del alumno.

Capítulo 03

Diseño de un curso y particularidades para la enseñanza de idiomas

> "Doc[14], me han contratado como profesora de español en un colegio. La semana próxima reanuda el año escolar y tendré mi primera clase, pero no tengo claro lo que haré. ¡Qué ganas y cuánto miedo a la vez! ¿Me podrías echar un cable?" (Stella).
>
> (Mensaje recibido de una prima, graduada en filología hispánica)

****

> "¡Qué curioso! Llevo muchos años dando clases de español, pero eso de *la actividad inicial, la actividad de desarrollo y la actividad de cierre*, nunca lo había oído. Me parece muy interesante. Es de suma importancia para llevar a bien una exitosa sesión de clase"
> Beyala.
>
> (Comentario de una profesora de ELE de la secundaria, tras un encuentro pedagógico en el que yo hablaba de la macroestructura de una secuencia didáctica).

Los comentarios de mi prima Stella y de la señora Beyala, y varias otras observaciones propias, han sido un acicate para la redacción de este capítulo. Tenemos por una parte a una estudiante recién graduada en filología hispánica, pero sin ningún conocimiento en didáctica de ELE, que va a dar sus primeros pasos en la enseñanza del español. Como muchos otros compañeros y compañeras suyos, después de haberse graduado en filología hispánica, Stella se matriculó en los estudios de postgrado y realizaba asimismo cursos de preparación para las oposiciones para formarse como profesora de institutos y colegios. Por otra parte, para llegar a fin de mes, se buscó trabajo a tiempo parcial y consiguió una plaza de profesora de español en un colegio privado del país.

---

14 Diminutivo de Doctor en jerga popular camerunesa.

112

Es obvio que en ese momento mi prima tenía buenos conocimientos en lengua y literatura españolas e hispanoamericanas, pero por no haber tenido ninguna asignatura relacionada con la didáctica de ELE en su programa de diplomatura en filología hispánica, no sabía cómo planificar y hacer su primera clase de ELE en ese colegio. No tenía claro si para esa primera clase, tenía que limitarse a hacer lo mismo que habían hecho en su tiempo la gran mayoría de sus profesores cuando ella era alumna en la secundaria. Es decir, en unos 15 minutos, presentarse ante sus alumnos y alumnas, comunicarles el material didáctico (número de páginas del cuaderno y libro de texto a comprar) que se usará a lo largo del año y marcharse. Como Stella iba a trabajar en un colegio privado donde se cobraba por hora, se preguntaba si además de las presentaciones en 10-15 minutos, tenía que impartir la primera lección sobre los saludos en español, el alfabeto y los días de la semana, los miembros de una familia, discriminaciones contra las mujeres, dependiendo del nivel que le tocaba.

Dado que sé a ciencia cierta que no se trata de un caso aislado, pues muchos graduados en filología hispánica dan clases en colegios privados sin ningún conocimiento en didáctica de ELE, me ha parecido oportuno dedicar una reflexión sobre los aspectos clave que un docente debe tomar en cuenta al dar su primera clase del curso escolar.

En segundo lugar, tenemos a la señora Beyala, una profesora con unos doce años de experiencia en la docencia. Después de un encuentro pedagógico con ella y con mis estudiantes que estaban de prácticas en su instituto, me comentó que la propuesta de hacer siempre una **actividad inicial o introductora** antes de entrar de lleno en el corpus (**actividad de desarrollo**), que yo recomendaba a esos estudiantes era muy acertada, que nunca lo había implementado, pero que le estaba pareciendo una genialidad.

En efecto, en mis cuatro años observando clases de estudiantes-futuros docentes de ELE de prácticas en varios institutos de Yaundé, me he dado cuenta de que muy pocos (ni ellos, ni los profesionales ya en el terreno con muchos años de experiencia docente) realizaban la mencionada actividad inicial. He observado que muchos docentes empiezan sus clases entrando de lleno en la actividad principal (análisis del corpus), también conocida bajo el nombre de actividad de desarrollo. Una buena clase es parecida al ritual que hacemos cuando recibimos a un huésped especial en nuestra casa para cenar: debe haber un aperitivo (picar cacahuetes hervidos o fritos, plátano maduro frito, *croquettes*, etc.) acompañados de una conversación e intercambio de noticias seguido de la comida misma (primer plato, segundo plato; o plato único) y, finalmente, el postre. Cada plato tiene su propósito, igual que cada etapa de una clase. No es recomendable empezar una clase sirviendo directamente el plato principal a los discentes. A la luz de nuestras observaciones de las prácticas docentes en las aulas de educación secundaria, casi todos los docentes tras saludar a los alumnos y preguntarles cómo se encuentran, y después de corregir la tarea casera si es preciso, dicen frases del tipo:

— *"Muy bien, hoy vamos a estudiar un tema nuevo. Hoy hablaremos de…"*

— *"Muy bien, hoy vamos a ver algo muy interesante. Hoy hablaremos de….*

Y después de terminar las frases anteriores en la que enuncian el tema de la clase del día, se dirigen a la pizarra y se ponen a escribir el encabezado de la clase (*módulo X, actividad X, situación de vida X, objetivo de la clase X*). Una vez que los alumnos hayan acabado de apuntar el encabezado, los docentes instan a los discentes a que abran los libros en una página determinada para la lectura del texto, o bien si se trata de una clase de gramática, escriben en la pizarra un corpus sobre el tema objeto de estudio y, luego, les dejan unos minutos para que terminen de apuntar todo. Luego empiezan a manipularlo y explicar la noción gramatical que subyace en el mismo en la pizarra. A raíz de lo anterior, también me ha parecido sumamente oportuno dedicarle un apartado a la cuestión de las principales etapas (macro y micro estructura) de una buena clase de ELE. Por otra parte, analizaremos algunos retos que suponen impartir clase en un contexto con alumnos con necesidades específicas como es el caso de Camerún y algunos hábitos de los docentes cameruneses que se debería poner en tela de juicio.

1 ¿Cómo diseñar la primera clase de ELE?

La instrucción en el ámbito de la educación se refiere a "las acciones que realiza el docente cuando dirige el desarrollo de una lección con el objetivo de promover el aprendizaje" (Ruiz Martín, 2020:253). En pocas palabras, es el acto de impartir clase. Impartir clase es transmitir conocimientos y desarrollar competencias específicas y generales en los alumnos a partir de la realización de tareas individuales o grupales en modalidad presencial o virtual. Es la parte visible del iceberg de la labor docente y hablamos de parte visible porque es el reflejo de reflexiones y trabajos previos que realiza un docente antes de entrar al aula. Impartir clases es una actividad que requiere una planificación o programación donde los docentes son programadores, ingenieros del aprendizaje, diseñadores de unidades y secuencias didácticas. Se piensa y se monta en la mente y en unas hojas de planificación didáctica la película de una clase antes de ir a vivirla en el aula. Enseñar no es improvisar. Los docentes somos personas creativas y sí improvisamos a veces (no somos máquinas tecnológicas), pero lo hacemos sobre la base de algo previamente planificado. No se improvisa desde la nada todas las clases deben prepararse, la primera todavía más porque no es una clase que se da sin ninguna planificación didáctica como suelen pensar algunos docentes. La primera clase del año no es una clase cualquiera, **es la clase inicial que sustenta el ritmo, el éxito y la filosofía de las clases venideras. Si enseñar fuera un edificio, la primera clase sería su fundación.** Si la primera clase no engancha, es muy probable que todas las demás clases del año no enganchen porque los alumnos ya se habrán hecho una idea clara sobre el profesor o la profesora y su manera de trabajar. Nuestra actitud en el aula es contagiosa. Tenemos ese don natural de contagiar a nuestro alumnado con nuestra sonrisa, nuestra seriedad, nuestras ganas de (des)aprender, nuestro optimismo, nuestra pasión por lo que hacemos. Tenemos la capacidad de despertar en los discentes emociones positivas (la alegría, la serenidad, el interés, la curiosidad, la confianza, la paciencia, la solidaridad, el entusiasmo, la valentía, etc.) y favorables para el aprendizaje. Y eso debemos hacerlo desde la primera clase del año. Por eso suelo decir que es la clase maestra, es la llave maestra, es la clase de las clases. ¿Qué debe hacer un docente en su primera clase de ELE? y ¿qué no debe hacer? son las preguntas a las que aportaremos respuestas en esta sección.

En realidad, suele decirse en la tradición francófona que la primera clase tan solo sirve para hacer lo que se llama "faire la prise de contact", hacer la toma de contacto. Eso significa que el primer día, el profesor no entra de lleno en el desarrollo del primer capítulo o primera lección del programa[15]. Pero ¿qué es lo que cabe dentro de aquello que se llama "prise de contact"? Me parece importante tratar de todos esos elementos porque para algunos docentes, 50m o 1h40m (duración de una clase de ELE en la educación secundaria) es mucho tiempo para hacer la llamada "prise de contact". Lo que yo opino al respecto es que eso es porque muchos docentes cameruneses consideran la toma de contacto como el acto típico de ir a una clase y presentarse como docente, comunicar a los discentes el libro que se usará y el tamaño del cuaderno que tienen que comprar y, eventualmente, darles algunos consejos y ya está. Son muchos los docentes cameruneses que suelen hacer este ejercicio en unos 15 o 20 minutos y dan por terminada la clase. Pues la primera clase no solo es eso. Es eso y más. También los hay (tanto docentes como alumnos) que ni siquiera van al instituto/colegio durante la primera semana de clases dedicadas a la "prise de contact" porque les parece una pérdida de tiempo. Se ha llegado a banalizar tanto esta semana de toma de contacto que la gente ha terminado por considerarla como una actividad facultativa, una pérdida de tiempo. A continuación, enumeramos tres puntos claves que deben figurar en la planificación docente para el primer día de clase.

2.1 Conocer a sus alumnos: la dinámica de las presentaciones o la necesidad de hacer del acto de presentarse una experiencia de vida.

Como docentes innovadores debemos procurar no hacer las cosas siempre como hacían nuestros/as profesores/as en la secundaria cuando éramos alumnos/as. Debemos innovar y procurar que todo lo que hagamos en nuestras clases sea significativo y atractivo para nuestros aprendices. Por eso, en la primera clase del año, es

---

15 Coincide usted conmigo que de aprendiz siempre nos caía mal aquellos docentes que parecían demostrar que no tenían tiempo que perder y, en sus primeras clases, empezaban directamente a impartir la primera lección sin haberse interesado ni siquiera en nosotros ni habernos dado ni siquiera la oportunidad de expresarnos.

preciso evitar la práctica clásica que consiste en presentarnos y, eventualmente, decir a cada alumno que se levante y se presente. Es lo común o lo típico, pero no es la manera más interesante de hacer las presentaciones. Existen un sinfín de dinámicas para las presentaciones que permiten hacer que el presentarse sea un acto llevadero, placentero, reflexivo y experiencial. No en vano hablo de dinámicas de las presentaciones. Esa actividad debe ser dinámica y de interés para los alumnos. La clase es ante todo un espacio de socialización, sobre todo en nuestro contexto donde hay un número elevadísimo de alumnos por aulas y las actividades que llevamos al aula deben promover una *socialización rica* (Trujillo Sáez, 2012). Es decir, una socialización real que permite sentar las bases para la cohesión, el intercambio, el compañerismo, el conocimiento mutuo, la ayuda mutua y la co-construcción de los aprendizajes a lo largo del año.

Además, considerando las presentaciones como una actividad de aprendizaje y proponiendo una dinámica interesante para realizarlas, nos ayuda a conocer mejor a nuestros discentes y quedarnos con sus nombres y otros datos personales que nos pueden ayudar a crear más simetría con ellos. Cassany (2021:34) señala que "aprender los nombres del alumnado forma parte del propósito global de crear un ambiente motivador. Una buena manera de empezar es llamar a cada alumno por su nombre. No hay comparación entre un "mira, ¡tú!" o "Oye, chica" con un "Dime, Juan". En realidad, uno de los objetivos del EPC es trabajar las destrezas sociales y las relaciones interpersonales sanas, simétricas y fructíferas entre alumnos-alumnos y alumnos-docentes si tenemos en cuenta que los alumnos son futuros ciudadanos que en la vida real deberán trabajar con los demás.

La elección de la dinámica y la manera de llevarla depende de las características del grupo de discentes que tengamos: adolescentes, adultos, grupos ya cohesionados, grupos de alumnos que no se conocen aún, número de alumnos en el aula, nivel de los alumnos, etc. A continuación, propongo unas dinámicas explotables en la secundaria.

— **Entrevistarse entre sí y presentarse unos a otros**: Nuestros alumnos generalmente están sentados en pareja o grupo de tres. Para hacer del acto de presentarse una actividad más de clase, podemos pedir que los aprendices se entrevisten (nombre, pasatiempo, asignatura preferida, lenguas que se habla, etc.) en pareja para luego presentar al compañero al resto de la clase. Si son muy numerosos, no hace falta que todos hagan la segunda parte de la tarea. Lo más importante es que dialoguen entre ellos y ellas en la lengua meta para conocerse mejor, mientras circula el docente por el aula para asesorar o motivarlos y de paso darse cuenta de su nivel de lengua (es una especie de evaluación diagnóstica que también entra en lo que debemos hacer en la primera clase). Otra variante consiste en que en pareja o en grupos de tres, los estudiantes simulen en voz alta un intercambio entre dos o tres alumnos que se han encontrado por primera vez y se presentan los unos a los otros. Otra propuesta, para un grupo donde los alumnos se conocen, es que el/la jefe/a de la clase (o delegado/a) presente a sus compañeros al profesor, como se hace al inicio de un partido de fútbol cuando el capitán presenta a sus compañeros a los responsables administrativos que han venido a ver el partido. Dado que en nuestro contexto los alumnos son muy numerosos por aulas, el jefe de la clase (alumno/a delegado/a) puede delegar varios compañeros de modo que 4 o 5 de cada columna presenten a todos sus compañeros de su columna, y así para el resto de la clase.

— **La adivinanza**: En vez de levantarse y decir su nombre, el alumno más bien aporta un conjunto de indicios o informaciones en torno a su nombre y apellidos para que sus compañeros lo adivinen. Otra variante es hacer lo mismo pero que las informaciones aportadas no tengan que ver con el alumno que habla, sino con algún compañero para que los demás analicen la información recibida y se percaten de quién se trata. De este modo, se pone en marcha la escucha atenta y reflexiva.

— **El Crush**: Aplicable cuando se trata de un grupo donde los alumnos ya se conocen por haber estudiado juntos el año anterior. Cada alumno toma la palabra y presenta al compañero que más admira por ser una buena persona, haciendo hincapié en su personalidad y cualidades que atesora y, finalmente, dice su nombre o espera a ver si sus compañeros pueden imaginar de quien se trata. Esta dinámica genera buen ambiente entre los alumnos y garantiza el clima idóneo para iniciar el curso escolar.

— **El cuestionario**: Los alumnos se presentan por escrito en una hoja-cuestionario y la entregan al docente al acabar la clase. Solo proporcionan la información personal requerida: nombre, apellido, barrio de residencia, trabajo de ensueño, nombre, teléfono y profesión de los padres, aspiración en la vida, motivación por el aprendizaje del español, lo que les cuesta más en la asignatura, etc. Se trata de una base de datos fundamental, sobre todo en nuestro entorno donde los centros no cuentan con un/a psicólogo/a, que podría permitir al profesorado conocer mejor a sus estudiantes, cuando es oportuno, y atender las variables emocionales y psicosociales en su aula. Eso también puede llegar a ser un instrumento para analizar las necesidades de los alumnos, dependiendo de los ítems recogidos en el cuestionario, e intervenir cuando sea oportuno a lo largo del curso escolar.

— **La tradicional dinámica de presentarse uno mismo revisada**: Ya que estamos en un entorno multilingüe y que está estipulado en la ley de orientación educativa la necesidad de formar a ciudadanos arraigados en su cultura y abiertos al mundo, podemos proponer que los estudiantes, a la hora de presentarse, saluden a la audiencia en su lengua materna y expliquen qué significan sus apellidos. Se trata de echarle más ingredientes a la tarea de presentarse uno mismo. El ingrediente propuesto aquí centra la atención en la interculturalidad o diversidad presente en el aula. Somos cameruneses y sabemos que nuestros apellidos significan algo e incluso a veces dicen mucho de nosotros. Así, además de apreciar la diversidad étnica presente en su aula, eso permite al profesorado tener todo tipo de información sobre sus estudiantes. En el mismo sentido, estaríamos valorando la identidad cultural del aprendiz. Quizá al hacerlo, el alumno pierda el miedo que le quemaba por dentro, por la idea de coger la palabra y hablar español en público. En este caso, que pueda mezclar el español y su lengua materna sirve como estrategia comunicativa y "tranquilizante".

2.2 Hacer el análisis de necesidades

El análisis de necesidades es una actividad del proceso de enseñanza/aprendizaje que consiste en recoger información sobre las necesidades particulares de los alumnos lo que nos permite conocer mejor a nuestros alumnos, sus expectativas y dificultades o facilidades y, por lo tanto, nos da pistas para conducir mejor la enseñanza. Cuando se contrata a un docente para trabajar en un país o centro que éste no conoce, lo común es empezar a buscar información sobre sus alumnos, la cultura de aprendizaje del país, etc. Algunos cuando tienen un nuevo grupo, preguntan a los colegas que ya dieron clase en el mismo todo tipo de información, cómo son los alumnos, si son trabajadores, si tienen buen nivel, si son motivados, desmotivados, si les cuesta alguna cosa o si hay algunos casos problemáticos o particulares, etc. Los modelos más recientes consideran necesario que el análisis de necesidades no se limite a obtener información **sobre** los alumnos, sino también **de** los alumnos, advierte Tyler (citado por Álvaro García, 2018:39). O sea, que sean ellos quienes den esas informaciones. Por otra parte, el análisis tiene que estar orientado tanto hacia el **proceso (estrategias y métodos de aprendizaje significativos, aprender a aprender, etc.)** como hacia el **producto (finalidad u objetivo del aprendizaje para los alumnos)**. A modo de ejemplo, en mi tesis doctoral (Kem-mekah Kadzue, 2016), algunos estudiantes cameruneses se exteriorizaron y nos compartieron sus propios problemas, dudas y necesidades relativos al aprendizaje del español en la última pregunta del cuestionario que estipulaba: ¿Tienes algo que añadir?":

— Nos cansan con la historia del blanco y no nos hablan de la nuestra.

— Usted no nos enseña un método para mejor aprender el español.

— Me gustaría que hubiera una sala audiovisual de lengua española en mi escuela para aprender mejor la lengua.

— Los profesores deben ser más profesionales e incitar al alumno a amar la lengua porque yo diría que más que nada los profesores son aburridos.

— ¿Qué tengo que hacer para hablar y escribir español con facilidad?

— Me encantaría expresarme mejor en español yendo a un país hispánico con una beca de estudio española o del gobierno camerunés, o si no con la ayuda económica de mis padres.

— Hay que introducir el uso de los audios y vídeos en la enseñanza del español.

— Tendríamos que aprender también la historia de España contemporánea.

— Me gustaría que se aumentaran las becas para permitir a los jóvenes estudiantes ir a España para aprender mejor la lengua y cultura españolas.

— Voy a añadir una cosa, a nivel lingüístico, el español no es útil en Camerún y por eso está un poco desvalorado por los alumnos.

— ¿Por qué los españoles son racistas?

— Para mí, el español no es importante. En nuestro país, aparte de ser profesor de español, ¿qué más puede hacer una persona que aprende español?

— Me gustaría que nos orientasen mejor sobre lo que podemos hacer con el español. (Kem-mekah Kadzue, 2016: 394).

El conjunto de estas informaciones refleja las necesidades propias de los alumnos que encuestamos. imagínese un profesor que nunca da la palabra a sus alumnos para que se expresen y opinen sobre sus percepciones e inquietudes, por mucho que esté motivado ese docente, por mucho que pase horas de desvelo para preparar sus clases, si todos sus alumnos comparten el pensamiento del primer informante (*Nos cansan con la historia del blanco y no nos hablan de la nuestra*) y que el docente lo desconoce por no haber hecho el análisis de necesidades, el aprendizaje no dará resultados positivos. En cambio, aquel profesor que descubre ese pensamiento, por haber hecho el análisis de necesidades en su primera clase, busca estrategias y argumentos convincentes para desmontar ese pensamiento y, por ende, motivar a sus alumnos por el aprendizaje del español.

Según el Instituto Cervantes (2012), una de las competencias clave del profesorado de lenguas extranjeras es organizar situaciones de aprendizaje. Esta competencia engloba, a su vez, cuatro competencias específicas que son: diagnosticar y atender las necesidades de los alumnos, promover el uso y la reflexión sobre la lengua, planificar secuencias didácticas y gestionar el aula. Así pues, se puede concluir que el análisis de necesidades es una actividad fundamental para conocer a nuestros alumnos y acompañarlos mejor.

A continuación, enumeramos unos aspectos que pueden ser objetivo de análisis de necesidades en nuestro contexto.

- **Analizar las creencias de los alumnos en torno a la asignatura (actitudes y motivaciones lingüísticas):** Es importante saber qué opinan los estudiantes sobre el español, los españoles, España y el mundo hispano. El objetivo de la actividad es desprender actitudes o motivaciones negativas que podrían entorpecer el aprendizaje. Las creencias son el soporte de gran parte de las decisiones, acciones y actuaciones conscientes o inconscientes de los discentes en el aula (Kem-mekah Kadzue, 2016). Si uno se da cuenta de que a unos de sus alumnos no les gusta la asignatura o que no ven para qué les sirve el aprendizaje del español, es el momento de trabajar la motivación intrínseca y extrínseca desde ese primer día de clase. Y seguidamente a lo largo del curso, procurar seguir desarrollándola. Según Dörnyei (2008), si el docente se da cuenta que existe un problema de motivación intrínseca, puede demostrar y hablar de su entusiasmo y su interés personal por la asignatura con los alumnos, mostrarles que valora el aprendizaje de la L2 como una experiencia con pleno sentido que le satisface y enriquece su vida. En caso de fallo en la motivación extrínseca, el docente debe sensibilizar a los alumnos sobre los valores instrumentales asociados al conocimiento del español. Recordarles con regularidad que dominar con éxito el español es una herramienta para conseguir objetivos que valoran, reiterarles el papel que desempeña el español en el mundo recalcando su potencial utilidad para ellos, animarlos a que apliquen sus conocimientos del aprendizaje del español en situaciones de la vida real. Si estamos trabajando en una academia de idiomas, por ejemplo, al preguntar sobre la motivación de los alumnos por el aprendizaje, podemos saber cómo orientar nuestras clases. Por ejemplo, si en nuestras clases tenemos un grupo de alumnos que aprenden el español para ir a hacer negocio a un país de habla española, les enseñaremos formas de expresarse y términos sobre ese tema concreto. Es decir, promover la enseñanza del español para fines específicos.

- **Analizar las dificultades y/o facilidades de los alumnos sobre la asignatura**. También se puede preguntar a los estudiantes lo que se les da bien (facilidades) o mal (puntos flacos) en el aprendizaje del español con el fin de implementar una intervención pedagógica cuando haga falta. Esto se puede hacer con los alumnos de niveles avanzados porque tienen suficiente consciencia lingüística para reflexionar sobre su aprendizaje. El conocimiento de esos aspectos (puntos flacos y facilidades) sirve de brújula a lo largo del año. Pero de modo general se puede hacer una **evaluación diagnóstica**.

- **Hacer una evaluación diagnóstica, oralmente o por escrito (encuesta, redacciones)**. Permite evaluar los conocimientos previos y determinar el nivel de lengua/cultura de nuestros estudiantes. La mejor manera de acompañar a nuestros alumnos para que alcancen un nivel de maestría en la clasificación de competencia comunicativa es conocer su interlengua y los aspectos del manejo y uso de la lengua que les causa más dificultad.

— **Preguntar sobre lo que hacen (estrategias) para mejorar su expresión oral o escrita en español.** Permite determinar si las estrategias que utilizan son significativas de cara a saber si a lo largo del curso les iremos proponiendo otras estrategias y herramientas complementarias para mejorar su aprendizaje. Recalco a este respecto que aprender a aprender, es decir, facilitar a los discentes las estrategias de aprendizaje para garantizar un aprendizaje efectivo y eficiente, es una de las competencias clave de profesores de ELE, según el Instituto Cervantes (2012).

2.3 Negociar el contrato pedagógico

El contrato pedagógico es un acuerdo entre el profesorado y el alumnado donde se establecen la manera y las condiciones de trabajo en el aula y que pasa por una conversación-negociación entre ambos grupos sobre el funcionamiento de las clases. Aunque hay cosas que no están sujetas a debate, debemos hablar de ellas con nuestros discentes para darles la sensación de que ellos también están involucrados en las decisiones y actuaciones en torno al proceso de enseñanza. O sea, a modo de una buena democracia, el docente debe recoger las opiniones y creencias de sus estudiantes sobre el aspecto que haga falta (método de enseñanza, por ejemplo) y conducir los debates para llegar a una especie de consenso. El docente no está ahí para imponer nada. Si bien es cierto que hay decisiones educativas que nos impone nuestra jerarquía, debemos llevarlas al aula con pedagogía y retórica. El contrato pedagógico se hace en la primera clase porque es un compromiso que permite enmarcar las reglas de juego sobre la realidad del aula a lo largo del curso lectivo. Esos acuerdos pueden ser muy diversos. A continuación, comentamos algunos.

— **Comunicar (negociar) sobre la manera de enseñar (método de enseñanza).** Todos los docentes sabemos que la metodología de enseñanza recomendada en Camerún por las políticas educativas es el Enfoque por Competencias (EPC). Pero los alumnos quizá no, y aunque lo sepan no tienen claro en qué consiste. Es nuestro trabajo comunicar sobre la novedad metodológica que implementaremos en el aula o a lo largo del curso. Explicarles lo que es el EPC, qué esperamos de ellos, qué papel deben desempeñar en el aula, etc. Como hemos comentado en el capítulo anterior, la manera cómo se porta y comporta un discente en un aula se nutre de la tradición educativa del país; para pasar de una manera de concebir la educación a otra, es importante que haya un trabajo al respecto en el aula. No hace falta imponer nada, hay que negociar las cosas con nuestros estudiantes para que las entiendan, perciban su importancia y, como consecuencia, asuman el papel que les corresponde en el aula.

Reitero que esta fase de negociación (debe entenderse como una especie de explicación del método de enseñanza), es de suma importancia para que la reforma educativa se plasme realmente en las prácticas docentes. Recuerdo que cuando cursábamos segundo de carrera en 2008, un profesor nos pidió nuestros correos electrónicos personales para ir enviándonos material didáctico a lo largo del curso. Pero como para nosotros era una novedad esa manera de trabajar, y eso con el agravante de que algunos de mis compañeros de clase ni siquiera tenían un correo electrónico, hubo mucha reticencia por parte de todos los discentes, yo incluido. Los estudiantes nos preguntábamos *"pero ¿por qué el material no nos lo puede entregar en clase en formato papel como los demás docentes?", "¿Por qué nos pone tan difícil las cosas?", "Quiere hacer como los blancos. Es que acaba de volver de España. Se va a cansar"*, etc. Tal vez si ese profesor nos hubiera explicado con claridad el porqué de esa novedad pedagógica y negociado con nosotros la implementación de la misma, la hubiéramos acogido mejor. A veces el aprendiz tan solo necesita que le orientemos bien, que hablemos las cosas con él más que imponérselas, sentir que le respetamos como persona y que su punto de vista también importa. Hablando se entiende la gente. Enseñar no es imponer sino, negociar.

— **Comunicar sobre la manera de evaluar**. Pasa lo mismo con la evaluación. Cada método tiene su manera de concebir la evaluación. En nuestro caso, si evaluáramos las cinco destrezas lingüísticas enunciadas en el capítulo anterior, por ejemplo, tendríamos que hablar de ello con los estudiantes. Si vamos a adoptar un tipo de corrección para fomentar estrategias autorreparadoras (véase tema 4) o evaluar la regularidad a las clases presenciales debemos comunicárselo a nuestros alumnos.

— **Comunicar sobre algunas reglas de juego/reglamento y valores (respeto, asiduidad, puntualidad, empatía, ayuda mutua, etc.) que todo el mundo debe respetar** para que siempre haya un clima que favorezca una buena convivencia y por ende el aprendizaje. Todos nos acordamos de los docentes que nos decían, los primeros días de clase, las cosas que teníamos que respetar (la puntualidad, por ejemplo: "nadie entra en mi clase después de que yo haya entrado", "si no haces los deberes caseros, no vengas a mi clase", etc.) para tener acceso a su salón de clase. Respetábamos esas reglas a rajatabla, porque esos docentes eran firmes y no tenían ninguna piedad ante los alumnos que no respetaban ese contrato.

- **Comunicar sobre la lengua de impartición de la clase**. Dejar claro a los alumnos que la lengua con la que se impartirá la clase es el español. Invitarles a arriesgarse a hablar en español aunque cometan errores ya que sin errores no hay aprendizaje. No obstante, sabiendo que enseñamos español en contexto multilingüe con el francés e inglés como lenguas oficiales, podríamos subrayar asimismo a nuestros alumnos que en algún momento ellos (o incluso el propio docente) pueden recurrir al francés, inglés (uso de una palabra o expresión determinada en dichas lenguas) como estrategia comunicativa (Véase competencia estratégica, tema 2) cuando se está expresando en español para favorecer la efectividad de la comunicación. Sin embargo, debemos dejarles claro que no tienen que abusar de esta estrategia comunicativa porque existen muchísimas más: uso de los gestos, las muletillas lingüísticas, etc. Decirles que lo importante es ver que toman iniciativas para hablar español, que se arriesguen a hablarlo, aunque lo que digan no sea correcto o esté mezclado con el francés o inglés, pues, mientras no lleguen al nivel de competencia máxima, su expresión oral y escrita en español, es decir su interlengua, siempre tendrá algunas tintas o influencias de las lenguas que ellos ya hablan.

- **Comunicar sobre el material y, a poder ser, el programa educativo**: Recordarles el manual que se utilizará a lo largo del curso y hablar de medidas compensatorias para aquellos cuyos padres no tengan dinero para comprárselos. Decirles el tamaño de la libreta necesaria para tomar los apuntes a lo largo del curso. Además de esos materiales obligatorios, también podemos recomendarles material complementario (libros de gramática, diccionario, etc.).

- **Comunicar sobre el objetivo general de la asignatura y las competencias esperadas** y sobre la importancia de respetar el contrato pedagógico para que se puedan desarrollar dichas competencias en cada alumno y alumna.

- **Comunicar sobre la posibilidad de hacer tutorías**: El docente debe mostrarse cercano y comunicar sobre su disponibilidad y la posibilidad que tienen sus alumnos de acudir a él, siempre que esté en el instituto, para hablar a modo de tutorías grupales o individuales sobre cualquier asunto que les preocupe en relación con la asignatura o incluso cualquier cuestión relacionada con otro asunto educativo que tengan. En otros países del mundo se presta especial atención a esos momentos de tutorías y que, por otra parte, están dentro del volumen semanal de horas de trabajo de cada docente. En nuestro contexto educativo donde observamos cada vez más una pérdida de valores entre los alumnos (consumo de drogas, alcohol, delincuencia juvenil, agresiones verbales y físicas al profesorado, etc.) pensamos que este órgano podría ser una vía de escape a la resolución de los problemas que tengan los jóvenes. Nuestros centros todavía no disponen de un órgano de atención psicológica y psicosocial para los estudiantes, lo que es una lástima porque los alumnos a veces necesitan tener personas con las que hablar libremente de los asuntos que les incumben. Necesitan personas en las que confiar y debido a la coyuntura económica y la crisis de valores, los padres cada vez más dejan de responsabilizarse de esta tarea. A veces nuestros alumnos y nuestras alumnas pasan por momentos de la vida de adolescente en los que necesitan ser escuchados y aconsejados, pero sabemos que las horas de clase no dan para hablar ni siquiera de manera general de estas cuestiones que tienen que ver con las competencias generales (saber ser y saber hacer). **Las tutorías, no solo las que deben hacer los consejeros de orientación del instituto, tendrían que institucionalizarse ya que quizá servirían** para solucionar algunos problemas de seguimiento que se están dando en nuestros centros educativos.

No está de más añadir que, además de lo detallado anteriormente, la primera clase también es el momento de sentar un clima idóneo para trabajar en condiciones favorables para el aprendizaje. Lo que hagamos ese primer día (nuestra conducta y actitud, comunicación sobre las normativas o reglas de juego, etc.) es una brújula que tiene un impacto tanto en cómo nos ven nuestros alumnos como en su comportamiento a lo largo de las próximas clases. Según Méndez Santos (2021:134) "es conveniente que la primera impresión haga sentir a los aprendices seguros y exitosos e interesados, y que lo aprendido tenga relevancia personal".

Cassany (2021:15) en uno de sus libros publicados recientemente nos compartía este testimonio de una profesora veterana: "Parece mentira que, con tantos años, todavía me tiemblen las piernas cuando entro en el aula el primer día". Lo que podemos comentar al respecto es que somos seres humanos, es normal que al entrar o ir por primera vez a una clase (sobre todo con un número elevado de alumnos y alumnas, como en nuestro contexto) donde desconocemos a los alumnos, nos invaden preguntas de tipo: "a ver qué grupo me toca este año", "a ver si son majos", "a ver si se portan bien", "a ver qué nivel tienen", "a ver si son respetuosos", etc. A estas preguntas a veces se suma una visión muy tradicionalista que algunos docentes, poco preparados, tienen sobre la enseñanza. La visión del docente como el todopoderoso/demiurgo que debe saberlo todo. Cuando un docente tiene ese pensamiento, sus prácticas docentes acaban siendo un sufrimiento para sí mismo porque pasa toda la hora lectiva evitando que sus alumnos detecten alguna muestra de fragilidad/debilidad/desconocimiento de un tema. Se considera como un Dios y, como tal, debe saberlo todo. Por eso, entra en pánico cuando se imagina lo siguiente: "Uy, y si me preguntan el significado de una palabra y no me lo sé. Uy, ¡qué vergüenza pasaría!", "Uy si ocurre eso, perderé mi poderío". Generalmente, los docentes poco preparados (los que ni dominan su materia) y tradicionalistas (quienes se creen el todopoderoso) son aquellos tienen ese tipo de miedo al pisar una clase. Y ese miedo no suele darse solo en la(s) primera(s) clase(s). Ese miedo los acompaña cuando enseñan. No disfrutan dando clase, sufren. Cassany (2021) nos cuenta a este respecto su propia experiencia que me parece muy reveladora:

> Empecé a dar clases de catalán a los diecisiete años en Barcelona. Cada domingo por la tarde me ponía nervioso pensando en las clases que venían, y solo recuperaba la tranquilidad los jueves cuando acababa. Me daban miedo sobre todo los alumnos de nivel avanzado, a los que enseñaba a escribir; temía que me hicieran preguntas difíciles que no supiera responder. Entonces creía que un docente debe saberlo todo. Treinta años después, lo veo diferente. Pido a los alumnos que me hagan 'preguntas difíciles'. Les digo que me gustan los desacuerdos, que son un privilegio. Si tengo dudas (la ortografía de una palabra, un régimen preposicional), la busco en clase en la red, mostrando las búsquedas en el ordenador, o pido que lo busquen ellos. (Cassany, 2021:15-16)

Como recalcamos anteriormente, siendo docente novel y sin experiencia, Cassany también tenía una concepción tradicionalista sobre la figura del docente: el docente como principal y única fuente de input. Eso le generaba mucha ansiedad o estrés incluso antes de pisar el aula. Cabe subrayar que la pequeña sensación de miedo o estrés del primer día de clase con un grupo nuevo es normal y, normalmente, se esfuma pasados los primeros minutos o la primera clase con el grupo. Como dice Cassany (2021), esa sensación puede superarse haciendo un análisis de necesidades (recogiendo información sobre los estudiantes antes de la clase). También se supera con una buena preparación de la clase. Yo creo que si además de estar pasando miedo, uno va improvisando todo el rato, porque no ha preparado la clase o ni se sabe lo que cabe en en el tiempo reglamentario, además de tener miedo, va a sudar y mucho. Respecto a la importancia de la planificación de clases, Cassany nos vuelve a contar su propia experiencia docente, que me parece interesante recoger aquí:

> La primera herramienta que utilicé para dar buenas clases -y luchar contra la desconfianza y el miedo- fue planificar cada sesión. Cada semana preparaba una secuencia de actividades de una hora, aproximada, elegía las páginas oportunas del libro de texto, decidía la organización de los alumnos en cada momento o imaginaba cómo daría las instrucciones. **Así me sentía más seguro y la clase salía mejor**. [...] Otra estrategia para conseguir una buena clase y, de paso, combatir la desconfianza es prepararse bien el lenguaje que usamos. Cuando empecé, dedicaba mucho tiempo a leer con antelación los textos que trabajaríamos, a buscar el significado del léxico nuevo o a anticipar las preguntas que me podrían hacer. También resolvía antes por mi cuenta todos los ejercicios de clase y los verificaba con la solución y consultaba casos dudosos. **Era mucho trabajo, pero me daba seguridad**. (Cassany, 2021:17-20).

La planificación es sumamente importante, tanto en las actividades de aprendizaje como en nuestro discurso o lenguaje, sobre todo en el caso de los docentes de lenguas extranjeras como es el caso de los profesores cameruneses que, al no ser nuestra lengua materna, es evidente que en algunos momentos tengamos dificultades de expresión si improvisamos al hablar ante un número elevado de alumnos. Por eso es importante, sobre todo para los docentes principiantes, dedicar un tiempo a preparar también nuestro lenguaje en cada etapa de la clase, además de diseñar y preparar el contenido de la misma y sus actividades. Al preparar todos estos aspectos, entramos al aula con más seguridad y confianza.

Para cerrar los dos últimos apartados, propongo una tarea que suelo presentar a mis estudiantes de didáctica de ELE.

Tarea: El ejercicio plasma una conversación entre cuatro docentes y a la luz de la lectura de la misma, hay que contestar a unas preguntas.

Primer día de clase

Docente 1. "Es la vuelta al cole. Hoy tengo mi primera clase. ¡Hasta 1h40min, macho! Pero no voy a dar una clase como tal, solo me presentaré y comunicaré el material didáctico (manual, tamaño del cuaderno) en unos 15min y me iré".

Docente 2. "¡Qué dices! Yo no quiero perder el tiempo, eh. El programa es muy extenso. Yo también tengo mi primera clase hoy. Me presentaré en unos 5 minutos, les diré el libro que usaremos y luego introduciré el primer módulo del programa".

Docente 3. *No sé vosotros*, pero "Parece mentira que, con tantos años, todavía me tiemblen las piernas cuando entro en el aula el primer día[16]".

[los docentes 1 y 2 se miran al escuchar al docente 3 y se ríen y

le preguntan cómo puede tener miedo de unos críos]

Docente 4. "*¡Allá vosotros! Yo esta semana ni iré al instituto. La primera semana del año nunca voy al insti*".

---

1. ¿Harías lo mismo que el docente 1? Justifícate

2. ¿Harías lo mismo que el docente 2? Justifícate.

3. ¿Harías lo mismo que el docente 4? Justifícate.

4. ¿Qué se debe hacer el primer día de clase del año?

5. Como docente, ¿qué consejos o recetas didácticas darías a estos cuatro profesores?

6. ¿Te parece normal reírse de un compañero de trabajo y no proponerle ninguna solución al problema que encuentra en su labor?

---

16 Cogido de Cassany (2021:15).

7. ¿Te parece normal tener miedo el primer día de clase? ¿Cómo se puede/Qué sueles hacer para superar esa sensación?

8. A partir de esta ficha didáctica, presente los contenidos básicos de lo que se debe hacer el primer día de clase (puede retocar la ficha según su conveniencia).

Actividades	Objetivos	Actividad del Docente	Actividad del alumno/alumna	Tiempo (50min)
1.				
2.				
3.				

2 ¿Cómo atender a los alumnos con necesidades especiales?

Probablemente, ocho de diez docentes cameruneses, no importa que sean de español o de cualquier otra asignatura, en algunas ocasiones se han sentido frustrados e impotentes ante el caso de los alumnos o las alumnas que vienen a clase y deciden no seguirla, o en el peor de los casos, se dedican a molestar. Dependiendo de con qué categorías o perfiles nos encontremos, son alumnos que generalmente demuestran no tener miedo a nada ni a nadie. Hay casos y casos, pero generalmente en clase cumplen las características siguientes: hacen el chulo, pasan por ser los graciosos de la clase, no les da vergüenza ser el hazmerreír de los demás, producen jaleo, se ponen agresivos y violentos a la mínima reacción de represión del docente, contestan sin respeto, no toman los apuntes, les gusta ser el centro de la atención, les gusta demostrar que son el macho alfa o la hembra beta en el aula, etc. Representan lo que solemos llamar en nuestro contexto *les delinquants de la classe*, los delincuentes de la clase o, en el peor de los casos, *los fumetas*. Pero aquí prefiero llamarles alumnos o alumnas con necesidades específicas. Insisto en esta expresión porque en realidad cuando ahondamos en el día a día de esos alumnos, nos damos cuenta de las causas o motivos por los que se portan de una manera específica y diferente al resto de los alumnos. No son personas que han nacido delincuentes, nadie nace delincuente, un buen alumno no nace, se hace. Son alumnos que, por unas circunstancias determinadas en sus vidas, han visto sus comportamientos y actuaciones moldearse negativamente.

Me parece sumamente importante reflexionar sobre esta cuestión porque es un tema muy preocupante. En los últimos años, hemos sido testigos de un acontecimiento escalofriante sobre un docente que falleció en el ejercicio de su labor, asesinado por uno de sus propios alumnos en el aula. En efecto, Boris Njomi Tchakounté (¡Que en paz descanse!), joven docente de matemáticas (26 años de edad) en el Instituto de Nkolbisson fue apuñalado en 2020 con el compás por un alumno tan solo porque el profesor le había regañado y le había expulsado de su clase. Desde entonces ha habido otros casos parecidos, alumnos que agreden verbal o físicamente a sus profesores en las aulas.

Figura 17 Violencia en el aula de ELE

A la luz de las observaciones de las prácticas docentes que hemos realizado en los *últimos* cuatro años en el marco del cursillo de los estudiantes de la Escuela Normal Superior en los institutos de Yaundé, hemos evidenciado que ante casos de los que hemos llamado "alumnos con necesidades específicas", muchos docentes de la educación secundaria se han rendido, limitándose a ignorar a esos alumnos y seguir impartiendo sus clases con los alumnos concienzudos y participativos. Les ignoran, ignoran lo que dicen y hacen. Lo triste es que ese/esos alumno(s) acaba(n) contagiando a otros con su mala e irresponsable actitud. Ante estos hechos algunos comentan: "*yo también quiero ver a mis hijos crecer*". En pocas palabras, no quieren correr el riesgo de regañarles y quizá acabar como el difunto profesor de matemáticas, una llamada de "no quiero morir ejerciendo".

Pero me parece fundamental subrayar que rendirse no es la solución. Es obvio que impartir clase y controlar un grupo de 60-100 alumnos y alumnas no es un asunto fácil, pero los docentes no debemos mostrarnos vulnerables, dominados y superados dejando que cada alumno haga lo que le da la gana en nuestra clase. Cuando era alumno, ya existía la masificación en las aulas, pero los docentes tenían el poder, nos imponían respeto e incluso miedo. Los docentes eran firmes y no dejaban que la mala hierba contagiara el campo que habían labrado o el campo que les tocaba labrar. Con la actitud que tenían y el respeto que imponía la figura del docente, no nos quedaba otra que cantar a su ritmo de la *música* que querían que cantáramos; sabíamos que solo había un director de orquesta. Un buen docente nunca tira la toalla. Por eso, en las líneas siguientes propongo unas ideas de plan de actuación para los que tengan en sus aulas algún o algunos alumnos o alumnas con necesidades específicas.

1 Detectar a los alumnos con necesidades especiales desde las primeras sesiones de clase y empezar a actuar.

Como afirma Cassany (2021), la regla de oro es observar atentamente a cada alumno, identificar los comportamientos extraños y anticipar las dificultades.

- La buena actitud contagia, la mala también. No deje que esos alumnos ganen terreno, sino acabarán contagiando a algún otro alumno con su mala actitud. **Hay que detectarlos lo antes posible para empezar a actuar**, sino se empoderarán en su estupidez.

- El objetivo de detectar a ese/esos alumno(s) es que no se debe dejar que crean que, hagan lo que hagan, no se hará nada. A veces cuando esos alumnos molestan, inconscientemente están pidiendo atención; hay que dársela, no se les puede ignorar porque al hacerlo les damos *más poder. ¿Qué significa darles atención?* ¿qué significa detectar y empezar a actuar?

2 Lo que no hay que hacer después de detectarlos

- **No busque usted confrontaciones o encaramientos en público**: Después de detectar a los alumnos con necesidades específicas, lo que debemos evitar es confrontarles ante sus compañeros. En ese terreno puede que te ganen, te dominen, que los pierdas definitivamente; puede que usted mismo pierda los nervios al escuchar lo que dirán o que el aula termine siendo un mercadillo.

- **No intente intimidarlos.** En muchos casos, esos alumnos quieren pasar ante sus compañeros por los jefazos y jefazas, los más fuertes, los chulos y chulas, los más graciosos y si buscas intimidarlos, puede que eso no funcione.

- **No intente ponerlos en evidencia o regañarlos ante sus compañeros.** Si a la primera o segunda llamada al orden, verbal o no verbal *sútil (mirada,* *mover la cabeza de un lado a otro, etc)*, no responden favorablemente, reste elegantemente importancia a su actuación si no se considerarán como el centro de atención. *Fíjese* con su cara y nombre, no con la idea de quitarle puntos en un examen o trabajo, sino con el objetivo de organizar una tutoría con él o tutorías grupales si se trata de un grupo.

— **No se ría con ellos, por mucho que lo que digan sea gracioso. Muestra firmeza y no debilidad.** Cuando ellos suelten comentarios para pasar por los graciosos de la clase, no se ría, sino usted les empoderará. Si lo hace les parecerá que incluso al docente le parece divertido lo que ellos dicen y hacen, por lo tanto, seguirán las bromas. Creerán que el docente no tiene carácter o personalidad. No se ría con ellos, ni se ría de ellos. O, a lo mejor, puedes partir de esta situación para hacer una charla pedagógica, reconducir la situación para llamarles la atención a todos. Ejemplo 1: "Anda, ¡qué gracioso! A mí también me gustan los chistes ¡eh! Pero tenéis que saber que hay un momento para todo. Este no es el momento para bromas. Cuando toque reírnos un poco, ya te pasaré la palabra, ¿vale? O se la pasaré a cualquiera que quiera contarnos algo divertido". Ejemplo 2: Tan solo mirarlo fijamente y sin sonreír, pero de manera discreta de modo que solo él recibe esa llamada a la atención no verbal ya que lo que quiere usted es comunicarse solo con él, no demostrar a toda la clase que le está amenazando con la mirada o mandando callar. Así, sútilmente, el docente ha llamado la atención del alumno y del resto de la clase; lo que nos lleva a tratar de lo que sí debemos hacer.

3 Lo que hay hacer después de haberlos detectado

a. Llamarles la atención sutilmente o elegantemente.

No se trata de encararlos, agredirlos o humillarlos, se trata más bien de hacerles saber que: "ese no es el camino", "aquí mando yo", "cuidado, no olviden que estamos en clase", etc. Podemos llamarle la atención a un alumno incluso con una simple mirada o contando a toda la clase una anécdota con moraleja de cara a la situación problemática que se ha dado en clase. Coincido en este sentido con Bassou (2022) que subraya que en algunas circunstancias, solo una mirada, un silencio o un aplauso por parte del docente impone el silencio más que gritar: '¡silencio!' o '¡callaos!'. Del mismo modo, la indumentaria del docente y su forma de circular, sentarse o su tono de voz, pueden o no imponer el respeto por parte de los alumnos. Tenemos que procurar que esos alumnos que molestan no se sientan ni humillados ni insultados, ni que les demos demasiada atención como si fuesen el centro del universo.

b. Hacer tutorías

— Actuar en este caso remite a hacer tutorías individuales y/o grupales con esos alumnos. Se recomienda más las tutorías individuales porque es un intercambio cara a cara, sin intermediarios ni antagonistas y, por lo tanto, el alumno está más propenso a abrirse si no está acompañado de otros compañeros. Las tutorías en este sentido son una especie cita o reunión de carácter orientativo e informativo entre el docente y su alumno. El docente al finalizar su clase, puede decir al alumno en cuestión que se espere un rato porque quiere hablar con él, usando siempre un tono asertivo, si no puede que este se ponga en la defensiva. Tiene que procurar escucharle más que darle lecciones. Lo típico es la figura del docente concienciador (que da consejos), pero creo que vale más la pena escuchar al alumnado en la primera tutoría, hacer que se sienta a gusto y hable libremente pues al abrirse nos está dando informaciones y datos importantes para saber cómo ayudarlo. No hace falta que la tutoría se haga en un espacio muy formal, como en el despacho del censor o en el claustro del profesorado. En las tutorías realizadas en espacios no formales (en el patio del colegio, en la calle de vuelta a casa, etc.) los alumnos colaboran más.

— En ese intercambio, no se trata de empezar a regañar al alumno por su mala actitud en clase. El objetivo del mismo es intentar conocer al alumnado, crear un vínculo con *él* y ganar su confianza. No se trata de entrar de lleno en la cuestión que nos interesa o preocupa (su actitud en clase), sino hablar con él con la intención de crear cercanía, que nos hable de él para conocerlo un poco más y así entenderlo y ayudarlo. Quizá es un alumno que solo necesita hablar de una cuestión que le preocupa, pero ni en casa ni en la escuela encuentra esa figura, ese referente, ese hermano/a con quien hablar. Respecto a la importancia de tener un trato cercano con sus alumnos, Cassany (2021:49) advierte que "algunos alumnos afirman que el mejor docente es el amigo o el que se comporta como un amigo". Crear esa cercanía, ese vínculo con él es lo más difícil pero cuando lo hemos establecido, por fin, podemos orientar la conversación hacia su actitud o comportamiento en clase, aunque no siempre es cuestión de decirle que mejore su actitud, debemos ser creativos. Por ejemplo, podemos decirle que nos ha parecido que tiene la actitud de un buen líder, que tiene una capacidad innata de impactar en los demás, que eso no todo el mundo lo tiene, porque es algo con lo que se nace. Después de ese comentario positivo sobre su personalidad y carácter, hemos ganado su atención. A continuación, podemos decirle que en todos los niveles y ámbitos de la vida, siempre hay un líder y que quieres que sea un líder ejemplar en tu clase, de los que nadie se olvida porque han impactado siempre de forma positiva en la vida de los demás.

Como subraya Cassany (2021),

> Pocos docentes estamos formados en 'acción tutorial'. Así, en esta situación nos comportamos como expertos, dando diagnósticos, fijando tratamientos y aconsejando al alumno, al que casi no hemos dejado hablar y que escucha callado y asustado. Luego constatamos que su rendimiento no mejora y concluimos que la tutoría no sirve. Cassany (2021:45)

Los docentes cameruneses debemos evitar caer en esta práctica tan común que comenta Cassany, pero que al fin y al cabo no ayuda a nadie. Perdemos nuestro tiempo y el del alumnado.

c. Hablar de ellos con otros profesores.

Después de detectar a ese/esos alumno(s) también podemos hablar con otros profesores de la misma clase para comprobar si molestan también en sus asignaturas y así comprobaremos si el problema es nuestra asignatura. A veces, hay alumnos que solo molestan en las clases de lengua porque no ven la importancia de las mismas, no tienen ninguna motivación por el aprendizaje. Si, al hablar con otros colegas, nos damos cuenta de que es ese el problema, entonces ya sabemos cómo plantear la solución respecto al mismo. En todas las aulas en Camerún, existe la figura del profesor titular de la clase, es decir, el profesor que se encarga de las responsabilidades administrativas y del seguimiento del rendimiento de los alumnos de dicha clase. También tenemos la posibilidad de plantear a ese docente la situación del(de los) alumno(s) con necesidades particulares ya que el profesor titular de la clase tiene a su alcance más vías de solución, entre ellas, solicitar que la administración convoque a los padres del alumnado en cuestión para hablar con ellos de la actuación de su hijo en las clases.

d. Hablar de ellos a las autoridades competentes (profesor responsable o titular de la clase, los consejeros de orientación, vigilantes generales del centro)

La **última** propuesta que hago es la de buscar solución dirigiéndose a otros profesionales del centro. Me parece que esta salida se plantea cuando el docente se da cuenta de que las tutorías que ha ido haciendo no están dando resultados favorables. En este caso, lo correcto no es decir: "Bueno, he hecho lo que he podido y no he llegado a resultados satisfactorios. Abandono" sino comunicarse con los otros profesionales del centro (profesor responsable de la clase donde está el alumno con necesidades específicas, consejeros de orientación del centro, vigilantes generales del centro, etc.) para que se busque una solución, quizá en este caso institucional, a la dificultad encontrada.

Además de estas medidas que he propuesto a la intención del profesorado, invito al gobierno a que tome sus responsabilidades de cara a garantizar la seguridad y el empoderamiento del profesorado en el ejercicio de sus funciones. El artículo 37 de la Ley de Orientación Educativa camerunesa, deja claro que "*l'État asume la protection de l'enseignant et garantit sa dignité dans l'exercice de ses fonctions*". Así pues, el gobierno debe propiciar las condiciones idóneas para facilitar la labor del profesorado. El respeto a los docentes que exigimos de los discentes, también debe exigirse al Estado y a la sociedad misma en general, ya que, si desde las altas autoridades estatales los docentes no reciben respeto y tratamiento digno, será difícil que los discentes y la sociedad en general los respeten. Así pues, la comunicación entre el gobierno y la comunidad educativa debe mejorarse para que juntos encontremos soluciones prácticas a los problemas que distorsionan la educación en Camerún. Por otra parte, los padres deben responsabilizarse del papel que les atañe respecto a la educación de sus hijos: hacer seguimiento adecuado, enseñarles valores, mimarles cuando haga falta pero también tener mano dura con ellos cuando toque. Enseñar a los hijos e hijas valores, como el respeto, empieza en casa. La violencia en los entornos escolares crece cada vez más y hay que tomar en serio este problema antes de que todo se nos vaya de las manos. Juntos tenemos que decir:

3. ¿cómo diseñar un curso de español?

Hablar de la estructura de una sesión de clase es sinónimo de hablar de la estructura de una secuencia didáctica. En palabras de Méndez Santos (2021:77), "las secuencias didácticas se plantean de manera lineal y se desarrollan siguiendo un esquema de inicio, desarrollo y cierre". Méndez Santos (2020) añade que la secuencia didáctica puede coincidir en su extensión con **una lección entera de un libro o solamente una parte.** En este sentido, una clase de ELE o de cualquier asignatura consta de tres partes principales: una introducción, un desarrollo y una conclusión. Cada una de estas partes se construye en torno a estas tres categorías de actividades. No en vano la misma Méndez Santos (2021) define las secuencias didácticas como grupo de actividades que se diseñan para alcanzar ciertos objetivos. De ahí que es fundamental organizarlas de manera adecuada para no olvidarse de ningún detalle importante: contenidos, materiales, tiempo disponible, etc. Cabe subrayar que por partes (macroestructura) no me refiero a las diferentes etapas (microestructura) de una clase, que son muchas (el saludo, la ambientación, la fecha del día, el repaso, la corrección de la tarea casera, etc.), sino las grandes articulaciones de una clase dentro de las cuales existen varias etapas. En didáctica o en docencia en general, se reconocen las partes de las que hablamos con el término "actividad". Así es como se habla **de la(s) actividad(es) inicial(es), la(s) actividad(es) de desarrollo y la(s) actividad(es) de síntesis o cierre**. A continuación, con ejemplos concretos del plan curricular para la enseñanza del español en Camerún, explicaremos a qué remite cada una de estas partes haciendo hincapié en el objetivo que se pretende perseguir en ellas.

3.1 La(s) actividad(es) inicial(es): introducción de la clase del día

Se trata de una actividad al iniciar la clase con el fin de introducir el tema nuevo que se va a estudiar. Se realiza justo después de los prolegómenos (saludos, ambientación, repaso y corrección de la tarea casera). No debemos empezar una clase dando la espalda a los alumnos y las alumnas yendo directamente a la pizarra para escribir el corpus: *el módulo, actividad, el ejemplo de situación de vida, los objetivos y el corpus (muestra de uso de la estructura lengua).* Eso nunca. Cuando se inicia una clase, debemos estar de cara hacia los discentes, hablando y conectando con ellos. Hay actividades previas que debemos realizar siempre para conectar con ellos e introducir la clase antes de pasar a poner esos elementos citados anteriormente en la pizarra. La actividad o las actividades iniciales sirven para despertar el interés, analizar los prerrequisitos, fomentar la escucha atenta y reflexiva, preparar a los discentes para la actividad de desarrollo, así como la motivación del alumnado hacia el tema que se va a estudiar. A partir de unas preguntas y/o de un soporte visual auténtico (objeto, fotografías, puesta en escena, etc.), llamamos su atención sobre el tema del día y activamos los conocimientos previos respecto a los contenidos a abordar y, si es preciso, prepararlos sobre el vocabulario clave del módulo o de la clase. Muchos docentes suelen leer un texto (actividad de desarrollo) y seguidamente preguntar a los discentes: "¿cuáles son las palabras difíciles del texto" o "qué palabras no entendéis en el texto". Cuando pasa esto, significa que no los hemos preparado para la lectura del texto en la actividad inicial, significa que no ha habido una tarea de prelectura. Antes de comenzar la lectura, como actividad inicial, podemos hacer una lluvia de ideas en torno al tema principal del texto o hacer junto con los alumnos un mapa conceptual desde el paradigma del enfoque léxico que les familiarice con el vocabulario del módulo o del texto a leer.

En definitiva, en la actividad inicial, gracias a ese intercambio mediante preguntas sencillas, los alumnos dan con el tema de la nueva clase y se percatan de lo que saben, lo que creen saber y lo que no saben sobre el tema nuevo, por ende, lo que aprenderán en la clase nueva. Ese ejercicio permite también explicitar y negociar los objetivos de aprendizaje para que el alumnado se los represente y sepa qué se espera de él o ella al finalizar la clase. A continuación, voy a coger un tema del programa del quinto curso de ELE (traducción: expresión de la condición realizable e irrealizable) para presentar un ejemplo práctico de lo que es una actividad inicial. Vamos a suponer que estamos en el módulo de ciudadanía y apertura al mundo.

1. Después de hacer los prolegómenos (saludos, ambientación, repaso y corrección de la tarea casera), el docente coge dos fotografías en las que se ve a un moto-taxista que, por no haber respetado los semáforos, ha tenido un accidente mortal. El docente enseña a sus estudiantes esas fotografías preguntándoles: "¿qué veis en las dos fotos?", "¿qué creéis que ha pasado?", "¿por qué ha pasado eso?".

    Primera observación: Los estudiantes están muy metidos en la actividad porque incorpora al menos dos de los sentidos humanos (la vista y el oído). Además, se trata de una escucha activa y reflexiva. Seguidamente está la situación de vida bien representada, hay una interacción real sobre un tema común de la vida real que encaja con el módulo "ciudadanía y apertura al mundo".

2. A la pregunta "¿qué veis?" los alumnos contestarán seguramente: [En la primera foto] "vemos una carretera", "una moto", "un autobús", "un semáforo en rojo", "unos peatones", "Un señor y una señora que van en moto", etc. [En la segunda foto], "vemos que los de la moto se han caído", "la moto ha atropellado a una persona", etc.

    Segunda observación: Al proceder de esta manera, en una clase que en teoría iba sobre el tema de la condición realizable e irrealizable (componente gramatical), estamos integrando otro componente de la competencia lingüística, el léxico (competencia léxica). Los alumnos describen las fotografías recurriendo al uso del vocabulario específico relacionado con el tema. El docente hace la remediación necesaria cuando no saben o pronuncian mal una palabra determinada. Además, procediendo así, la clase es muy interactiva (Véase destreza lingüística).

3. A la pregunta "¿qué creen que ha pasado?", los estudiantes contestarán "señor, ha habido un accidente", "la moto ha atropellado a una señora".

4. A la pregunta "¿por qué ha pasado eso?" los alumnos contestarán quizá: "porque nadie ha respetado el semáforo".

5. En este momento el docente dice: "¿Cómo se dice 'si un piéton respecte les panneaux de signalisation, il ne va pas se faire cogner par une moto »".

6. Alumnos: Los alumnos irán intentando, y así, el docente evalúa los conocimientos previos. Como estamos en el quinto curso, quizá acertarán: "si un peatón respeta el semáforo, una moto no le atropella(rá)".

7. Seguidamente el docente plantea otra pregunta: ¿Cómo se dice "si cette dame avait respecté le feu rouge, il y aurait pas eu un accident"?

8. Los estudiantes intentarán, a duras penas, pero no lo conseguirán por ser una forma difícil para expresar la condición. En este momento, dirá el docente, "Eso que no sabéis expresar es lo que estudiaremos hoy[17]. Entonces, ¿Cuál es el tema de la clase de hoy?" Los alumnos contestarán la condición en español. El docente remediará con "estudiaremos la expresión de la condición realizable e irrealizable. Y el objetivo es pues que cada uno sea capaz al finalizar la clase de expresar la condición realizable e irrealizable. ¿De acuerdo, alumnos?".

9. Así finaliza la actividad inicial. Al terminarla el docente dice "ahora abrid los cuadernos y escribid al mismo tiempo que yo". Pone en la pizarra desde el título de la clase hasta el corpus. NB. Tiene que leer mientras escribe en la pizarra para que al mismo tiempo que apuntan, los alumnos escuchen, agilicen los oídos y, así, practiquen inconscientemente la pronunciación.

Práctica docente nº 1. Actividad inicial sobre la expresión de la condición[18]: lo que Sí se debe hacer

---

17 Con tal solo decir esto, los alumnos ya saben el objetivo de la clase.

18 Se trata de un ejemplo de actividad inicial para una clase de estructura gramatical. Para una clase de comentario de texto, también debemos realizar una actividad inicial. Por ejemplo, si la clase va sobre el módulo "mass media y medios de comunicación", el docente no debe empezar la clase directamente con la lectura del texto (corpus). Primero debe ir planteando preguntas como: ¿qué es esto (enseñando su

Esta actividad inicial, así presentada parece un poco larga y elaborada, pero en realidad no lo es. Una actividad inicial no debería durar más de 5-7 minutos. Solo sirve para **introducir el nuevo tema a estudiar despertando el interés del alumnado, tener una idea sobre lo que saben los alumnos al respecto (prerrequisitos)** y **formular los objetivos de aprendizaje**. Se recomienda hacerla solo planteando preguntas a los discentes y si es posible apoyarse en alguna fotografía del manual oficial (libro de texto) o cualquier material auténtico (frutas, verduras, objetos reales o de madera a ser posible, etc.). No hay que escribir nada en la pizarra, a no ser que sea una palabra nueva para los alumnos. No hay que confundirla con la actividad de desarrollo. Hay que estar de cara a los alumnos, hablando con ellos, planteándoles preguntas que permitan **activar los conocimientos previos** e **incentivar su interés por el tema nuevo**. En contrapartida, a continuación, presentamos lo que no se debe hacer.

---

1. Después de hacer los prolegómenos (saludos, presentaciones, repaso y corrección de la tarea casera), el docente dice o bien "La clase de hoy trata de…", o bien "hoy vamos a ver un tema nuevo muy interesante, la expresión de la condición en español". Seguidamente se dirige a la pizarra y se pone a escribir, recomendándoles que abran sus cuadernos y escriban al mismo tiempo que él. Pone en la pizarra: Módulo, situación de vida, objetivos, los objetivos y el corpus.

2. Cuando los estudiantes terminan de apuntar todo, el proceso pasa directamente a realizar

    la actividad de desarrollo: lectura modelo del docente, lectura de los alumnos, análisis de la estructura a estudiar en el corpus, etc.

Práctica docente nº 2: Clase sobre la expresión de la condición sin hacer una actividad inicial: lo que NO se debe hacer

La segunda situación de clase representa lo que no debemos hacer por ser antipedagógico. Desafortunadamente, las observaciones de clases que hemos realizado en varios institutos de la educación secundaria en los últimos cuatro años, dejan entrever que muchos docentes, no sé si por desconocimiento o por negligencia, proceden como en el caso de la práctica de clase nº 2. El testimonio de la señora Beyala, profesora de español con 12 años de experiencia (véase íncipit de este capítulo) no es un caso aislado. No debemos empezar una clase de lengua escribiendo un montón de datos en la pizarra y dando la espalda a los alumnos y estos anotando cosas que no entienden. Hay que empezar la clase realizando una actividad introductora de forma oral, poniendo un **ejemplo de situación de vida** relacionada con el módulo y tema a estudiar (el accidente por incivismo de los usuarios, en nuestro caso), luego se pasa a describirla y analizarla para activar los conocimientos previos (lingüísticos y no

---

móvil o fotografías del libro sobre el tema)? ¿Para qué sirve? ¿Qué usaban nuestros/as abuelos/as para informarse? ¿Y los jóvenes qué usan?, etc. En pocas palabras la idea es la misma, introducir el tema a partir de un intercambio con los estudiantes con el fin de incentivar su participación e interés por el tema. Analizar los prerrequisitos y formular el objetivo de la clase.

lingüísticos) y por consecuencia llegar a lo que desconocen (lo que permite formular el objetivo de la clase). Al plantear la clase de esta manera, estamos respetando el principio de integración de las competencias: competencia lingüística (expresión de la condición en español), el saber y saber hacer (civismo, el deber de respetar los semáforos). Y así, el alumnado percibe la importancia en la vida real de lo estudiado y aprendido en la clase de lengua.

Tarea de reflexión 1: Entre las dos prácticas que exponemos a continuación, diga qué es lo que se debe hacer y qué no. Justifíquese.

Paso 1. Después de los prolegómenos, el docente empieza su clase enseñando a sus alumnos tres fotografías que representan una pequeña historia: en la primera imagen se ve un supermercado donde hay mucha gente. Todo el mundo lleva mascarilla (clientes y dependientes), excepto una persona, el dependiente Nkono. En la segunda fotografía se observa que Nkono en su segundo día de trabajo tose mucho y parece cansado y en el tercer día se le ve en una cama de un hospital.

Paso 2. El docente pregunta a sus alumnos que observen esas fotografías y les va planteando preguntas: ¿qué se observa en la foto 1? ¿Y en la 2? ¿Y en la 3? ¿Qué le pasa al señor? ¿Está enfermo? ¿Qué enfermedad pensáis que tiene? Y los alumnos van contestando hasta concluir que creen que ese señor tiene la Covid-19.

Paso 3. El profesor en la misma línea de la actividad anterior, pregunta a los alumnos qué saben sobre la COVID 19. Los alumnos contestan verbalmente y expresan sus opiniones y creencias sobre esa enfermedad. En la columna de la pizarra considerada como el basurero, el docente puede ir haciendo en forma de mapa conceptual el vocabulario clave sobre el tema de la Covid-19 (Véase enfoque léxico).

Paso 4. Según lo anterior, el profesor tiene una idea sobre los conocimientos previos. Y a partir de ahí les dice a sus alumnos que intenten formular prohibiciones de lo que no se debe hacer para evitar contraer la enfermedad. Los alumnos intentarán frases como: "No dejar de poner su mascarilla", "No ir a trabajar si se siente casado", etc.

Paso 5. El docente felicita a los aprendientes por sus intentos y preguntan si conocen el tiempo verbal que se usa en español para expresar la prohibición. Igual los alumnos contestarán "no". El profesor les dice que es el presente de subjuntivo y les informa que es el objeto de la clase del día. Asimismo les pregunta el presente de subjuntivo de algunos verbos para activar los prerrequisitos. **Paso 5***. [Eventualmente, si es que se tratase más bien de una clase de comentario de texto; después de la etapa 3] El docente somete a sus alumnos a la lectura de un texto sacado de internet sobre la COVID 19 en el mundo y la necesidad del respeto de las medidas de seguridad. Después de la lectura modelo, los alumnos leen dicho texto individualmente en voz baja y seguidamente en voz alta. Se aprovecha para trabajar el componente prosódico y léxico.

Paso 6. Seguidamente el profesor dice a sus alumnos que abran los cuadernos y apunten al mismo tiempo que él. Pone en la pizarra el tema de la clase, la situación de vida, el objetivo y el corpus.

Paso 1. Después de los prolegómenos, el profesor dice a sus alumnos que "hoy vamos a estudiar un tema nuevo. Hablaremos de una enfermedad que se convirtió en pandemia. Se trata de la Pandemia COVID 19. Es un tema muy interesante y veremos qué medidas de seguridad tenéis que respetar para no contraer esa enfermedad.

Paso 2. Seguidamente dice a los alumnos que abran los cuadernos y apunten al mismo tiempo que él. Pone en la pizarra el tema de la clase, la situación de vida y el objetivo.

Paso 3. [Eventualmente, si es que se tratase más bien de una clase de comentario de texto; después de la etapa 2] El docente somete a sus alumnos a la lectura de un texto sacado de internet sobre la COVID 19 en el mundo y la necesidad del respeto de las medidas de seguridad. Después de la lectura modelo, los alumnos leen dicho texto individualmente en voz baja y seguidamente en voz alta. Se aprovecha para trabajar el componente prosódico y léxico.

Práctica de clase 2

Cuando se hace una actividad de comprensión lectora (llamada comúnmente comentario de texto y explicación de texto en el contexto camerunés), no es recomendable proceder como el docente de la práctica de clase 2 (tarea de reflexión 2). Lo que hace el docente de la práctica 1 es lo que sí se debe hacer. En realidad, el tratamiento de las actividades de comprensión lectora, en la fase de la actividad inicial, se puede hacer con una contextualización del tema que se tratará en el texto apoyándose en la experiencia previa del alumno partiendo del análisis de una foto (tal como lo ha hecho el docente de la práctica 2) o del título del texto que se leerá. También se podrían plantear preguntas que acerquen a los alumnos a la temática del texto que se estudiará, permitiendo hacer una lluvia de ideas o un mapa mental sobre el tema a estudiar, analizar los prerrequisitos y familiarizar a los alumnos con el vocabulario clave que se verá en el texto. En pocas palabras les estamos preparando para la lectura del texto que leeremos. Si no tenemos tiempo para hacer todo esto en la fase inicial, podemos continuar en la actividad de prelectura. En realidad, la actividad inicial sirve para introducir el tema de la clase del día, pero la actividad de prelectura prepara el alumno a la lectura del texto aunque hay situaciones en las que ambos tipos de actividades se entremezclan y se hacen de manera integrada.

A modo de ejemplo, tenemos la actividad siguiente extraída de *Nueva Didáctica del Español 3*.

A. Lee el texto que viene a continuación.

La juventud y la drogadicción

El consumo de drogas suele iniciarse en la etapa de la adolescencia o la juventud, lo cual se ha convertido en una preocupación.

El Office for National Statistics del Reino Unido indicó que en ese país el 12% de los alumnos entre 11 y 15 años habían consumido drogas el pasado año (…). "El cannabis (marihuana) fue con mucho, la más utilizada" y que "a más de un tercio de estos jóvenes (el 35%) les habían ofrecido una o varias clases de droga".

Un informe respaldado por la Unión Europea revela también que entre la gente joven "es cada vez más habitual beber hasta emborracharse". El informe añade que el alcoholismo tiene, a corto plazo, consecuencias nefastas tales como accidentes, violencias y envenenamientos, así como problemas sociales y del desarrollo…

Además, el 25% se declara dependientes del tabaco, de los cuales el 69% son hombres y 31% mujeres.

En vista de lo mencionado el ex secretario general de Naciones Unidas, Kofi Annan, declaró: "La droga está destruyendo a la sociedad, fomentando el delito, esparciendo enfermedades como el SIDA, acabando con nuestros jóvenes y nuestro futuro".

Un informe del gobierno de Estados Unidos señala: "La drogadicción no es sólo problema de los pobres, las minorías o los barrios bajos…Afecta a personas de toda clase social y del país entero. Es un problema de todos".

El uso de drogas en la adolescencia es especialmente perjudicial ya que es un período de transición en el que siguen ocurriendo cambios corporales, afectivos, cognitivos y de relaciones sociales- Llega a ser de un gran riesgo para la salud de los jóvenes pues produce daños en el cuerpo tanto físicos como psicológicos: esterilidad, adicción, desnutrición, daños cerebrales o en otros órganos importantes, etc.

B. Vuelve a leer el texto apuntando 10 palabras que se refieren a la droga.

C. Contesta a las preguntas

— Tres plagas destructoras están señaladas en el texto. ¿Cuáles?

— ¿Qué otros tipos de droga conoces?

— ¿Has consumido droga alguna vez? ¿Alcohol? ¿Fumado? ¿Por qué motivo?

— ¿Por qué consumir drogas es malo para los jóvenes?

— ¿Qué consecuencias tienen para la salud?

— ¿Qué otros problemas conocen los jóvenes hoy en día?

Esta actividad de comentario o explicación de texto extraída del manual oficial de ELE en Camerún tal como está planteada carece de actividad inicial. Pero no por este motivo, el docente que quiera usar este texto como corpus para su clase, debe prescindir de la actividad inicial o introductora en la planificación de su secuencia didáctica. En este caso preciso, el docente plantea preguntas e interactúa con sus discentes para llamarles la atención y despertar su interés por el tema de la clase, analizar sus prerrequisitos:

1. ¿Sabéis lo que es una droga?

2. ¿Qué tipo de drogas conocéis?

3. ¿Es legal consumir drogas en Camerún?

4. ¿Alguna vez habéis probado algún tipo de droga?

5. ¿Sabéis qué es la drogadicción? ¿Conocéis a algún joven que sufre de eso?

Después de este breve intercambio, el docente anuncia el tema de la clase del día: "Bueno, como lo habréis adivinado, hablaremos del consumo de las drogas por los jóvenes. Leeremos y analizaremos un texto que trata de este tema. Al finalizar esta clase, cada uno debe ser capaz de hablar del consumo de drogas por los jóvenes, analizar sus causas y consecuencias en la sociedad y en su entorno cercano (instituto, su barrio, etc.). ¿Vale? Ahora abrid los cuadernos para apuntar el encabezado de la clase."

Me parece que da más gusto empezar una clase así, dialogando con sus alumnos, llevándolos a hablar, conectando con ellos, más que empezar la clase yendo a la pizarra a apuntar el encabezado de la clase y luego decir a los alumnos que abran sus libros en la página X del libro para la lectura del texto.

3.2 La actividad de desarrollo en una clase de estructura comunicación (gramatical): explicación de una muestra de uso de la lengua (corpus)

La actividad de desarrollo corresponde a la segunda gran articulación de la clase y es, de hecho, el momento en el que se invierte la mayor cantidad de tiempo. Tomando en cuenta la realidad camerunesa de ELE, la estructura interna de esta fase cambia si estamos en una clase de "estructura gramatical/estructura de comunicación" o si es una clase de "comentario de texto". A continuación, presentamos los pasos correspondientes según cada actividad de clase.

En una clase de estructura gramatical o estructura de comunicación, predomina la enseñanza de la competencia lingüística. Y como bien hemos presentado en el segundo bloque temático de este libro, **la competencia lingüística consta de varios componentes que hay que trabajar en el aula: la competencia léxica, la competencia gramatical, la competencia fonológica, la competencia semántica, la competencia ortográfica y la competencia ortoépica**. Con esto quiero llamar la atención de los docentes que se acostumbran a pensar que dentro de una actividad de estructura de comunicación o estructura gramatical solo se trabaja la gramática. Por otra parte, en una clase de estructura de comunicación debemos procurar trabajar todas las destrezas lingüísticas que la actividad nos permita enseñar, así como las competencias generales. Aunque en el contexto camerunés, la llamemos clase de gramática/estructura de comunicación, en la misma debemos incorporar otros componentes de la competencia lingüística (pronunciación, vocabulario, etc.), así como las habilidades lingüísticas y competencias generales que podamos.

La actividad de desarrollo en una clase de estructura gramatical se hace en varias etapas que giran en torno al análisis de una muestra de uso de la lengua para que los alumnos descubran la regla gramatical subyacente. En cada etapa de esa tarea de análisis del corpus, hay unos objetivos que se quiere trabajar o reforzar.

(i.) **Las lecturas del corpus**. Esta etapa viene marcada por la lectura modelo del docente, seguida por las del alumnado. La lectura modelo del docente debe ser lenta e inteligible. Además del hecho que se lee para comprender el corpus, aquí se aprovecha para trabajar la pronunciación haciendo hincapié tanto en los elementos segmentales como suprasegmentales. Algunos docentes piensan que la pronunciación solo se trabaja en los niveles iniciales lo cual no es correcto. Ya sea en el quinto curso de ELE o en los estudios universitarios, la pronunciación debe formar parte de las actividades formativas para llevar a los alumnos a pronunciar, entonar o articular bien los sonidos de la lengua que aprenden.

(ii.) **La observación del corpus**. Los/las alumnos/as observan el corpus para identificar los elementos (a veces subrayados por el profesorado o por los mismos discentes) que hacen referencia a la noción que se estudiará. Lo hacen por intuición y les guía lo que hemos hecho en la actividad inicial. Después de las lecturas, el docente dirige a sus alumnos preguntas de tipo: ¿Qué observáis en el corpus? Si los alumnos perciben por sí mismos elementos que tienen que ver con la noción que se quiere estudiar, irán identificándolos mientras el docente los subraya en todo el corpus. Seguidamente se pasa al segundo paso.

(iii.) **La manipulación del corpus.** Este paso también podría llamarse análisis del corpus. El objetivo de esta etapa es, yendo frase tras frase, llevar a los discentes a entender el uso específico de la estructura lingüística a estudiar/analizar, haciendo hincapié en la forma y el significado. Para ello, aquí se puede ir planteando a nuestros alumnos preguntas del tipo: ¿Qué representa(n) el/los elementos subrayados? ¿Qué elementos de la primera frase se refieren a la estructura que queremos analizar/estudiar? ¿Cuál es la naturaleza de la palabra X? ¿Cuál es su función? ¿Para qué sirve? ¿Está en singular o plural? ¿Con qué concuerda (complemento o sujeto)? ¿Qué relación tiene con la palabra que la antecede? ¿Cuál es el sujeto del elemento *subrayado?, ¿Es variable o invariable?, ¿Por qué pensáis que la estructura que estudiamos cambia en la frase 2? ¿Qué significa la frase? ¿Qué quiere la persona que habla?, ¿Qué quiere decir con X? etc.* La finalidad de plantear estas preguntas sobre cada frase y progresivamente en todas las frases que componen el corpus es conseguir que los aprendices entiendan el uso del componente gramatical objeto de estudio en cada frase. Se manipula el corpus para que los alumnos entiendan los diferentes usos del componente gramatical objeto de estudio.

En esta etapa, la expresión e interacción oral es la destreza lingüística más trabajada. Hay que precisar aquí que solo les planteamos preguntas que realmente son importantes para que entiendan la forma y el uso de la estructura estudiada. No hay que plantearles preguntas inútiles o innecesarias. He visto a varios docentes sudar y tartamudear en esta etapa porque no saben qué preguntas plantear a los alumnos. **La clave está en ponerse un poco en la piel de los aprendices y preguntarles cosas que les permitan entender el uso o los usos de la estructura gramatical a estudiar**. Son preguntas de comprensión, igual que las que se plantean para llevar al alumnado a entender un texto sin que tenga que parecer un interrogatorio. Tampoco se trata de plantear preguntas porque sí, solo porque sea la etapa en la que se analiza el corpus. **Es muy importante subrayar que no solo debemos hacer preguntas que remiten a la forma, sino también centradas en el significado. La comprensión de la frase en algunas situaciones ayuda muchísimo para entender el uso de la forma lingüística objeto de estudio.**

Es imprescindible que a la hora de diseñar actividades para llevar al aula, los docentes nos preguntemos siempre si "la ejecución de tareas conlleva un uso comunicativo de la lengua en el que la atención del alumno se enfoca hacia el significado más que hacia la estructura lingüística" (Nunan, 1996:10). Debemos preguntarnos siempre si la secuencia didáctica que llevamos al aula o nuestra manera de explicar la noción gramatical objeto de estudio permite que sus "alumnos comprendan, manipulen, produzcan y se comuniquen en la lengua meta centrando su atención más en el significado que en la forma" (Nunan, 1996:10). Como subraya (Cots et al., 2007:67) debemos asegurarnos de que "las tareas generan necesidades lingüísticas". Y "solo cuando el alumnado es consciente de esta necesidad, tiene sentido la reflexión" sobre la dimensión funcional de la lengua (Cots et al., 2007:67). De ahí la necesidad de usar como corpus textos comunicativos que representan situaciones de la vida en las que un usuario usa la lengua. Cada vez más hay que evitar frases sueltas, sosas y sin un contexto comunicativo claro y coherente.

(iv.) **La sustitución**. Se trata de comprobar si los estudiantes al finalizar la etapa anterior son capaces de sustituir algunos elementos en las diferentes frases del corpus por otros elementos de la misma naturaleza, pero no del mismo género o número procurando hacer que las frases sigan siendo correctas. El objetivo de esta etapa es comprobar por ejemplo si al cambiar un sujeto singular por un sujeto plural, los alumnos pueden concordar otros componentes (notablemente el componente que se quiere enseñar) de la frase para mantener la gramaticalidad de la frase.

143

(v.) **La producción oral**. En esta etapa los estudiantes tienen que formular sus propias frases inspirándose del modelo de las frases del corpus estudiado. Es la etapa en la que confirmamos si realmente han entendido el principio del tema gramatical estudiado y si, por consiguiente, pueden formar sus propias frases. Una vez más sigue siendo la expresión oral la destreza lingüística más trabajada. Así pues, puede concluirse que aquellos que piensan que en clases de gramática (componente gramatical), resulta difícil trabajar la expresión oral se equivocan en toda regla.

(vi.) **La restitución de la regla**. En esta última fase, se formula la regla gramatical subyacente en el corpus. Son los alumnos quienes la formulan y dan ejemplos. El docente corrige las aportaciones de los discentes y escribe la regla en la pizarra para que los alumnos la apunten. Es el momento de abrir otra vez los cuadernos. En las etapas anteriores (observación, manipulación, sustitución), es importante que los discentes mantengan sus cuadernos o libretas cerradas. Deben centrarse en el corpus, observarlo y analizarlo junto con el profesor para entender el/los uso(s) de la estructura de la gramática objeto de aprendizaje.

Me parece sumamente importante destacar que si un docente hace la observación, manipulación, sustitución, producción mientras los alumnos están haciendo otra cosa (por ejemplo, tomar apuntes), lo más seguro es que no participen activa y oralmente en la clase y, por consiguiente, no entiendan la regla gramatical que queremos enseñar. **En nuestras clases, debemos procurar marcar el ritmo de la ejecución de las tareas, sobre todo en los niveles iniciales**. Mientras estamos de espalda escribiendo en la pizarra (tema de la clase, objetivo de la clase, ejemplo de situación de vida, corpus, etc.), los alumnos también deben de estar escribiendo al mismo tiempo. Después de escribirlo nosotros, les dejamos tiempo para que terminen mientras el docente va circulando por el aula prestando atención en si realmente están tomando notas en sus cuadernos y cómo lo llevan. Hacemos comentarios para animarlos a escribir bien (mejorar su escritura/letra), a tomar notas rápidamente, etc.

Una vez han terminado, empezamos el análisis de la muestra de la lengua en uso. Cuando estamos de cara a ellos, interactuando y planteándoles preguntas, debemos decirles que dejen de escribir ya que es el momento de escuchar atentamente y participar de forma activa respondiendo a las preguntas formuladas por el profesor. Todo lo anterior, tanto la parte macro como la parte micro, se presenta en una ficha de preparación de la clase que puede presentarse a la manera siguiente:

144

ETAPAS DE LA CLASE		OBJETIVOS PEDAGÓGICOS	ACTIVIDADES DEL PROFESOR	ACTIVIDADES DE LOS/ LAS ALUMNOS/ AS	CONTENIDOS/ Recursos	DURACIÓN 50 min
PROLEGÓMENOS (6-8 minutos)	Saludos y ambientación	Inculcar buenos modales. Favorecer un clima de colaboración Cautivar la atención de los alumnos Conectar con los alumnos. Destensar el ambiente.	El profesor les pregunta cómo están. Seguidamente, puede plantear preguntas sobre un tema de interés educativo o de actualidad sobre un evento que ocurrió unos días antes u ocurrirá los días siguientes en el instituto, en el país, a nivel internacional. También les puede decir que se levanten y recojan la basura del aula o que salten, depende de cómo les ha encontrado: si les ve cansados, dormidos, etc. **Por ejemplo**: ¿Cómo han ido las vacaciones? ¿Os habéis enterado de lo que ha pasado esta mañana en el cole? ¿Ayer visteis las noticas sobre lo que ocurrió en Yaundé?, etc.	Contestan y dialogan con el docente	Diálogo Interacción	2-3 min
	Fecha del día	Los alumnos son quienes la ponen en la pizarra y la leen. El docente se fija en si está bien escrita.			Fecha	1 min
	Repaso de la última clase	Plantear a los alumnos preguntas sobre la clase anterior.			Preguntas Interacción	1-2 min
	Corrección de la tarea casera	Asegurarse de que los aprendices han hecho la tarea casera. Asegurarse de que los alumnos asimilaron la clase anterior, a partir de la corrección. Premiar quienes hayan acertado a todas las preguntas para motivar a los demás a comprometerse con su aprendizaje. Consolidar los aprendizajes			Preguntas/ Interacción	2-3 min

	Introducción de la clase del día	Introducir la clase del día. Fomentar la participación activa de los alumnos desde el inicio. Averiguar y activar los prerrequisitos Despertar el interés de los alumnos por el tema objeto de enseñanza Apreciar el objetivo de la clase y darse cuenta de su importancia para la comunicación en la LE	Partiendo de una situación de la vida real, el docente plantea preguntas a los alumnos que giran en torno al tema de clase. Esas preguntas permiten averiguar los prerrequisitos, determinar qué saben, qué desconocen sobre esa situación. Y a partir de ese juego, los alumnos descubren el tema que se va a estudiar. Al finalizar esta actividad, el docente dice a sus alumnos que abran los cuadernos y apunten a mismo tiempo que el docente apunta en la pirzarra. El profesor se dirige a la pizarra, la divide en tres o cuatro partes. En la primera columna a la izquierda de los alumnos, pone: Módulo X, Clase de X, situación de vida X, objetivos de la clase. En la segunda columna escribe el corpus. Es importante que lea mientras vaya escribiendo en la pizarra, sobre todo en los niveles iniciales.	Los alumnos tienen los cuadernos cerrados, los bolígrafos sobre la mesa y dialogan con el docente. Al finalizar esta actividad, abren los cuadernos y apuntan cuando el docente se lo diga.	Preguntas/ Interacción Fotografía Objetos	3-5 min
ACTIVIDAD INICIAL **(3-5 minutos)**					
ACTIVIDAD DE **DESARRO-LLO** **(25 minutos)**		La actividad de desarrollo se hace en varias etapas. En cada etapa hay unos objetivos que se quiere trabajar o reforzar.	(i) **La lectura del corpus**.		2 min
			(ii) **La observación del corpus**.	2 min	
			(iii) **La manipulación** del corpus.	5-7 min	
			(iv) **La sustitución**.	3 min	
			(v) **La producción**.	3-4 min	
			(vi) **La restitución de la regla**.	5-6 min	

ACTIVIDAD DE CIERRE (10-12 minutos)	Ejercicio de consolidación	Averiguar sihan adquirido la estructura enseñada	5-6 min
	Tarea casera	Proponer una actividad para que los alumnos sigan practicando en su tiempo libre lo estudiado en clase.	4 min
	Rellenar el cuaderno de texto y pasar la lista		2 min

| En nuestro despacho o en el claustro de profesores | **Observaciones (mi experiencia con la realización de la secuencia y mis comentarios para una próxima lección):** .... |

Tabla 9 Ficha de planificación didáctica de una clase de estructura de comunicación

Las etapas presentadas en la actividad de desarrollo y síntesis corresponden relativamente a la propuesta que plantea Martín Peris (2016:482) para el tratamiento del componente lingüístico o gramatical en el aula de ELE. Esa propuesta se resume en dos grandes tipos de actividades: las actividades de **sensibilización sobre la forma lingüística** y **las actividades de práctica**.

a. Actividades de sensibilización

- Se suministran a los aprendientes datos que ilustran el rasgo, al tiempo que también se les puede facilitar una regla explícita que los describa o explique.

- Los alumnos realizan un esfuerzo intelectual para entenderlo (lo que hemos llamado observación y manipulación).

- Las **actividades están orientadas al conocimiento**, es decir, a la comprensión de un rasgo y a la clarificación de posibles malentendidos.

- Se les puede pedir, aunque no necesariamente, que formulen una regla para describir el rasgo en cuestión (lo que hemos llamado restitución de la regla).

b. Actividades de práctica

- Los alumnos deben producir frases que contengan el rasgo lingüístico en cuestión (lo que hemos llamado sustitución y producción).

- Los alumnos realizan un ejercicio de utilización del rasgo (lo que hemos llamado tarea de consolidación).

- Las **actividades están orientadas al éxito**, es decir, a la producción correcta
- Se proporciona a los/as alumnos/as retroalimentación -inmediata o retardada- acerca de la corrección de sus enunciados.

NB: Es importante recalcar que en una clase cuyo objetivo principal es desarrollar la competencia gramatical (llamada en nuestro contexto *clase de estructura gramatical*), también debemos incorporar otras competencias y no limitarnos tan solo a la competencia gramatical, la que obviamente es el objetivo principal de la clase. A modo de ejemplo, a continuación, presento una tarea de consolidación que se podría proponer a los discentes después de haber enseñado el uso de ser y estar. Como se podrá comprobar, esta tarea de consolidación también permite trabajar el conocimiento del mundo hispano (competencia sociocultural)lo que permite implementar el principio de integración de competencias en la práctica docente, y así, se resuelven dos situaciones.

Actividad. Completa con ser o estar y descubrirás algunas curiosidades sobre el mundo hispano.

Muchos españoles (son/están)……………………morenos o castaños.

Mario Vargas Llosa (es/está)……………… peruano y español.

España (está/es)……………… dividida en 17 comunidades autónomas.

La avenida más ancha del mundo (está/es)…………… en Buenos Aires.

Barcelona y Madrid (son/están)……………… las ciudades más habitadas de España.

 Antigua (es/está)………………una bella ciudad de Guatemala.

El 40% de la población de esta ciudad (es/está)…………… casada.

Caracas (es/está)………………muy bonita, pero (es/está)………… muy ruidosa.

Los argentinos (son/están)…………………muy amables.

Santiago (es/está)……………… la capital de Chile.

Muchas calles de Antigua no (son/están)……………… asfaltadas.

Cuba (es/está)…………… una isla.

México D. F. (es/está)…………… la ciudad más populosa de Hispanoamérica.

Quito (es/está)………………un ciudad interior.

(Extraído de Nuevo sueña 2, **2019:12)**

3.3 La actividad de desarrollo en una clase de comentario o explicación de texto

Según Lázaro Carreter y Correa Calderón (2004), el comentario consta de los siguientes momentos o fases:

— Lectura atenta del texto.

— Localización.

— Determinación del tema.

— Determinación de la estructura.

— Análisis de la forma partiendo del tema.

— La conclusión.

La metodología del comentario de texto que se practica en los institutos de Camerún no dista mucho de esta propuesta. Cabe subrayar que aquí estamos en la fase de las actividades de desarrollo, precedida de las actividades iniciales de las que ya hemos explicado el procedimiento en el apartado anterior. Para una clase de comentario de texto (segundo ciclo) o de explicación de texto (primer ciclo), la estructura interna/ actividad de desarrollo de la clase está marcada por tres articulaciones que explicamos a continuación:

a. Actividades de prelectura:

Se trata de un conjunto de actividades que se realizan en o fuera del aula para suscitar en el alumno las ganas de leer el texto, así como facilitarle informaciones previas que permiten que la lectura sea fácil, amena y conduzca a la comprensión del texto. Los objetivos de estas actividades son múltiples. Como advierte Albaladejo García (2007), por una parte, a través de estas pre-actividades, enseñamos el nuevo vocabulario con el fin de hacerlo familiar y que el comienzo de la lectura sea una experiencia fácil y gratificante para el alumno. Por otra parte, pueden ser usadas para explorar los temas principales que aparecen en el texto, para extraer los pensamientos y sentimientos de los estudiantes acerca de los mismos, y por último, y más importante, con este tipo de tareas conseguiremos despertar el interés y la curiosidad de nuestros educandos por leer el texto. Ejemplos de actividades de prelectura:

— **Lluvia de ideas y contextualización**: decir a los alumnos que digan qué opinan sobre el tema que estudiaremos al comentar el texto. Con eso activamos los prerrequisitos y detectamos prejuicios, estereotipos, ideas preconcebidas que tienen y, así podremos ver cómo (de)construir conocimientos nuevos.

— **Tarea casera**: Decir a los alumnos que lean el texto en casa y busquen palabras difíciles en el diccionario o preparen preguntas de comprensión que plantearán a sus compañeros cuando comentemos el texto en clase. Como señala Collie & Slater, citado por Albaladejo García (2007:17), "si el texto es extenso, lo más razonable será combinar la lectura en casa con el trabajo en clase".

- **Predicciones**: Hacer predicciones sobre el contenido del texto usando el título, las imágenes, las palabras o una frase clave del texto, así como los personajes, el contexto o el nombre del autor. Eso suscita luego las ganas de querer leer el texto para comprobar si las hipótesis hechas se corroboran o no. En realidad, todos reproducimos este modelo a la hora de procesar una información textual; nadie coge un libro y lo empieza a leer sin haberse fijado en el título, la portada, el nombre del autor, el año de publicación, el prólogo, el índice, etc. para hacerse una idea antes de comenzar a leerlo.

- **Mapa conceptual**: Realizar un árbol conceptual de las palabras claves del texto y explicarlas a partir de los sinónimos, antónimos o colocaciones. Así pues, el tratamiento del léxico debe ser abordado desde ese enfoque en la actividad de prelectura con el fin de familiarizar al alumnado con las palabras y unidades de palabras que verá posteriormente en el texto lo que facilitará su comprensión. A modo de ejemplo, si en una lección comentamos un texto sobre los medios de comunicación, podemos preparar a los alumnos en el descubrimiento y comprensión del vocabulario clave haciendo un mapa conceptual/asociagrama o red de palabras y unidades léxicas o colocaciones relacionadas con los conceptos clave del texto que vayamos a leer.

Se recomienda, por tanto, una flexibilidad en la planificación y aprender a aprovechar espontáneamente lo que surge en el curso de la clase. Si después de leer un texto sobre el consumo de alcohol, un estudiante pregunta **qué significa estar borracho** (figura 6), podemos ampliar la información colocacional y diseñar un lexicón para aumentar el tiempo de exposición (input) sobre la información respecto a ese concepto clave, tal como sugiere Lewis (2000). Así, si el texto aporta otro vocabulario en torno a ese tema, aprovechamos para hablar de ello.

Figura 18 El léxico desde los enfoques léxicos

De esta manera, el profesor puede proporcionar al estudiante no sólo el concepto *estar borracho,* sino también las colocaciones que puede necesitar para hablar del consumo del alcohol con más seguridad (Lewis 2000: 21). Álvarez Cavanillas (2008) opina que conviene trabajar las colocaciones desde los niveles iniciales y acostumbrarnos a anotarlas en la pizarra. Así, como ilustra la figura 7, extraída de Álvarez Cavanillas, si en el curso de la clase aparece la palabra *trabajo*, es interesante ampliar la información con los verbos que suelen acompañar a este sustantivo y con algunos adjetivos (ejemplo tomado de Higueras García, 2006).

Figura 19 Asociagrama a partir de la palabra trabajo

b. Las actividades a realizar durante la lectura del texto

La lectura del texto es la segunda etapa en la actividad del comentario de texto. Como en una clase de estructura de comunicación, el docente hace la lectura modelo. Seguidamente, designa a unos alumnos para leerlo también. Además del hecho que se lee para comprender el texto, aquí se aprovecha para trabajar la pronunciación haciendo hincapié tanto en los elementos segmentales (pronunciación de los fonemas vocálicos y consonánticos, sílabas) como suprasegmentales o prosódicos (acento, entonación, ritmo, pausas, etc.). Una buena lectura facilita la comprensión del texto, mientras que una mala la dificulta; no es lo mismo escuchar: *¿has comido*?" y *"has comido"* o ¡Sal! y ¿Sal? Por otra parte, es más fácil para un tercero prestar atención cuando se lee bien que cuando se lee mal. Tanto en el primer ciclo como en el segundo, la lectura fomenta en los aprendientes las competencias fonológicas (percepción y producción).

Un mal hábito que tiene que cuestionarse en la Educación Secundaria es la práctica que consiste en leer el texto, bastante extenso, directamente de manera colectiva y en voz alta sin haber realizado una lectura silenciosa e individual de los alumnos. Si se practica la etapa de una primera lectura individual y silenciosa, cada alumno leerá el texto y tratará de entenderlo, según su ritmo y técnicas de lectura y compresión. Seguidamente, cuando se pasa a la lectura en voz colectiva en voz alta, cada uno ya se ha hecho una idea del contenido. Si no da tiempo para practicar la lectura individual y silenciosa en el aula, siempre podemos decir que los alumnos la hagan en casa antes del día de la clase presencial.

En resumen, durante la lectura del texto podemos realizar las actividades siguientes:

— **Pronunciación**: Trabajar la pronunciación en sus dimensiones segmentales y suprasegmentales.

— **Lectura explicada/comentada**: A medida que vayamos leyendo, si el texto es muy extenso, podemos plantear preguntas a los alumnos sobre cada párrafo para asegurarnos de que va entendiéndolo y asignar un título a cada párrafo a modo de idea general. Así estamos practicando el principio de integración de destrezas, leer e intercambiar opiniones.

— **Preguntas que guían la lectura**: Antes de leer el texto, les proponemos unas preguntas sobre las ideas principales del texto. Así, mientras leen el texto pueden subrayar elementos que remiten a esas preguntas.

c. Las actividades de postlectura

(i) El tratamiento del componente léxico (si es que no hemos explicado esas palabras clave en la actividad de pre-lectura). Es importante subrayar que no se trata de ponerse a explicar todas las palabras nuevas del texto. Un error que plantea la clase de comentario/explicación de texto en nuestro contexto es que después de la lectura del texto, muchos docentes suelen plantear a sus alumnos la pregunta siguiente: *¿cuáles son las palabras difíciles del texto?* A los alumnos eso les encanta. Incluso los que nunca participan se motivan a decir algo. Y después de apuntar las palabras señaladas por los discentes, los profesores se ponen a explicarlas palabras tras palabras, a veces de manera descontextualizadas y otras veces convocando abusivamente la lengua de escolarización (francés). A veces, hay situaciones en que el docente se agobia por la interminable lista de palabras difíciles que están dando los discentes y les suelta un: *"vale, vale, ya está"*, perdiendo, así, un poco el control. ¿Usted se reconoces en esta práctica? ¡Por favor, no lo haga más! Lewis (1997) desaconseja esta pregunta típica de «¿qué palabra no entendéis?» y propone, en cambio, llamar la atención de los aprendientes de un número determinado de expresiones y colocaciones en el texto con el fin de explicarlas en un contexto situacional.

De las clases que he observado en la secundaria, en el marco de la formación continua de los estudiantes de la ENS de Yaundé, cuando se plantea esta situación, los profesores nunca llegan a realizar el 50% de su planificación ya que pasan de clases de comentario de texto a clases de explicación del vocabulario. Es un error tremendo que todavía se da en nuestros colegios e institutos. Eso tiene varias explicaciones. La primera es que algunos docentes no realizan la actividad inicial y/o de prelectura en la que, entre otras cosas, el docente puede plantear preguntas y hacer una lluvia de ideas o mapas mentales o árbol conceptual que permiten familiarizar al alumnado con las palabras claves del tema del texto que se va a leer.

La segunda explicación, a mi modo de ver, es que hay **una microdestreza de la comprensión lectora que pocos docentes cameruneses trabajan en las aulas: la inferencia**. "La inferencia es la habilidad de comprender algún aspecto determinado del texto a partir del significado del resto" (Cassany y al, 1994:218). Los docentes de ELE debemos trabajar la capacidad de nuestros aprendientes de inferir el significado de una palabra desconocida a partir del contexto de uso. Tenemos que acostumbrar a nuestros discentes a ello y llevarlos a abandonar la idea que el docente les tiene que explicar automáticamente cada una de las palabras que desconocen del texto. Por otra parte, debemos llevarlos a ser conscientes de que pueden desconocer una palabra determinada de la primera, segunda o tercera frase del texto, pero aun así entender dichas frases, y, por consiguiente, todo su contenido. **Los docentes debemos llevar a los aprendices de lengua extranjera (sobre todo los principiantes) a abandonar esa obsesión de leer siempre con el diccionario en la mano para buscar todas las palabras desconocidas**, sin importar cuáles son palabras claves y cuáles no. Incluso cuando leemos un texto en nuestra lengua materna, a veces nos encontramos palabras que desconocemos, pero nunca nos bloqueamos y nos obsesionamos en buscar obligatoriamente sus significados antes de seguir la lectura. Eso se da porque tenemos la capacidad de inferir más desarrollada en nuestra lengua materna, y así, partimos del contexto gramatical de la frase o párrafo para inferir el significado de las mismas. Los docentes debemos despertar esta conciencia sobre el aprendizaje del léxico entre el alumnado camerunés, debemos procurar hacer lo mismo, cuando sea necesario, ante la lectura de un texto en lengua extranjera. Como dice Méndez Santos, (2022:151), "es necesario proporcionarle estrategias para entender los textos incluso cuando no se conozcan todas las palabras, así como enseñarle a usar bien un diccionario".

Los docentes deben abandonar la tradicional tendencia de aprendizaje del léxico que consiste en llevar a los alumnos a elaborar listas de palabras en español traducidas en la lengua de escolarización. Debemos implementar el uso de los enfoques léxicos en nuestras prácticas docentes.

Los enfoques léxicos entienden que el vocabulario se almacena en el cerebro a modo de red, lo que se conoce como lexicón. El hecho de que esa información léxica en el cerebro se almacene en redes cambia la forma de entender cómo hay que enseñarla [...]. Por lo tanto, en el aula no solo se deben trabajar palabras aisladas sino también multipalabras: colocaciones frecuentes (el cotexto, es decir, palabras que suelen aparecer juntas, como dar un paseo o antiguas pesetas), expresiones institucionalizadas (¡que aproveche!) y expresiones idiomáticas, como refranes y frases hechas (me vale madre). Todas estas palabras no tienen significado por sí solas, por eso es necesario enseñarlas en bloques (chunks). Por todo ello, vamos a dejar de emplear el concepto de palabra para hablar de unidades léxicas, que es más apropiado para hablar de todas ellas de forma global. (Méndez Santos, 2022:150).

Eso significa dar la espalda a técnicas de enseñanza/aprendizaje del léxico que promueven el aprendizaje de lista de palabras y sus traducciones en la lengua de escolarización (francés) de los alumnos. Debemos enseñar unidades de palabras para ensanchar el vocabulario del aprendiz y llevarlo a descubrir las numerosas posibilidades de uso de la palabra nuclear tal y como hemos explicado en la fase de las actividades de prelectura.

(ii) **La presentación del texto:** Aquí se identifica la tipología textual, la autoría, se sitúa el mismo en el tiempo y el espacio, se habla de los personajes y, si es preciso, de la relación que existe entre estos y se determina el argumento o la idea general. En los estudios universitarios es lo que se considera como el estudio de los elementos paratextuales; en didáctica, se habla de modelo de procesamiento analítico (Top down/de arriba abajo), es decir, partir de las generalidades del texto antes de adentrarse en el mismo. Ir de lo general a lo particular. Se plantean preguntas abiertas que nos permiten situar el texto (localización espacial y temporal del texto, tipo de texto y justificación, los personajes, argumento (idea principal del texto).

(iii) **La estructuración del texto por unidades temáticas a los que se propone un título y, finalmente, se plantean algunas preguntas cerradas, semiabiertas y abiertas sobre el texto leído**. En didáctica, esta etapa corresponde a lo que se conoce con el nombre de modelo de procesamiento sintético (bottom up). Se parte de lo particular a lo general, vamos de la comprensión de las unidades pequeñas a las grandes (palabra, frase, párrafo, comprensión del texto por unidades temáticas, comprensión del texto en general, etc.). Las preguntas abiertas pueden permitir hacer debate y juegos de rol para llevar al alumnado a dar su punto de vista final sobre los temas desarrollados en el texto y, así, contextualizamos la situación a nuestra realidad cercana (si es que el texto tenía otro contexto diferente al de los discentes). En el primer ciclo la extensión de los textos suele ser bastante reducida por lo que, en el primer y segundo curso de ELE, no hace falta hacer la estructuración del texto por unidades temáticas para entenderlo. Por otra parte, en el primer ciclo las preguntas planteadas para comprobar si los alumnos han podido descodificar el contenido del texto son más sencillas.

En niveles avanzados, donde se usan textos más extensos, es recomendable hacer que los alumnos tengan un primer contacto con el texto antes de la clase presencial. En realidad, muchos docentes de la secundaria cometen un gran error, los alumnos descubren el texto al estudiar el día de la clase y después de dos lecturas (lectura modelo del profesor, lectura de los alumnos), empiezan a plantear preguntas de comprensión de texto a los alumnos, y, además, todas son preguntas abiertas. Cuando los alumnos no contestan a dichas preguntas, el docente se enfada, pero no se imagina que quizá sea porque no les ha dado tiempo de procesar la información, por eso no han entendido el texto.

Me pregunto lo siguiente: ¿cómo puede un docente leer un texto más de dos veces en casa, y a veces incluso usar un diccionario para buscar el significado de algunas palabras que desconoce para poder entender el texto y poder preparar correctamente su clase, pero luego pensar que los alumnos lo van a entender después de dos lecturas? Por consiguiente, para evitar esta situación, se recomienda dar a los alumnos la oportunidad de que se familiaricen con el texto en casa antes del día de la clase presencial. Eso facilitaría el desempeño docente en las clases de explotación de texto y la comprensión del mismo por el alumnado. Los discentes no deben descubrir el texto una vez llegados a clase, tienen que tenerlo a su disposición antes de la clase presencial para poder practicar con el mismo una **lectura intensiva**. En este caso, una vez llegado a clase, se realiza una lectura **focalizada o de exploración (scanning)** y la **lectura globalizada (**skimming). Así pues, practicar el modelo de clase invertida que hemos recomendado en el Capítulo I también debe ser aplicado en las clases de comentario de texto.

(iv) **Llamar la atención de los discentes sobre el uso de algunas estructuras linguisticas ya estudiadas y presentes en el texto**. Para implementar la integración de las competencias y demostrar la continuidad del acto didáctico, se puede también llevar a los alumnos a observar y reflexionar sobre el uso de algunas estructuras gramaticales ya estudiadas recogidas en el texto para comprobar si todavía las tienen presente. En cuanto a las estructuras desconocidas, podemos anotarlas y usarlas como corpus para la próxima clase.

3.4 La actividad de cierre o síntesis: consolidación de los aprendizajes

En esta fase, las actividades propuestas tienen que permitir la transferencia de los conocimientos aprendidos en la etapa anterior y su aplicación a la resolución de problemas o situaciones prácticas en diferentes contextos, para consolidar los nuevos aprendizajes y reconocer su utilidad. En **una clase de estructura gramatical**, esta etapa corresponde a las tareas de consolidación y por extensión a la tarea casera (traducción, redacciones, ejercicios de llenar espacio en blanco, etc.). En cambio, en **una clase de comentario de texto**, esta etapa corresponde a la contextualización e intereses del texto comentado (los alumnos contextualizan lo leído o aprendido a las realidades o problemas de su país y emiten un juicio de valor, terminando con eventuales soluciones a la problemática planteada) y por extensión a la tarea casera (o bien una traducción para practicar una estructura lingüística enseñada o por enseñar, o bien una redacción que lleva a plantear un situación problema del contexto cercano relacionado con el tema estudiado). Se puede proponer como tarea casera que los discentes redacten un correo para el autor en respuesta a lo que dice en su texto o un correo a uno de los protagonistas dándole consejos. Si se trata de un poema, los alumnos pueden aprenderse algunas estrofas y recitarlas. Si es la letra de una canción, en casa pueden hacer karaoke. Cambiar el estilo de algunas frases (estilo directo e indirecto, carta formal a carta informal, etc.), resumir el texto, escribir un texto de la misma tipología que el texto leído, etc.

 Como actividad de cierre también se puede analizar la intención del autor a partir de su experiencia propia o de su contexto cultural. A modo de ejemplo, si se ha leído un texto sobre el uso de las redes sociales por los jóvenes españoles, como actividad de cierre el docente plantearía a sus alumnos preguntas del tipo: *¿Y vosotros, usáis redes sociales? ¿qué opináis sobre el uso de las redes sociales por la juventud camerunesa? Últimamente hemos visto algunos casos de jóvenes que cada vez cuelgan más fotos y videos íntimos en las redes: ¿qué opináis de eso?, ¿lo relatado en el texto hubiera terminado igual si el contexto de la historia fuera tu país, tu pueblo?,* etc.

4. Hábitos de los docentes cameruneses que hay que poner en cuestión

— **Empezar la lectura del texto sin haber hecho actividades de prelectura**. En las clases de comentario de textos en la educación secundaria, muchos docentes se ponen a leer un texto (lectura del docente, lectura de los alumnos) sin haber preparado de antemano a los alumnos a la comprensión del mismo, ni sin haber realizado actividades que despiertan la curiosidad y las ganas de leer en los discentes. Las actividades de prelectura son fundamentales para que la experiencia de leer el texto y comentarlo sea significativa.

— **Ponerse a leer un texto y una vez terminadas las dos primeras lecturas (lectura del docente y lectura de los alumnos) preguntar a los alumnos cuáles son las palabras difíciles del texto.** Cuando pasa esto, la clase se convierte en una sesión de explicación de casi todas las palabras del texto o traducción de las mismas al francés. Y generalmente cuando termina esta etapa, al docente ya no le queda tiempo para hacer lo que había previsto hacer antes de entrar al aula; deben limitarse a explicar el vocabulario clave para la comprensión del tema objeto de análisis y antes de empezar la lectura.

— **Terminar la lectura del texto y luego poner en las palabras claves en la pizarra y explicarlas.** No es coherente explicar las palabras claves después de la lectura, lo mejor es hacerlo antes de la misma para que al leer se entienda con facilidad el texto. Por supuesto no hace falta explicarlas todas las palabras difíciles del texto, hay que limitarse a explicar las palabras clave. Tampoco debemos olvidar que los alumnos tienen una capacidad de inferencia que les puede permitir entender algunas palabras según el contexto de uso en el corpus.

— **Hacer dos lecturas del texto (lectura modelo del docente + lectura de los alumnos) y empezar a dirigir a los alumnos preguntas difíciles para el comentario del mismo (*¿de qué habla el texto?, ¿en cuantas partes podemos dividir el texto?,* etc.).** Seamos razonables, cómo nosotros los profesores podemos leer un texto en casa, a veces con un diccionario entre las manos para entender palabras difíciles, y una vez en clase después de dos lecturas le planteamos preguntas de este tipo). Y a veces cuando no contestan, nos ponemos de los nervios y nos enfadamos. Igual si no contestan es porque no los hemos preparado para entenderlo. Los modelos de procesamiento de la información incluyen el modelo analítico-top down (partir de lo general a lo particular) y el modelo sintético-bottom up (partir de lo particular a lo general). Debemos compaginar ambos modelos en nuestras prácticas docentes. En pocas palabras, debemos realizar primero actividades que les faciliten la comprensión del texto (explicar las palabras clave en las actividades de prelectura, partir del título del texto/imágenes presentes en el mismo/contexto de escritura, nombre del autor, el espacio, etc. para preguntarles que se imaginen de qué habla el texto, introducir correctamente el tema objeto de estudio en la actividad para introducir la clase para que perciban el objetivo de la clase y lo tomen en cuenta al leer el texto, etc.)

- **Interrumpir demasiado la lectura para corregir errores de pronunciación de los alumnos**. No debemos obsesionarnos por corregir todos los errores de lectura, si no la lectura es pesada y los alumnos ya no se centran en la comprensión del texto, cuando algunos de estos errores no son errores como tales, son más bien lapsus. Podemos anotar algunos y al finalizar la lectura les decimos a los alumnos que tengan cuidado con la pronunciación de los sonidos o palabras tales. En este caso, fomentamos una corrección colectiva.

- **No proponer como tarea a los alumnos la lectura del texto en casa antes del día de la clase presencial**. Es mejor decir a los alumnos que lean el texto en casa (dadlo como tarea casera) para que la actividad de comentario sea amena y digestiva.

- **Confundir a los alumnos planteándoles preguntas de poco interés (que no lleven a la comprensión ni interpretación del texto leído) tan solo porque hay que seguir un guion de preguntas de comentario de texto ya preestablecido.** Los inspectores pedagógicos proponen una guía de preguntas para el comentario de texto que muchos docentes siguen a rajatabla en sus prácticas, a veces sin ninguna reflexión. Los docentes debemos tener en cuando que esa guía de preguntas, como bien lo indica su nombre, es solo una guía y hay que saber usarla según el tipo de texto que nos toque comentar en clase. He observado varias clases en las que los docentes pierden más de cinco minutos preguntando una y otra vez a sus alumnos después de la lectura de un texto sin personajes: *¿Hay personajes en el texto? ¿Quiénes son los personajes del texto?* ¿Para qué preguntar eso si sabemos que no hay personajes? También he visto a docentes preguntar a los alumnos: *¿En cuántas partes se puede dividir el texto?*, después de leer un pequeño diálogo. Por su tamaño y especificidad, en los diálogos generalmente no es necesario preguntar eso. Cuando comentamos un texto en el aula, cada pregunta debe cumplir con un objetivo específico que favorezca la comprensión e interpretación del texto. No debemos plantearles preguntas cuyo objetivo es perder el tiempo o simplemente porque estas preguntas están en la guía que han facilitado los asesores pedagógicos.

5. Algunos criterios para diseñar actividades significativas e ideas de recursos

Los docentes no debemos limitarnos a los modelos de actividades que están en el manual o libro de clase: para unas clases significativas debemos diseñar actividades significativas. Se trata de actividades (motivadoras) que despiertan el interés de los aprendientes y promuevan un aprendizaje cooperativo, experiencial y comunicativo de la lengua, y, por ende, garanticen buenos resultados (desarrollo de la competencia comunicativa). A continuación, enumeramos unos criterios que convendría tomar en cuenta a la hora de diseñar actividades.

a. Contextualizar el corpus o adaptarlo a una situación de vida de los alumnos. Las muestras de uso de la lengua (corpus) son el punto de partida para llevar a los alumnos a comprender cómo funciona el sistema lingüístico de la lengua meta. Esas muestras de uso de la lengua deben ser llamativas y de interés para los discentes. Deben ser frases que despiertan algo en los alumnos. Por ejemplo, la onomástica (nombres de personas) o la topografía (nombres de espacios) del corpus debe contemplar también la realidad cercana de los alumnos. No sirve estar siempre usando los mismos nombres que representan solo una cultura en los corpus: Juan, María, Pablo, Madrid, Barcelona, etc. Tenemos que seguir las recomendaciones de la Ley de Orientación educativa que hace referencia a la necesidad de formar a ciudadanos arraigados en su cultura, pero abiertos al mundo. Por lo tanto, la muestra de la lengua en uso (corpus) también debe acercar al alumnado a su idiosincrasia. En una clase sobre el grado del adjetivo o bien sobre los números ordinales o bien sobre el pretérito indefinido, usar frases significativas como las que vienen a continuación llevarían a los alumnos a aprender la gramática prestando atención tanto en la forma como en el significado, así como activaría emociones positivas en los discentes: *"El primer presidente de Camerún fue Ahmadou Ahidjo. El segundo y actual presidente se llama Paul Biya"*, *"El riesgo de contaminación al Covid 19 es más elevado en España que en Camerún"*, *"Hay más desechos, al lado de los cubos de basura, en Bonas que en Bastos"*, *"El bocadillo de carne de cerdo (pain-porc) de la rotonda Bastos es el mejor de Yaundé"*, *"En España, se come más jamón que en Camerún"*, etc.

b. Usar más textos comunicativos que frases sueltas o textos narrativos o informativos como corpus tanto para las actividades que llevemos al aula como en las actividades para hacer en casa. De mi experiencia de investigador observando clases en los institutos, puedo decir que la gran mayoría de los docentes no suelen usar **textos comunicativos (cartas, correos electrónicos, CV, recetas de cocina, encuestas, una solicitud de trabajo, cartas de motivación, anuncios, etc.)** como corpus ni en sus clases de gramática ni en las de explicación de texto. En las clases de explicación o comentario de textos, casi solo usan textos argumentativos, expositivos, explicativos, narrativos y, en menor medida, diálogos. En las clases de gramática, los docentes cameruneses casi siempre recurren a frases sueltas y muy a menudo inconexas. Eso hace que las clases resulten monótonas y aburridas. **Utilizar un texto comunicativo permite que nuestros alumnos, más allá de fijarse en como la forma lingüística correcta o incorrecta, intenten entender el significado de lo que se expresa. En este caso prestan atención tanto en la forma como en el significado.** Por otra parte, le permite reflexionar con más facilidad sobre el uso de la muestra de la lengua en contexto de comunicación. Los textos comunicativos tienen de particular que reflejan la tipología de texto que los alumnos/ciudadanos leerán y escribirán en la vida real. "Son textos que no han sido elaborados originariamente para la enseñanza, sino que cumplen otras funciones sociales, en otros contextos: publicidad, prensa, correspondencia personal (…)" Cassany y al. (1994:237). A este respecto, Cassany y al. (1994) advierte que con la aparición de nuevas metodologías y, sobre todo, del enfoque comunicativo centrado en el uso de la lengua y en las necesidades de los alumnos, la práctica habitual del uso exclusivo de redacciones está desapareciendo:

> Se argumenta que en la vida real no se escriben redacciones, que se trata de un tipo de texto que sólo existe en la escuela y que, además, presenta unas características comunicativas sustancialmente distintas del tipo de textos sociales que normalmente todos debemos producir. Por todo esto, se ha propuesto que se sustituya en la práctica escolar por la carta, la nota, el currículum o el informe, o por otros textos escritos reales. (Cassany y al. 1994:278)

Por otra parte, hay que puntualizar que los textos comunicativos dan más juego al docente para integrar otras competencias y destrezas lingüísticas en la actividad que está desarrollando en el aula. A modo de ejemplo, en una clase de gramática sobre el imperativo negativo o positivo, lo ideal sería utilizar una receta de cocina en la que se dice lo que se debe hacer o no para cocinar un plato determinado (paella, gazpacho, tortilla de patatas, rizoto, ndolé, etc.). Procediendo de esta manera además de enseñar la competencia gramatical (con el objetivo de aprendizaje: *Que el alumno sea capaz de usar el imperativo positivo o negativo para expresar la prohibición y dar órdenes*), estaríamos enseñando también el componente cultural (con el objetivo de aprendizaje: *Que el alumno sea capaz de apreciar/cocinar/elaborar la receta de un plato típico español y compararlo con un plato camerunés*).

A continuación, presentamos unos ejemplos de recursos para el aula que encajan en la categoría de lo que consideramos como textos comunicativos y que permiten trabajar todas las competencias y subcomponentes de las competencias que hemos presentado en el Capítulo 1.

Ejemplo 1: Uso de un anuncio como corpus en una tarea.

Tarea: Sandrine y Miguel son una pareja que va a pasar un fin de semana en Kribi. Para buscar un lugar donde dormir, entran en una página web. Lee los anuncios y contesta a las preguntas.

160

Piso céntrico bien comunicado con la estación de autobuses. Viejo, pero reformado, con puertas y ventanas nuevas. Con terraza. 1 dormitorio con 1 cama doble. Otros servicios: internet, 1 baño, teléfono y terraza. Precio: 35 000 fcfa/noche	Apartamento muy moderno, exterior, bien comunicado con la playa. En el barrio de Mekalat. Tiene dos habitaciones con camas individuales y una sala de estar. Con calefacción central. Dos dormitorios con camas individuales. Otros servicios: 1 baño, ascensor y televisión. Precio: 40 000 fcfa/noche	Preciosa casa a las afueras de Kribi, a 20 minutos del centro. Con salón, cocina, 2 cuartos de baño y jardín. Perfecta parar pasar unos días con amigos. 3 dormitorios con 1 cama doble y 4 individuales. Otros servicios: calefacción, 2 baños, jardín, garaje y lavadora. Precio: 55 000 fcfa/noche

1. Si vas con un amigo a Kribi, ¿cuál te gusta más? ¿Por qué?

2. Si vas con tu familia a Kribi, ¿Cuál te gusta más? ¿Por qué?

3. **¿Por qué es más caro el precio del alojamiento del anuncio c?**

4. Imaginemos que la pareja llama a un casero para tener más información. Simula esta llamada con tu compañero de clase.

5. **¿Cuáles son los sitios turísticos que pueden** visitar en Kribi?

6. Compara:

— Kribi/Yaundé. **Ejemplo**: Kribi es más bonita que Yaundé porque tiene playa.

— Parque natural de Waza/ Parque de Mvogbeti.

— Estatua de la Reunificación/Estatua de la Independencia

— Duala/Yaund**é**

— Marua/Dschang

— Museo Nacional de Camerún/Museo de las Civilizaciones de Dschang

— Avión/bus.

Ejemplo 2: Uso de una publicación de Facebook como corpus

Ejemplo 3 Uso de un texto dialogado en una actividad de gramática

Tarea: Completa la conversación con el pretérito indefinido de los verbos señalados:

A. Kenfack: Ayer fue mi cumpleaños. ¡Ya tengo 30 años!

B. Ndongo: Vaya, ¡felicidades! ¿Dónde ....(estar)?

A. Kenfack: ....(ir) a un restaurante senegalés con mis amigos.

B. Ndongo: ¿Qué....................(comer/vosotros)?

A. Kenfack: Todos..................(pedir) mafe.

B. Ndongo: ¿Qué tal lo .... (pasar)?

A. Kenfack: Nos lo .... (pasar) muy bien y nos .... (reír) mucho. Por cierto, ¿cuándo es tu cumpleaños?

B. Ndongo: ....(ser) ayer.

A. Kenfack: ¡Anda! ¡Qué casualidad! ¡Muchas felicidades! ¿Por qué no me ....(invitar)?

B. Ndongo: ¡Gracias! Hombre, **tú** tampoco me ....(invitar) a tu fiesta.

A. Kenfack: ¡Bueno, no pasa nada! El año que viene lo celebramos juntos.

B. Ndongo: Vale, amigo.

NB. Este texto dialogado puede ser usado también como corpus para una clase sobre el pretérito indefinido. Basta con poner las respuestas correctas y tenemos un texto completo.

Ejemplo 4. Uso de una carta como corpus

Querido Roberto:

Te escribo esta carta desde la habitación de mi hotel en Córdoba. Mis amigos y yo estamos de viaje por Andalucía. El hotel es estupendo, tiene de todo: restaurante, piscina, pistas de tenis... y unas vistas preciosas. Mañana vamos de excursión por el barrio judío y visitaremos la Mezquita. Al **día siguiente** iremos a Sevilla, y el último día tendremos una cena de despedida en el restaurante del hotel.

Nos vemos a la vuelta.

Besos.

María

Ejemplo 5. Uso de una encuesta como tarea casera

ENCUESTA: A tu amigo le toca recoger datos sobre el uso de los medios de transporte por la juventud camerunesa. Lee la encuesta que ha diseñado, corrige las faltas y explícale cada una de ellas.

1. ¿Qué medio de transporte utilisas normalmente?

   - metro, - autobús, - coche, - moto, - otro:.............................

2. ¿Cuál dinero gastas aproximadamente en transporte durante un mes?: - 10 000 fcfa, - 15 000 fcfa, - 50 00 fcfa, - 3 000 fcfa, - Otro:................

3. ¿Qué medio de transporte preferes para hacer viajes largos?

   - Avión   - Tren   - Bus   - Barco   - Otro:............

4.   4. ¿Crees que el transporte público en Camerún es:

   - Barato   - Sucio   - Cómodo   - Rapido

Ejemplo 5: Uso de una receta de cocina

Un plato estrella

El ceviche es el plato más conocido de la cocina peruana y, hoy en día, se puede encontrar en cartas de restaurantes de todo el mundo.

Ingredientes.

- 1 kilo de limones

- 3 dientes de ajo picados

- 4 cebollas cortadas a lo largo

- 200 gramos de rocoto molido o ají limo

- 2 ramitas de cilantro picado fino

- Sal y pimienta

Preparación:

- Corte el pescado en rectángulos de 2 o 3 cm aproximadamente.

- En un recipiente de vidrio coloque el zumo de limón, la sal, la pimienta, el ajo y el rocoto y mézclelo todo.

- Ponga el pescado en este líquido, revuelva y deje marinar algunos minutos.

- Añada la cebolla y el cilantro en el momento de servir.

- Acompañe el cebiche con hojas de lechuga enteras (haciendo de base), yuca hervida o patatas fritas.

Adaptado de Bitácora 3, P. 47.

A partir de esta receta de cocina se puede trabajar, entre otros, el imperativo, el vocabulario sobre los alimentos y el conocimiento sociocultural.

— **Ejemplo 5: Uso de una canción (Véase capítulo 4.).** No es un ejemplo de texto comunicativo en términos absolutos, pero también sería interesante que los docentes explorasen esta tipología de recurso.

c. Considerar el campo léxico del módulo a la hora de escoger el corpus.
Una de las dificultades que tienen los docentes principiantes de ELE a nivel de la selección del corpus es pasar por alto el hecho de que todas las actividades que realicemos en el marco de un módulo deben permitir trabajar el componente léxico de dicho módulo. En otras palabras, incluso en una clase de gramática, el léxico presente en las frases seleccionadas por el docente debe corresponder al léxico de dicho módulo. Debemos intentar ampliar, siempre que podamos, el vocabulario de los alumnos para que sean capaces de utilizar todo el vocabulario básico en torno a dicho módulo. La selección de frases no se hace por capricho o por criterios fantasiosos del docente.

d. Pensar en la dimensión conocimiento (lo cognitivo, el saber) –competencias (lo psicomotriz, habilidades, saber ser y saber hacer) -actitudes (lo afectivo) a la hora de diseñar las actividades o los objetivos de aprendizaje. Los métodos tradicionales de enseñanza **abogaban por una enseñanza de transmisión de conocimientos. A la hora de evaluar al alumnado, esos métodos focalizaban la atención en su capacidad de memorizar y recitar los apuntes. La clase estaba centrada en una dimensión: los conocimientos, los contenidos**. Se trabajaba solamente la capacidad del discente de adquirir conocimientos y, luego, ponerlos por escrito en un examen, como para demostrar que los ha adquirido. Eso fomentaba un aprendizaje a corto plazo, porque los alumnos memorizaban los apuntes solo para poner en la hoja de evaluación, cuando llegue el momento, y aprobar.

No obstante, con **los enfoques basados en las competencias, también se presta atención en la capacidad del alumnado de movilizar los conocimientos o recursos para desenvolverse en la sociedad de manera competente, resolviendo o solucionando cuestiones de índole social**. Es decir, su capacidad de reflexionar y actuar según los conocimientos. Esa dimensión promueve un aprendizaje duradero por ser reflexiva, experiencial y contextualizada a la realidad social de los alumnos. **La parte emocional del cerebro humano también condiciona el aprendizaje, así como nuestro actuar en la sociedad, de ahí nuestra obligación profesional de tomarla también en cuenta**. A la hora de diseñar actividades de aprendizaje, los docentes debemos pensar en las tres dimensiones para que nuestros alumnos sean ciudadanos competentes en y para la sociedad. Los discentes no solo deben adquirir conocimientos sino habilidades, competencias y actitudes favorables para el aprendizaje como para y con la sociedad.

e. No limitarse a la enseñanza mediante la instrucción directa. Compaginar la instrucción directa con la instrucción indirecta. Como hemos definido, al iniciar este capítulo, la instrucción en el ámbito de la docencia remite al acto de realizar acciones pedagógicas que posibilitan el aprendizaje en los discentes. La instrucción, en pocas palabras, es la acción de instruir. Instruir es enseñar, es impartir una clase, es dar a conocer. El tipo de instrucción remite a cómo se lleva a cabo el acto de enseñar. En este apartado, hablaremos de dos tipos de instrucciones: la directa y la indirecta. La instrucción directa "hace referencia a la práctica en que el docente expone, explícitamente, aquello que desea que los estudiantes aprendan y propone las actividades concretas que realizan para consolidar su aprendizaje" (Ruiz Martín, 2020:254). La instrucción directa se asemeja a la clase magistral en la que el máximo protagonista del proceso de enseñanza/aprendizaje es el docente. Expone de manera explícita el contenido de la clase, los alumnos toman apuntes y, luego, realizan unas actividades de consolidación para practicar lo aprendido. Este es el modelo de instrucción por el que hemos sido formados y sigue siendo el que más prevalece en muchos institutos y colegios. Siguiendo las recomendaciones de la EIBC, proponemos que los docentes cameruneses practiquen también la enseñanza mediante la instrucción indirecta que posibilita un alto nivel de participación y responsabilidad del alumno dentro y fuera del aula. En este caso, no todo viene o depende del docente como en la instrucción directa. Los tipos o modelos de actividades de aprendizaje que podrían realizar los docentes cameruneses para hacer posible este cambio de paradigma son: la clase invertida, el aprendizaje basado en proyectos, las ponencias, el aprendizaje cooperativo, los talleres, los clubs de lectura, el canto o el teatro, etc.

Capítulo 04
La corrección del error en la tradición socioeducativa camerunesa

"Fíjate en algo, un anglófono habla más fácilmente el francés que un francófono habla el inglés. ¿Sabes por qué? Porque en el sistema francófono no se corrige mucho los errores como en el sistema anglófono. Si lo has notado en la escuela si una persona habla y hace una falta, recibirá ese nombre hasta el final del curso (risa). Por ejemplo, si comete un lapsus y dice "yo sabe que..." todos sus compañeros de clase le darán esto como apodo durante todo el curso". Sí, sí. Eso crea frustraciones, a mí me pasó mil veces, que quería hablar español, pero no hablaba porque decía ¡uy! si hago una falta" (Ottou)

(Testimonio de una informante camerunesa, Trabajo de Fin de Máster, KEM-MEKAH KADZUE, 2011:153)

1 El análisis contrastivo: el error como fracaso o fenómeno no deseable

Tradicionalmente, que sea en el ámbito de la enseñanza de idiomas que en cualquier otro ámbito del saber, el error nunca ha gozado de buena fama. Siempre ha sido visto como algo que se debe evitar a toda costa, por ser considerado como sinónimo de la palabra *"fracaso"*. La civilización humana desde el principio de la humanidad siempre ha considerado el error como algo negativo: torpeza, fatalidad, ignorancia, pecado, etc. Esa visión tradicional, o tradicionalista, sigue pesando hoy en día en las cogniciones tanto de los aprendientes como de los docentes; es difícil deshacerse de las costumbres o hábitos del pasado, cuesta deconstruir lo que durante mucho tiempo se había considerado como lo correcto. Por lo tanto, no es de extrañar que la estudiante camerunesa de la cita que introduce este capítulo hable de esas creencias negativas sobre el error que a su parecer reinan en el contexto camerunés, según su opinión, sobre todo en el sistema educativo francófono. En el ámbito de la enseñanza de idiomas, la visión tradicionalista que se tuvo sobre el error dio a luz la teoría del *análisis contrastivo* (en adelante AC).

En realidad, el origen del AC, según las referencias bibliográficas sobre el tema, se remonta al final de la Segunda Guerra Mundial en Estados Unidos. Debido a la incorporación al sistema educativo estadounidense de los hijos de inmigrantes de orígenes no anglófonos, se planteó el problema del aprendizaje del inglés por esos alumnos, pues sus producciones orales o escritas estaban repletas de errores. Algunos teóricos sostuvieron que esos errores se debían a las interferencias negativas de la lengua materna (LM) de esos alumnos. A raíz de eso, Fries (1945) consideró esencial la comparación de la(s) lengua(s) materna(s) de esos estudiantes con la lengua meta (el inglés en este caso) a la hora de dar clase e incluso de diseñar material didáctico. ¿Quizá te estés preguntando por qué esa comparación? En realidad, se promueve la comparación de la LM y la lengua que se enseña para detectar todos los aspectos que podrían ser fuentes de errores. Surge la teoría del AC para "cazar" esos errores que podrían surgir en las producciones lingüísticas de los estudiantes. En una palabra, **la finalidad de este ejercicio es localizar aspectos donde pueden darse los errores y prevenirlos a la hora de enseñar.**

En palabras de Galindo Merino (2016:144), según el AC, "el error [cuyo origen es la LM[19]] constituía un hábito pernicioso, intolerable, que a toda costa había de ser erradicado. En las prácticas docentes, la corrección era sistemática e inmediata, y el principal objetivo de la docencia era evitar los errores" para no generar malos hábitos. Por lo tanto, los teóricos del AC proponían "un aprendizaje sin errores a través de la repetición de baterías de frases que insistían en los puntos que se preveían como conflictivos, que de ese modo llegarían a mecanizarse (pasivamente) de forma correcta" (Fernández, 1995:206). En este sentido, la teoría de aprendizaje que encaja en este paradigma es el conductismo. El alumnado tenía que repetir y memorizar lo correcto respecto a aspectos conflictivos LM/lengua meta y si aun así se daban errores en su producción oral o escrito, eso significaba que no había adquirido hábitos correctos. Por tanto, tenía que ser castigado (refuerzo negativo) para que esa mala conducta no volviera a darse.

A modo de ejemplo, para un alumnado francófono, en una clase de ELE cuando el docente enseña la preposición A, en sus prácticas docentes debe hacer una comparación entre el uso de ambas preposiciones en español (A) y en francés (À). Para trabajar la predicción de errores, el docente dirá a sus estudiantes que para expresar el destino (movimiento de una persona hacía un lugar) en francés puede usarse las preposiciones **A** y **EN** (Je vais à Duala, Je vais en France, etc.), pero en español solo se puede usar la preposición **A** para expresar el movimiento de un lugar a otro (Yo voy a Duala, yo voy a Francia, etc.). Se le propondrá muchos ejercicios o frases con esta estructura correcta para que las lea y las aprenda de memoria. Por eso, el método

---

19 Una de las críticas que se hizo al AC fue que los hablantes nativos también cometen errores hablando sus lenguas propias y estos no tienen nada que ver con las interferencias de ninguna lengua.

audiolingual es uno de los métodos que triunfó entre los adeptos de aprendizaje por repetición de hábitos. La finalidad de ese aprendizaje por repetición y memorización es la de predecir errores como: "Voy en* Francia". Para consolidar ese conocimiento se realizarían ejercicios de rellenar espacios en blanco, repetición y memorización de la estructura enseñada. La finalidad es que el alumno de lenguas extranjera interiorice el hábito de decirlo correctamente y que nunca cometa ese error. Estamos ante una clase que plantea como meta evitar que los alumnos cometan errores, pues es indicio de que no han adquirido hábitos correctos.

Este planteamiento sobre las creencias y el tratamiento del error en el aula ha infundido en los alumnos el miedo de cometer errores e incluso el temor de arriesgarse en la lengua meta, el miedo de ser castigado o de ser un eventual motivo de burla de otros compañeros. No sorprende, pues, que en una investigación realizada unos años atrás (Kem-mekah Kadzue, 2016), un 76,7% de los docentes cameruneses encuestados señale que en sus clases "cuando alguien comete un error, los alumnos se burlan de él". Ahora bien, no sería inoportuno preguntarse, ¿equivocarse no significa que uno está aprendiendo? ¿El error que comete el alumno, más allá de ser indicio de fracaso, no es una fuente de información inestimable para plantear una intervención pedagógica? Estos son los tipos de preguntas que empezaron a plantease otros teóricos e investigadores, lo que dio lugar al surgimiento de la interlengua y del análisis del error.

2 La Interlengua y el análisis del error: el error como regalo para el aprendizaje.

A partir de los años 70, el concepto del error deja de considerarse como algo negativo y comienza a apreciarse su utilidad. Según Fernández (1997), las aportaciones de las nuevas corrientes en lingüística, psicolingüística y sociolingüística arrojaron fuertes críticas a los planteamientos básicos del AC de manera que poco a poco se empezó a dar la espalda al aprendizaje por repetición y formación de hábitos. En el ámbito de la lingüística, Chomsky rechaza el modelo conductista. Según la perspectiva chomskiana, todos nacemos con una facultad innata (Dispositivo de Adquisición de Lenguas) de aprender una lengua y la adquisición es un proceso reflexivo y creativo. Los errores pasan de ser elementos que distorsionan el aprendizaje a ser considerados muestras reales del aprendizaje del alumnado sujetas a análisis por el docente para determinar el/los estadio(s) de adquisición del idioma (interlengua) por los que naturalmente pasa el alumno. Es así como nació de la mano de Corder (1967) la teoría del análisis del error que aboga por la necesidad de prestar especial interés en el estudio de los errores (sus causas, naturaleza, tipología) en las producciones orales o escritas de nuestros alumnos. Corder apunta que "A learner's errors [...] are significant in that they provide to the researcher evidences of how language is learned or acquired, what strategies or procedures the learner is employing in the discovery of the language (Corder, 1967: 167). En otras palabras, el error es pues una herramienta pedagógica en la medida en que informa sobre el desarrollo lingüístico del alumno, proporciona al docente/investigador evidencias de cómo el alumnado está adquiriendo o aprendiendo el idioma. En la misma línea, Richards (1974) subraya que los errores de los aprendientes, en definitiva, nos revelan dos aspectos muy importantes:

— *(i) el estado de conocimiento lingüístico del aprendiente y(ii) la manera según la cual se aprende la L2.*

Por lo tanto, gracias al análisis del error, el profesor puede saber en qué estadio de la interlengua se encuentra el alumno, qué dificultades concretas encuentra en la experiencia de aprendizaje y qué terapia puede realizarse para que evolucione su interlengua y, finalmente, domine progresivamente el idioma. Sin error no hay indicios de un aprendizaje significativo en proceso y para aprender hay que equivocarse. Se considera pues el error como una fase natural del aprendizaje. Según el Diccionario de términos clave de ELE, a diferencia del AC, el método seguido por el AE no parte de la comparación de la lengua materna y la lengua meta, sino de sus producciones reales en lengua meta. Para hacerlo posible, se siguen los siguientes pasos recomendados por Corder (1967):

a. (i) identificación de los errores en su contexto;

b. (ii), clasificación y descripción de los mismos;

c. (iii) explicación de su origen, buscando los mecanismos o estrategias para una terapia efectiva.

La interlengua de un alumno, definida por el Diccionario de términos clave de ELE como "sistema lingüístico del estudiante de una segunda lengua o lengua extranjera en cada uno de los estadios sucesivos de adquisición por los que pasa en su proceso de aprendizaje", está en constante evolución siempre que un aprendiz siga aprendiendo el idioma al estar constituida por las etapas sucesivas de aproximación a la lengua meta. Por lo tanto, para poder alcanzar el nivel de competencia C1 o C2, es evidente que el aprendiz se equivoque, se levante, aprenda de su error, vuelva a equivocarse, aprenda del error y avance hasta llegar a ese nivel superior de competencia. Pero eso tampoco quiere decir que el aprendiz que tenga un C1 o C2 no pueda equivocarse de vez en cuando. Tiene derecho a equivocarse igual que los nativos. Por otra parte, hay equivocaciones (faltas) que se dan no por el desconocimiento del sistema lingüístico de una lengua, sino por cansancio, distracción, etc.

La conclusión que se puede plantear al final de este marco teórico es que en la comunidad educativa, en general, han existido dos visiones sobre el error:

- — La visión negativa, que también puede llamarse la visión tradicional del error en la medida que considera el error como un fracaso o una fatalidad. De ahí un tratamiento negativo del mismo en el aula.

- — La visión positiva o moderna, que considera el error como un regalo para el aprendizaje. Lo que da lugar al uso del mismo como herramienta imprescindible para posibilitar el desarrollo de la competencia comunicativa de los alumnos.

Definidas estas dos visiones que han reinado sobre el error en el proceso de E/A en la tradición educativa mundial, me parece oportuno reflexionar sobre la tendencia que prevalece a día de hoy en el contexto camerunés antes de pasar a la presentación de las medidas didácticas sobre el tratamiento del mismo en y fuera del aula.

3 Tendencia sobre el error en el contexto camerunés

El resultado de mi investigación Kem-mekah Kadzue (2016) sobre las creencias de los alumnos cameruneses sobre el error demostró que el alumnado camerunés, en su gran mayoría, tiene una concepción muy negativa del error y reacciona muy negativamente cuando sus compañeros comenten alguno al usar la lengua meta. Un 76,7% de los docentes encuestados señalaron en dicho estudio que "Cuando alguien comete un error, los alumnos se ríen, se mofan, se burlan". Ilustramos este pensamiento con el comentario de este docente que además de responder a la pregunta planteada en la variable, comparte su juicio de valor sobre la actitud de sus alumnos: *"Se burlan de ellos y eso causa frustraciones, así que suelo prohibir esta actitud y castigo severamente a los que actúan así"* (Informante 50). En la misma línea, 70% de los alumnos encuestados reconocen que *"cuando cometo un error en español, mis compañeros se burlan de mí"* (Kem-mekah Kadzue, 2016:325). Este resultado coincide con la cita del íncipit de este capítulo. Esta situación hace que el alumno a lo largo del aprendizaje de la lengua tema cometer un error al arriesgarse a hablar la lengua. La reacción negativa de sus compañeros de clase no es un incentivo para seguir arriesgándose a hablar. Como señalan Arnold & Brown (2000:27), "cuando la ansiedad está presente en el aula, se produce un efecto de descenso en espiral. La ansiedad provoca estados nerviosos y de temor, lo que contribuye a un rendimiento pobre". A raíz de eso, tenemos en clase a unos alumnos pasivos y poco participativos, por no decir, silenciosos. Urge pues, un constante trabajo de deconstrucción para cambiar la mirada y actitud de los discentes ante el error. ¿Qué podemos decir respecto al tratamiento del error y a las actuaciones, los docentes cameruneses en el aula en relación con esta cuestión? De manera general, en el mismo estudio, llegue a las conclusiones siguientes (Kem-mekah Kadzue, 2016):

172

a. La mayoría del profesorado camerunés prefiere corregir el error de interferencia inmediatamente en cuanto el alumnado lo comete.

b. Algunos profesores encuestados sí toman en cuenta la importancia de la dimensión afectiva en el aula a la hora de corregir el error. Se preocupan por tomar medidas o procedimientos de corrección que no lleguen a desanimar o identificar al alumno. Por eso dicen que suelen tener mano dura con los alumnos que se ríen de sus compañeros cuando cometen un error.

c. Muchos docentes optan por la práctica tradicional de la repetición y memorización de la forma lingüística correcta por los alumnos más que por una explicación, a partir de los hallazgos de la lingüística contrastiva, de porqué ocurrió el error y cómo evitar otros de la misma envergadura. Eso pasa en la gran mayoría de los casos en la corrección fonética.

d. También se destaca que muchos encuestados suelen llamar la atención del alumnado sobre los aspectos lingüísticos que podrían causar error de interferencia lingüística a la hora de usar el idioma meta. Tenemos el caso de los que afirman que hay que insistir sobre los falsos amigos.

e. Finalmente, se observó que los docentes, en la gran mayoría, utilizan las llamadas estrategias resolutivas. En estas estrategias el docente detecta el/los error(es) y lo(s) corrige él mismo explícitamente y, generalmente, la tarea del alumnado es repetir o memorizar la forma correcta.

En conclusión, aunque la gran mayoría de los docentes es consciente de la importancia de valorar positivamente el error en el aula, se observa que el tratamiento que otorgan al mismo no siempre es el adecuado. Dicho de otro modo, la gran mayoría tiene una concepción positiva del error, pero no siempre lo tratan o explotan didácticamente en el aula. Se observa, por ejemplo, que el 95% de los docentes aplican la práctica tradicional que consiste en corregir inmediatamente al alumno cuando este comete al hablar (Kem-mekah, 2016). En la misma línea, en su investigación sobre el tratamiento del error por los docentes del instituto de Ngoaekele, Mbala (2023:40) afirma que "se observa un alto porcentaje (65,11%) de alumnos que afirman que en cuanto cometen un error al hablar, el profesor siempre les interrumpe y les corrige". Como subrayan Espiñeíra Caderno y Caneda Fuentes (1998:477) "si la corrección es sistemática dificulta la comunicación y la expresión completa de las ideas y puede llegar a crear en el alumno un 'miedo al error' que limite su participación activa y reduzca su competencia".

Se trata, pues, de una manera contraproducente de corregir el error puesto que desanima a los alumnos a seguir arriesgándose a usar la lengua que están aprendiendo. La cita anterior de la experiencia contada por la estudiante camerunesa plasma claramente el condicionamiento que la tradición educativa ha otorgado al tratamiento del error en el aula. De ahí, se concluye una vez más que el alumno camerunés, tal como lo han definido los informantes en Kem-mekah (2014), no es tímido, pasivo, poco participativo en el aula por naturaleza. La actitud o la manera cómo actúa el alumnado en el aula depende de los ingredientes afectivos, del ambiente estimulante y motivador que el docente crea en el aula de lengua.

 A tenor de lo explicado anteriormente, me parece legítimo diseñar unas medidas prácticas dirigidas al profesorado camerunés de ELE respecto al tratamiento del error en el aula.

4 Propuestas didácticas sobre el tratamiento del error en el aula de ELE

— **Regla de oro 1: el error, el lapsus o la falta no deben gozar del mismo tratamiento en el aula.**

Consideramos que es importante empezar estas propuestas explicando la diferencia entre *error*, *lapsus* y *falta*. Muchas veces, los docentes utilizan estos términos indiscriminadamente, como si fueran sinónimos. Existe una diferencia significativa que conviene formular, ya que a nuestro modo de ver no se debe otorgar el mismo tratamiento a los tres conceptos en el aula de lengua. Como pregunta de partida, pregunto lo siguiente: ¿qué cometen más los alumnos o las alumnaas: el error, la falta o el lapsus? ¿Los trata usted todos de la misma manera? Si no tienen clara las respuestas no se preocupen. A continuación se explica con todo lujo de detalle.

Galindo Merino (2016) apunta que es a partir de Corder cuando se establece una distinción entre lapsus (equivocaciones producidas por un descuido o por fatiga al hablar −lapsus linguae- o escribir- lapsus cálami- que también tienen los nativos), faltas (equivocaciones esporádicas sobre una norma lingüística ya conocida por el hablante por despiste, distracción o cansancio) y errores (violaciones de las reglas de la lengua por desconocimiento o falta de dominio). En Kem-mekah Kadzue (2016:322), 95% de los docentes encuestados afirmaron que *"Cuando los alumnos cometen un error prefiero corregirlo inmediatamente para no olvidarlo"*. Nos parece que esta manera de actuar no es la correcta ya que cuando se interrumpe continuadamente a los alumnos, estos se cohíben y dejan de ser proactivos en el aula. Se sienten frustrados y se arriesgan menos como lo plasma la informante Ottou en la cita que introduce este capítulo. Nos parece que la distinción entre error, falta y lapsus puede ser un criterio para orientar al profesorado. Por ejemplo, si un alumno comete un lapsus o una falta al hablar, no hace falta que el docente le interrumpa sistemáticamente para corregirlo porque eso no pasa por desconocimiento del sistema lingüístico, sino por factores externos como el despiste, la distracción o las ganas de hablar rápidamente. Pero si se trata de un error, se puede entender que la corrección sea sistemática. Aun así, en esa corrección, no deben prevalecer las estrategias resolutivas, sino las estrategias autorreparadoras de corrección.

— **Regla de oro 2. Premiar el error igual que se premia el acierto cuando los alumnos participen oralmente**

Igual que se valora positivamente y premian los aciertos de los alumnos, en el aula los docentes debemos premiar los errores (es decir premiar el acto de participar) que cometen los alumnos más que ceñirnos en la estricta corrección del mismo. Los errores del habla los cometen alumnos que se han arriesgado a usar el idioma. Por eso, el mero hecho de participar activamente en el aula debe ser valorado positivamente por el profesorado, no importa si la participación es acertada o desacertada. De este modo, los alumnos irán interiorizando la idea de que **lo más importante no es acertar sino participar**. Un error como, lo hemos apuntado anteriormente, nos da siempre una información para plantear una terapia del error o la intervención pedagógica. Si no hay error, no hay aprendizaje.

Regla de oro 3. A la hora de corregir el error, restar importancia a las tradicionales estrategias resolutivas y priorizar las estrategias autorreparadoras.

Según Clavel Martínez (2012), las estrategias de corrección de los errores tanto de expresión oral como de expresión escrita pueden ser clasificadas en dos categorías: **las resolutivas** y las **autorreparadoras**. En las resolutivas, el docente indica al alumnado que ha cometido un error y da la forma correcta. En palabras de Molero Perea y Barriuso Lajo (2013), algunos estudios apuntan que son las más utilizadas y las menos eficaces en términos generales ya que no involucran al alumnado en la corrección. Es la estrategia a la que casi siempre recurren los docentes de la enseñanza basada en los métodos tradicionales.

> **Ejemplo 1 (Expresión oral): Docente (Sr. Toko)**: ¿A dónde vas tan de prisa?
>
> **Alumna (Mounira)**: Pues, voy en la ciudad a comprar verduras.
>
> **Docente (Sr. Toko)**: No, no se dice voy en la ciudad, se dice voy **A** la ciudad. (Muy a menudo el docente ni siquiera espera que el alumno termine su frase, le interrumpe para corregir su error)
>
> **Ejemplo 2 (Expresión escrita)**:
>
> **Docente (Sra. Amba):** Tarea: Cuéntame por escrito lo que hiciste el fin de semana.
>
> **Alumna (Christelle)**: La fin de semana ha sido muy bonita. He ido en una fiesta en el pueblo con mis padre. He visto mi abuela querida. Hemos comido mucho. La gente era muy amables en el pueblo.
>
> Docente (Sra Amba): (*entrega el trabajo de la alumna corregido*): La El fin de semana ha sido muy ~~bonita~~ **bonito**. He ido ~~en~~ **a** una fiesta en el pueblo con mis padre**S**. He visto a mi **querida** abuela ~~querida~~. Hemos comido mucho. La gente era muy ~~amables~~ **amable** en el pueblo.

Práctica docente sobre el tratamiento del error en el enfoque tradicional

Como se puede observar en las muestras anteriores, en la estrategia resolutiva, el docente es el único y principal protagonista en el acto de corregir. En cambio, en las estrategias autorrepadoras, las que nos parecen más idóneas, de algún modo u otro, el docente invita al aprendiz a darse cuenta y reparar autónomamente (de ahí la apelación autorreparadora) su producción escrita u oral. Coincidimos con Molero Perea y Barriuso Lajo (2012:187) en que las estrategias autorreparadoras "son más eficaces en cualquier caso o nivel porque son más comunicativas y permiten que sea el estudiante (y/o los compañeros) el (los) que reflexione(n), se autocorrija(n) y busque(n) la regla adecuada". Algunos ejemplos de estrategias autorreparadoras:

- **Las repeticiones en eco**: Se repite lo que ha dicho el alumno marcando con énfasis y/o repitiendo la palabra o sílaba errónea para que se dé cuenta de que hay un error.

  Ejemplo: **Alumno**: Yaunde y Duala son las capital de Camerún.

  Docente: Yaunde y Duala son LAS CAPITAL de Camerún.

  Alumno (*El alumno se evidencia del error y se corrige* él *mismo):* Ah sí, Yaunde y Duala son las capitales de Camerún.

- **La clave o pista metalingüística**: el profesor hace una pregunta o comentario de tipo formal respecto al error.

  Ejemplo: Docente: ¿A dónde vas tan de prisa?

  Alumna: Pues, voy en la ciudad a comprar verduras.

> **Docente**: ¿Después de verbos que indican el movimiento, se usa la preposición en?
>
> **Alumna**: Ah sí, profe, voy a la ciudad a comprar verduras.

- **La elicitación**: repetir el enunciado o una parte del enunciado donde está el error y dejarlo incompleto insinuando con la voz que falta algo o que es incorrecto.

> **Alumna**: Yo soy camerunés.
>
> **Docente**: Yo soy cameruneee…
>
> **Alumna**: Ah sí, camerunesa.

Existen muchas estrategias autorreparadoras, el objetivo no es citarlas todas, sino llamar la atención del profesorado sobre la necesidad de usar la estrategia que nos parezca oportuna para invitar a los alumnos a reflexionar por sí mismos para dar con la forma correcta.

— **Regla de oro 4. Involucrar a los alumnos en la corrección de la expresión escrita**

Muy a menudo, los docentes, a la hora de evaluar las tareas de expresión escrita, tenemos la costumbre de ir subrayando las faltas de los alumnos, poner la forma correcta y una nota numérica como valoración global. Procediendo así, el alumno no está participando en la corrección de sus errores.

Muchos alumnos en este caso cuando recogen sus trabajos corregidos se fijan principalmente en la calificación numérica que han sacado y algunos pueden llegar incluso a no echar un vistazo a las anotaciones explícitas de corrección del profesor. Proponemos que los docentes cameruneses acostumbren a los alumnos a tomar conciencia de sus errores y busquen ellos mismos la forma correcta. A este respecto nos parece interesante la propuesta de López Rodríguez (2007) según la que podemos realizar la corrección del trabajo del estudiante marcando los errores que detectamos y usando una clave que le dé pista del tipo de error que ha cometido e invitarle a buscar la solución por sí mismo. En este caso, desde el principio del curso, a la hora de establecer el contrato pedagógico, podemos comunicar a los aprendices nuestra manera de corregir y les facilitaremos información sobre los códigos que podrán ver en sus trabajos. Por ejemplo: **T**: tiempo verbal, **P**: puntuación, **OP**: orden de las palabras, **Prep**: preposiciones, **C**: concordancia, **Ort**: ortografía, **MU**: mal uso de una palabra o una expresión, **F**: falta una palabra, **Gr**: gramática. El uso de estas claves no es ningún capricho porque también nos facilita el trabajo cuando corregimos las producciones escritas de nuestros alumnos.

A continuación, presento un ejemplo de lo que un docente hacía (estrategia resolutiva) y lo que proponemos que haga (estrategias autorreparadora).

---

*Docente (Sra. Ngo) (*entrega el trabajo de la alumna corregido siguiendo una estrategia resolutiva*):

~~La~~ **El** fin de semana ha sido muy ~~bonita~~ **bonito**. He ido ~~en~~ **a** una fiesta en el pueblo con mis padre**S**. He visto **a** mi querida abuela querida. Hemos comido mucho. La gente era muy ~~amables~~ **amable** en el pueblo.

*Docente 2 (Sra. Ebene): (*entrega el trabajo de la alumna corregido, usando una estrategia autorreparadora*):

~~La~~ fin de semana ha sido muy bonita. **C**

He ido en **Prep** una fiesta en el pueblo con mis padre. **C**

He visto _ mi abuela querida. **F** Hemos comido mucho.

La gente era muy amables en el pueblo. **C**

Como se puede apreciar en el ejemplo, la señora Ebene usa una estrategia que tan solo permite al alumno saber dónde se ha equivocado. Para que esta estrategia funcione, después de entregar los trabajos corregidos, lo mejor es decir que los alumnos contabilicen los tipos o categorías de faltas que han cometido para saber qué es lo que más les cuesta en actividades de expresión escrita y seguidamente que busquen las soluciones para mejorar sus redacciones. En la clase siguiente, el docente revisa si han hecho el trabajo y premia (regalar puntos por ejemplo) a quienes han solucionado todos sus errores. A los alumnos les gustan los puntos, así con esta actividad todos van a participar en el proceso de mejora de sus trabajos. Esto sí es involucrar a nuestros alumnos en las correcciones de sus errores.

— **Regla de oro 5. Evitar correcciones inmediatas y explícitas en el discurso oral**

En un contexto educativo como el camerunés donde existe mucho temor y ansiedad frente al error, pensamos que los docentes deben dejar de prestarle tanta atención. En el aula, es necesario evitar interrumpir las pocas producciones orales del discente (en actividades como debates, ponencias, diálogo docente-alumno o alumno-alumno, respuestas a preguntas, interacciones espontáneas, etc.) para corregir errores. Más que fijarse en el error que comete el alumno mientras habla la lengua meta, hay que fijarse en el alumno como persona y en lo que dice. Debe de haber más atención explicita e inmediata en el significado que en la forma. A continuación, se presenta un ejemplo de situación clase para ilustrar nuestros propósitos.

Imaginemos que entra un docente camerunés en una clase del quinto curso de ELE a primera hora del lunes. Después de saludar a sus estudiantes, empieza con la ambientación y pasa a preguntarles qué han hecho el fin de semana. Un alumno muy emocionado levanta la mano y el profesor le concede la palabra.

Profesora: Alumnos, **alumnas** ¿qué habéis hecho el fin de semana?

Zobo: ¡El clásico! Olala ¡Oh, Dios mío! *Ayer jugó el Real Madrid contra el Barça. Fue un gran match*[20] *El Barça...*

Y directamente, la profesora le interrumpe y dice:

Profesora: Oye Zobo, en español no se dice *match*, se dice *partido. Entonces debes decir que fue un gran PARTIDO. Repite conmigo "Fue un gran PARTIDO".*

Zobo: Fue un gran partido.

Profesora: ¡Muy bien! Vale, otra persona, ¿qué hicisteis el fin de semana?

Situación de clase sobre el tratamiento del error (lo que no se debe hacer)

Observamos que, en este ejemplo de la situación de clase, el docente le da más importancia al error que al alumno y su tema de conversación. No le deja ni terminar su frase. Esto lo hacen muchos docentes. Prueba de ello es que en una investigación realizada unos años atrás (Kem-mekah Kadzue, 2016), el 95% de los profesores cameruneses encuestados afirmaron que "Cuando los alumnos cometen un error prefiero corregirlo inmediatamente para no olvidarlo". Actuando así, puede que frustremos no solo a este alumno, sino también a todos los demás y no se arriesgarán a expresar sus ideas y emociones. Se lo pensarán mucho antes de hablar. Ya no se dejarán llevar. Ya no se arriesgarán más. Lo mejor para el proceso de aprendizaje habría sido que el docente prestará principalmente la atención en el tema de conversación que planteó el mencionado alumno. De haberlo hecho, **habría habido un gran momento de clase** porque los temas vinculados con los deportes siempre apasionan a nuestros alumnos. Debemos evitar fastidiar esos momentos preciosos de clase en que, con tan solo una pregunta, hemos encendido la llama que está en el interior de nuestros alumnos. Y eso con lo difícil que es encenderla. Si el docente no hubiera cortado en seco al alumnado, quizá esta situación de clase hubiera terminado así:

---

20 Se observa en este caso que el alumno usa inconscientemente la palabra inglesa *match*, competencia estrategia, para no romper el hilo comunicativo.

Profesora: Alumnos, ¿Qué hicisteis el fin de semana?   *(Etapa: ambientación)*

Zobo: ¡El clásico! Olala ¡Oh Dios mío! Ayer jugó el Real Madrid contra el Barça. Fue un gran match. El Barça ganó 3-0. Tres golazos.

Profesora: ¡Vaya! ¡Hasta tres goles! Vaya paliza. Ya veo que fue **un gran partido del Barça**.

Zobo: Sí, señora, fue un gran partido. El Barça es el mejor equipo del mundo porque tiene a los mejores jugadores del mundo.

Kenfack (otra alumna): ¡Qué va! ¿Y la maison blanche qué? El Madrid es el mejor equipo del mundo. Hemos perdido porque Vinicius estaba lesionado. Ya veréis en el partido de returno. Haremos la revancha.

Zobo: Sigue soñando, chica. El Real Madrid no tiene nivel.

Njoya: ¿Cómo? ¿No conoces la historia del Real Madrid? ¿Cuántas champions tenéis?

Profesora: ¡Vaya, vaya! ¡Ya veo que en esta clase hay muchos aficionados del Barça y del Madrid eh! Por cierto, ¿cómo se llaman a los seguidores del Barça?

Evina: Los culés o barcelonistas, señora.

Profesora: ¡Muy bien! Aplausos para ella. Y los del Real Madrid, ¿cómo se llaman?

Mengue: Los madridistas.

Tiako: Los merengues.

Profesora: ¡Fenomenal! Sois unos cracks. Aplausos para todos. Recordad que en español se dice un **gran Partido** y no **un gran match**. También se dice **partido de ida** y **partido de vuelta**. **Partido de returno** no existe.

Kum: Señora, ¿de qué equipo es usted?

Profesora: Sabía que alguien me lo preguntaría. Yo soy seguidora del Bambutos de Mbouda. (todos entre risas). También tenemos que apoyar equipos de la liga camerunesa de fútbol. Venga, ahora vamos a corregir la tarea casera. Sacad los cuadernos.

Situación de clase sobre el tratamiento del error (lo que sí se debe hacer)

Pueden ustedes concluir conmigo que con una ambientación parecida (Situación de clase 2), los discentes entran en calor y están más predispuestos a aprender. ¿Qué alumno/a camerunesa no le gustaría estar en una clase que arranca de una manera tan interesante? ¿Qué alumno no le gustaría tener a un profesor tan enrollado que se salta el guión para intercambiar con los alumnos sobre algo que realmente les importa? Desde los primeros minutos de la situación de clase 2, se nota que los alumnos aprenden participando, intercambiando, socializando, compartiendo aficiones y puntos de vistas.

Además, más allá de la ambientación, si por casualidad el tema sacado hace alusión a los discentes, como en el ejemplo anterior, podría incluso servir de corpus en la actividad inicial o de desarrollo si es que en la programación toca hablar en este caso de deportes o del pretérito indefinido vs pretérito compuesto. Otra variante sería que, si no es un tema de interés para todos los alumnos, los demás podrían comentar lo que prefirieron hacer como actividad lúdica en lugar de ver el partido de fútbol. Desde el punto de vista de la forma lingüística, además de aprender el vocabulario deportivo, también se aprovecharía para revisar el pretérito indefinido. Esto es lo que se llama una clase centrada en el alumno, prestando atención en el significado antes que en la forma y que garantiza el aprendizaje significativo. Si el profesor de la situación 2 hubiera interrumpido a Zobo, se habría roto la ambientación como hemos visto en la situación de la clase n° 1. Vemos que el profesor de la situación dos deja que el alumno prosiga su intervención y corrige sutilmente la errata "Ya veo que fue **un gran partido**" y seguidamente, el alumno se apoya de la reformulación del docente para corregirse: "Sí, señora, fue un gran partido". Pero al finalizar toda la conversación el docente reitera la corrección del error sin señalar quien lo ha cometido.

— **Regla de oro 6. Diseñar un fichero de errores típicos.**

Es necesario que el docente tenga una ficha en la que apunta parte de los errores que surgen en el aula o sobre todos los más frecuentes según los niveles en los que imparte clase. De este modo, puede dedicar un momento de su programación para invitar a los alumnos a mantener una reflexión profunda sobre los mismos, sin que ningún alumno se siente directamente identificado. La mencionada ficha también permitiría al docente plantear un análisis contrastivo que le sería provechoso para sus futuras clases de lengua. El análisis contrastivo (AC) y el análisis del error (AE) son dos recursos didácticos de los que se pueden valer los docentes para solucionar la cuestión de los errores de interferencias lingüísticas de manera eficaz.

 Partiendo de lo aprendido y de las reflexiones planteadas a lo largo de su formación inicial y de su trayectoria propia de docente de español con alumnos cameruneses, el profesor o profesora puede tratar en el aula cuestiones relativas a la interlengua, transferencia lingüística, el análisis de las fuentes y causas de posibles errores que puedan cometer los alumnos, con el fin de despertar la consciencia lingüística del alumno o alumna sobre el impacto del rico contexto sociolingüístico camerunés en el aprendizaje. A nivel del análisis contrastivo, este instrumento pedagógico permitirá a los alumnos conocer y evitar primero los errores de interferencias que puedan surgir mientras usan la lengua meta. En este sentido, Salazar (2006) afirma que "el estudio de los casos más comunes de transferencia negativa permite al docente de LE predecir los contextos lingüísticos en los cuales los estudiantes son susceptibles de cometer errores, lo cual contribuye a aplicar las estrategias preventivas requeridas en cada caso" (Salazar, 2006:58).

Cabe señalar el análisis del error también resulta muy importante en un contexto de aprendizaje rico lingüísticamente hablando, como es el caso de Camerún. El AE permite un tratamiento pedagógico de errores concretos de la interlengua de los alumnos cameruneses francófonos, anglófonos, fufuldes, ngiembon, ewondo, bassa, etc. De este modo, el aprendizaje permite al alumnado reflexionar sobre sus errores. Cabe precisar que el AC y AE deben ser planteados desde una aproximación de la enseñanza centrada en el/la alumno/a. No basta que sea siempre el profesor el que explica el porqué de los errores en las producciones lingüísticas del aprendiente. Por eso, es importante el uso de estrategias autorreparadoras para que los estudiantes sean quienes analicen sus errores y descubran la forma lingüística correcta. Los errores que cometen los discentes pueden ser interlingüísticos, de ahí que nos parece lógico pararnos un tanto sobre la cuestión de la presencia de la lengua de escolarización en el aula de ELE de las zonas francófonas.

Capítulo 05
La importancia de la competencia plurilingüe: el francés como apoyo al aprendizaje

Investigador:¿Cómo ve el uso del francés o del inglés en el proceso de enseñanza del español?

Asesor pedagógico: Los profesores a un grado u otro se liberan de la cárcel de las dos lenguas oficiales. Los inspectores seguimos con una lucha desenfrenada contra aquellos profesores que siguen o usan sea el francés, sea el inglés en clases de español. *Les interpelamos evocando el caso de nuestra experiencia de aprendizaje del inglés. El profesor de inglés cuando entra en el aula, que se trate de la escuela primaria o de la secundaria, de cabo a rabo se expresa en inglés, esto debería pasar con las demás lenguas. Y hasta si a día de hoy un profesor de español quiere aprender en alemán o el chino, no tendrá que ir a su clase de aprendiz pensando que el profesor va a hablar francés en la clase de chino porque sabe que el alumno es hablante de francés, no. El profesor de chino hablará chino, sea con gestos, sea con dibujos, sea con cualquier otro signo que lleve su mensaje al aprendiz. Y es lo que el profesor de español tiene que hacer en clase de español. Es lo que solemos aconsejar a nuestros profesores. [...] El pretexto de que los alumnos no lo captan bien en español no es válido porque tenemos mil maneras de explicar un elemento. Entonces, aconsejamos a los profesores de cambiar de metodología, utilizando el español para explicar a los alumnos lo que quieren explicar.* (Kem-mekah Kadzue, 2016:653)

La cita que introduce este bloque temático es el fragmento de una entrevista que hice con un asesor pedagógico camerunés sobre la presencia del francés en el aula de ELE (Kem-mekah Kadzue, 2016). El entrevistado, inspector pedagógico regional de una de las regiones de Camerún, afirmó que, él y otros inspectores, libran *"una lucha desenfrenada contra aquellos profesores que siguen o usan sea el francés, sea el inglés, en clases de español".* Afirma que las clases de español tienen que impartirse solamente en español dado que usar continuamente la L1 o L2 del alumnado en el aula corresponde a las prácticas docentes propias del método de gramática-traducción. Comparto totalmente su punto de vista respecto a la lengua de impartición: la clase de español debe darse en español.

Todos los inspectores entrevistados en dicho estudio (Kem-mekah Kadzue, 2016) coincidieron en que la clase de español debe darse en la lengua meta. El uso de la lengua del alumnado en el aula, según las orientaciones del método de gramática-traducción, no es aconsejable. Si bien es una práctica desaconsejada en las aulas, los resultados muestran que los inspectores piensan que todavía hay docentes que la llevan a cabo. Por lo tanto, los inspectores entrevistados en el marco de este trabajo, dejaron claro que el uso del francés en el aula debe tener lugar únicamente en las clases de traducción. Subrayaron que cuando el profesor hace un ejercicio de traducción es obvio que, para lograr que sus alumnos dominen bien una estructura lingüística española, el uso o comparación del español con la lengua de escolarización del alumno es muy normal. *"Cuando el profesor hace un ejercicio de traducción claro que para lograr que los alumnos dominen bien una estructura castellana, allí es el momento donde debe evocar la estructura semejante en la otra lengua, que puede ser el francés o que puede ser el inglés"* (Kem-mekah Kadzue: 2016: 653). Pero en el momento de comentar un texto, de enseñar la gramática, el típico "pretexto de que los alumnos no captan bien en español no es válido porque tenemos mil maneras de explicar" Kem-mekah Kadzue: 2016: 653), Concluye otro inspector pedagógico.

El resultado sin lugar a dudas más alentador de dicho estudio es que, aunque los inspectores pedagógicos afirman que mantienen *una lucha desenfrenada* contra aquellos docentes que usan el francés en el aula, tampoco se muestran completamente desfavorables con la idea del uso didáctico de esa lengua junto a la lengua meta en el aula. Por lo tanto, se puede concluir que esos profesionales, encargados de la formación continua del profesorado, son conscientes de que "el hecho de servirse de la L1 en el aula no significa que se convierta en la lengua dominante, sino que su empleo es recomendable dentro de unos límites y para fines pedagógicos." (Galindo Merino 2011:165). De hecho, muchas investigaciones actuales en el campo de la lingüística aplicada inciden en la importancia de evitar las tendencias absolutistas que prohíben rotundamente el uso de la lengua materna o lengua segunda del alumno en el aula de lengua extranjera.

En la misma línea, en el mismo estudio, buena parte de los docentes encuestados se muestran a favor de ese uso pedagógico del francés en el aula, y otra parte no ve la utilidad de hacerlo. Mientras "54,2% de los encuestados están a favor del uso o de la comparación del francés con el español en el aula; 37,3% de los profesores encuestados opinan que están en contra" (Kem-mekah Kadzue, 2016:267-268). Estos últimos opinan, en su gran mayoría, que cada lengua tiene su especificidad y no ayudaría al alumnado el uso o la presencia pedagógica del francés en el aula:

- No hay que usarlos porque la comparación no es factor de adquisición sino de desvío. Comparar significaría caer en la trampa de aprender una lengua a través de otra(s) (**informante 3**).- El uso del francés no es ventajoso. No es útil comparar ambas lenguas porque cada lengua tiene sus especificidades (**informante 9**). - No, porque cada una de estas lenguas tiene sus especificidades. Los alumnos deben aprender esta nueva lengua como si no conocieran otras (**informante 17**). - Aunque siempre hay transferencia de conceptos cuando se está aprendiendo una lengua extranjera, después de haber aprendido otras lenguas, se recomienda evitar la comparación ya que es la característica del método de gramática-traducción (**informante 41**). - No es útil porque cada lengua tiene su especificidad (informante 53). (Kem-mekah Kadzue, 2016:270)

A diferencia de estos informantes, coincido con los demás encuestados en que la presencia del francés, si es pedagógica, puede facilitar el aprendizaje e incluso la comunicación en el aula. A modo de ejemplo, los docentes a favor destacaron las facilidades siguientes en Kem-mekah Kadzue (2016:271):

 - Se usa el francés en caso de clase de traducción a veces para desbloquear situaciones respecto a la comprensión del alumnado (**informante 1**). - A veces, es fácil compara o usar estas lenguas para facilitar la comprensión. (**informante 2**). - El uso del francés y/o inglés es importante en el aula de español. Lo que no debemos hacer es impartir clases de español en francés (**informante 13**). - El uso o comparación del francés con el español es útil porque se debe partir de la lengua que dominan más los alumnos para explicarles algunas cosas (**informante 28)** - El uso no abusivo del inglés/francés en el aula de español no puede tener inconvenientes sino ventajas, sobre todo si se contrastan los sistemas francés/español para que el alumnado comprenda el mecanismo y el funcionamiento del español como L2 (**informante 14**). - El uso del francés/inglés es importante. La comparación del español con el francés permite al alumno mejorar sus conocimientos en dichas lenguas, pero también a evitar las confusiones e interferencias (**informante 30**). - A veces usamos el francés para explicitar y matizar mejor la clase cuando nos damos cuenta de que los alumnos están despistados (**informante 57**). - Creo que es útil comparar el francés con el español ya que la lengua que manejan los aprendices es el francés. Eso evitaría también perder mucho tiempo, sobre todo cuando se explica realidades que no están inscritos en las circunstancias vitales de los alumnos (**informante 59**).

A tenor de las propuestas de estos informantes, se observa que el empleo de la lengua de escolarización del alumno camerunés francófono, en este caso, aparece como una herramienta más al servicio del docente para garantizar un aprendizaje efectivo del idioma. En la misma línea, Gutiérrez Eugenio (2013:85) concluye en su estudio que "los profesores de español como L3 consideran que el uso en el aula de los otros idiomas de sus estudiantes es algo que está justificado y que puede ser utilizado como herramienta de aprendizaje del español". Mi reflexión corresponde con la tendencia global de los estudios que valoran el uso apropiado de la(s) lengua(s) propias del discente en el aula puesto que Galindo Merino (2011), tras realizar un censo bibliográfico de los estudios sobre este tema, concluye que todos los autores que valoran el uso pedagógico de la lengua de escolarización en el aula de LE "emplean la palabra *tool*, 'herramienta', para describir el papel de la L1 en el aula" (Galindo Merino, 2011:183). Pues si asumimos que "todos llevamos, queramos o no, la incondicional compañía de nuestra primera lengua, que ejerce de guía, de apoyo, de mecanismo consciente o inconsciente de aprendizaje" (Galindo, 2012:11), ¿no sería preferible tomar medidas para pensar la presencia pedagógica de las lenguas oficiales de Camerún o incluso de las lenguas nacionales en el aula? Como advierte Fernández López (2016:247):

> Al aprender una L2 no se parte de cero, se poseen muchos conocimientos del mundo, muchas experiencias y se han formado ya unos esquemas determinados de conocimiento. Todo aprendizaje debe tener en cuenta ese bagaje, activarlo y construir sobre él; es necesario aportar lo que se es y lo que se tiene y nadie como el propio interesado puede hacerlo.

A continuación, damos unas propuestas prácticas de las situaciones de clase en las que los docentes francófonos pueden recurrir para garantizar el uso pedagógico del francés en las aulas.

1 La competencia estratégica: el uso del francés como estrategia comunicativa

Según el Diccionario de términos clave de ELE del Instituto Cervantes, la competencia estratégica remite a la capacidad del hablante de servirse de **recursos verbales y no verbales** con el objeto tanto de **favorecer la efectividad en la comunicación** como de **compensar fallos que puedan producirse en ella, derivados de lagunas en el conocimiento** que se tiene de la lengua o bien de otras condiciones que limitan la comunicación. Si bien algunos estudios y documentos de referencias no la consideran parte de la competencia comunicativa, notablemente el MCER y el currículo camerunés de ELE, nosotros apoyamos a quienes la consideran como parte integrante de dicha competencia. El dominio de la competencia estratégica nos parece fundamental para que una persona sea competente comunicativamente hablando y pueda desenvolverse con soltura en cualquier situación comunicativa. Por ese motivo, en el Capítulo II, siguiendo la propuesta de Canale (1980) la hemos incluido dentro de las competencias que los docentes cameruneses de ELE deberíamos trabajar en las aulas. Las estrategias comunicativas las usamos incluso cuando hablamos nuestras lenguas maternas y no es inadecuado enseñarlas a los alumnos de ELE y sensibilizarlos sobre su uso para una comunicación efectiva. Coincidimos con Manga (2011) en que estas estrategias forman parte del aprendizaje y algunas favorecen eldesarrollo de las interacciones verbales. Manga (2011) advierte que el Plan Curricular del Instituto Cervantes (1994:85) resume en seis principales pilares dichas estrategias:

— **Recurrir a la propia lengua**

— Pedir ayuda al interlocutor

— Recurrir a gestos

— Ayudarse de paráfrasis

— Asegurarse de que se ha entendido y de que ha sido entendido

— Memorizar frases hechas y expresiones usuales.

Recurrir a la lengua de escolarización (francés) se considera, pues, como uno de los recursos verbales en el aula o fuera de ella para favorecer la efectividad y la continuidad de las interacciones. Para ilustrarlo, vamos a ver una situación de clase que ya hemos citado en el bloque temático anterior.

Profesora: Alumnos, ¿Qué hicisteis el fin de semana?   *(Etapa: ambientación)*

Zobo: ¡El clásico! Olala ¡Oh Dios mío! Ayer jugó el Real Madrid contra el Barça. Fue un gran match. El Barça ganó 3-0. Tres golazos.

Profesora: ¡Vaya! ¡Hasta tres goles! Vaya paliza. Ya veo que fue **un gran partido del Barça**.

Zobo: Sí, señora, fue un gran partido. El Barça es el mejor equipo del mundo porque tiene a los mejores jugadores del mundo.

Kenfack (otra alumna): ¡Qué va! ¿Y la maison blanche qué? El Madrid es el mejor equipo del mundo. Hemos perdido porque Vinicius estaba lesionado. Ya veréis en el partido de returno. Haremos la revancha.

Zobo: Sigue soñando, chica. El Real Madrid no tiene nivel.

Njoya: ¿Cómo? ¿No conoces la historia del Real Madrid? ¿Cuántas champions tenéis?

Profesora: ¡Vaya, vaya! ¡Ya veo que en esta clase hay muchos aficionados del Barça y del Madrid eh! Por cierto, ¿cómo se llaman a los seguidores del Barça?

Evina: Los culés o barcelonistas, señora.

Profesora: ¡Muy bien! Aplausos para ella. Y los del Real Madrid, ¿cómo se llaman?

Mengue: Los madridistas.

Tiako: Los merengues.

Profesora: ¡Fenomenal! Sois unos cracks. Aplausos para todos. Recordad que en español se dice un **gran Partido** y no **un gran match**. También se dice **partido de ida** y **partido de vuelta**. **Partido de returno** no existe.

Kum: Señora, ¿de qué equipo es usted?

Profesora: Sabía que alguien me lo preguntaría. Yo soy seguidora del Bambutos de Mbouda. (todos entre risas). También tenemos que apoyar equipos de la liga camerunesa de fútbol. Venga, ahora vamos a corregir la tarea casera. Sacad los cuadernos.

Situación de clase sobre el uso de la competencia estratégica

Se nota que los alumnos Zobo y Kenfack tienen un objetivo comunicativo (transmitir una información a los demás). Cumplen con ese objetivo y siguen participando en la interacción sin ningún problema porque recurren a su lengua de escolarización para expresar un concepto que no sabían cómo se dice en español. La estrategia comunicativa usada por Kenfack es diferente a la de Zobo, en la medida en que se apoya en el francés para crear un término "partido de returno". El docente de estos alumnos, por ser un buen pedagogo, no interrumpe a los alumnos para corregirles. Les deja apoyarse en su lengua de escolarización para mantener ese interesante momento de interacción. Deja que la interacción prosiga y al final los corrige. Además, el docente también usa el francés cuando pregunta *¿cómo se dice "match retour" en español?* Ese uso no es ningún capricho, lo hace a propósito, lo hace para llamar la atención del alumnado sobre el error de transferencia negativa.

El alumno que no recurre **a la competencia estratégica no suele arriesgarse a hablar, no participa apenas en clase, tiene ansiedad y se piensa mucho el discurso antes de soltarlo**. Se obsesiona por hablar un español puro y perfecto y como eso es imposible, acaba callándose; no es consciente de que es normal que sus producciones orales y escritas en español tengan muestra de su lengua de escolarización; no sabe que aprender el español como lengua extranjera, es un proceso repleto de etapas (marcadas por el uso consciente e inconsciente de la lengua de escolarización) por las que hay que pasar obligatoriamente para poder alcanzar la competencia máxima deseada.

Cabe subrayar que, si bien el uso de un ítem del francés o inglés puede ser permitido en nuestras clases, como estrategia comunicativa, debemos llevar a los alumnos y a las alumnas a no abusar de esta estrategia ya que hay muchísimas más de las se pueden valerse (uso de gestos, muletillas lingüísticas, paráfrasis, etc.). De hecho, el bagaje lingüístico previo que tienen los alumnos en otros idiomas les puede ayudar en la comunicación oral, en la medida que, si se están expresando oralmente en la lengua meta, y si se les olvida una palabra determinada, en vez de callarse o quedarse en blanco y avergonzados, pueden usar una de las facetas de la competencia estratégica (la del uso de una palabra de la lengua de escolarización) para hacer efectivo su acto comunicativo. En este caso, el alumno tiene bien claro que, en la clase de español, se ha de hablar español, pero usa una determinada palabra o expresión de su lengua primera como un préstamo y luego persigue su acto comunicativo sin tener que perder el hilo de su comunicación.

Por eso, es preciso evitar todo discurso de tipo 'queda rotundamente prohibido la presencia de la lengua de escolarización del alumno en el aula" **ya que, a mi modo de ver, todos tenemos, queramos o no, la compañía de nuestro background cultural y lingüístico cuando aprendemos una lengua nueva**. Cabe precisar que no apoyo pues su presencia abusiva y no controlada, ni promuevo la clase de español impartida a la vez en español y francés, sino que abogo por su presencia dentro de los límites pedagógicos posibles.

2 El francés en actividades de mediación lingüísticas

Tanto en el currículum camerunés de ELE como en el MCER, la mediación figura como una de las destrezas lingüísticas que debemos trabajar en el aula. De acuerdo con el MCER (2002) en la mediación, el aprendiz actúa como un agente social que 189 tiende puentes y facilita la construcción o la transmisión de significados, ya sea dentro de la misma lengua, entre diferentes modalidades lingüísticas (por ejemplo, de la oral a la signada o viceversa, en la comunicación intermodal) o de una lengua a otra (mediación interlingüística). Siendo los alumnos (futuros) *agentes sociales* (MCER, 2002), es preciso trabajar en el aula actividades de mediación que les permitan actuar de mediadores o asesores lingüísticos.

Las actividades de mediación lingüística que podemos llevar al aula son numerosas, pero aquí nos interesan las que implican la presencia del francés en el aula: la traducción y la corrección de textos. La traducción de la lengua A y B, y viceversa, es al fin y al cabo un ejercicio de lingüística contrastiva que permite al alumno apreciar las similitudes y diferencias entre el español y la su lengua de escolarización y, por lo tanto, facilita un mejor dominio de la lengua objeto de aprendizaje. La corrección de textos también puede ser planteada como actividad de clase que invita a una reflexión sobre casos de falsos amigos, interferencias lingüísticas negativas de la lengua de escolarización.

Los dos modelos de actividades que se propone pueden compaginar las teorías del análisis contrastivo y del análisis del error en el aula. Esos ejercicios permiten trabajar la transferencia positiva entre la lengua de escolarización y la lengua meta. A continuación, tomando como punto de anclaje, algunos errores interlingüísticos típicos que cometen nuestros estudiantes francófonos de la Escuela Normal Superior, presento a modo de ejemplo algunas estructuras dignas de interés de llevar a la clase de ELE para evitar interferencias lingüísticas y casos de fosilizaciones de errores con aprendices francófonos.

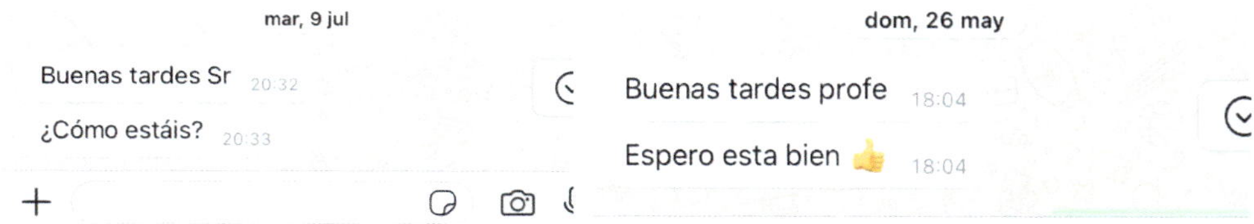

Figura 18 Captura de pantalla de ejemplos de mensajes whatsapp con errores interlingüísticos de mis estudiantes de la Escuela Normal Superior.

Muchos de mis estudiantes (futuros docente de ELE) cometen tanto al hablar como al escribir errores como los que aparecen en la figura 18. A mi modo de ver, se deben a que quizás sus docentes de la secundaria no les llevaron a percibir las diferencias o similitudes entre el español y el francés (gramática contrastiva) a la hora de enseñar las estructuras gramaticales que no consiguen expresar correctamente en situaciones de comunicaciones reales. Es importante, considerar que el camerunés que aprende español no es una tabula rasa. No se puede pasar por alto su perfil lingüístico a la hora de impartir clase, si no actuará en su contra. Desde la perspectiva del análisis contrastivo y del análisis del error, tenemos que ayudarlo a ver y evitar hipergeneralizaciones y transferencias negativas. A continuación listamos, a modo de ejemplo, algunos casos de errores interlingüísticos comunes en los aprendices cameruneses francófonos.

a) Errores cuando la subordinada viene precedida por verbos de sentimiento o deseo. Muchos francófonos apoyándose del francés suelen decir "Espero que estás bien", "Me alegro de que has venido" utilizando el presente de indicativo en la subordinada como se hace en francés.

b) Errores en la expresión del futuro en la subordinada. Los francófonos tienden a decir "cuando podré, vendré a verte" o "Mis padres me dejarán salir cuando habré terminado mis deberes" en lugar de la forma correcta que es "cuando pueda, vendré a verte" y "mis padres me dejarán salir cuando haya terminado mis deberes". Y es porque se apoyan en la estructura francesa : "Quand je pourrai, je viendrai te voir», «Mes parents me laisseront sortir, quand j'aurai fini mes devoirs».

c) Errores en el uso de la preposición *a* como indicador de movimiento hacia un destino o como introductor de complementos directos de persona. Ya que este uso no se da en francés, muchos francófonos tienden a decir: "Voy en Francia" en lugar de "Voy a Francia"; "He visto tu padre" en lugar de "He visto a tu padre".

d) Errores en la traducción "À quoi ça sert..." Incluso muchos estudiantes-futuros profesores de ELE que formamos en la Escuela Normal suelen cometer este error. Dicen "A qué sirve..." en vez de "para que sirve...".

e) Ejemplos de frases sueltas con interferencias de la lengua de escolarización (francés) que los docentes pueden proponer a los alumnos para que busquen y corrijan los errores: *(i) Espero que será fácil la prueba de español. (ii) Espero que vas a cambiar de opinión. (iii) Debemos se llamar de vez en cuando. (iv) Debemos preocuparse de lo que está pasando, (v) Ayer cuando te he llamado, la secretaria me ha dijo que estabas en una reunión.*

f) *Los falsos amigos:* traducir *arrêter* por *arrestar* en vez de decir *detener*, traducir *coller* por *colar* en vez de decir *pegar*, traducir *être constipé* por *estar constipado* en vez de decir *estar estreñido*, traducir *demander* por *demandar* en vez de decir *pedir o preguntar*, etc.

Estos pocos ejemplos demuestran la necesidad de la presencia pedagógica o comparación del francés con la lengua meta. Para ahondar en el tema, os recomendamos la lectura la tesis doctoral del camerunés Dida Nopogwo (2019) que lleva como título "Análisis de errores en la adquisición del modo subjuntivo por los estudiantes francófonos de español como lengua extranjera".

3 El francés en la enseñanza del componente gramatical

Dado que el español y el francés son lenguas romances, entre los alumnos cameruneses francófonos que aprenden español, pueden darse casos de interferencia lingüística y/o de transferencia positiva. El papel del docente a lo largo del proceso de aprendizaje es importante para que el francés facilite el aprendizaje más que distorsionarlo. A continuación, enunciamos unos ejemplos sobre cómo, a la hora de trabajar algunos temas de la competencia lingüística, los docentes cameruneses pueden convocar la lengua de escolarización en el aula.

a. **Enseñanza de la pronunciación:**

— Errores en la pronunciación de la vibrante alveolar simple /r/. La pronunciación de este sonido causa muchos problemas a nuestros alumnos y a nuestras alumnas ya que la pronuncian como en francés. **Por mucho que el docente camerunés haga la tradicional técnica del "escucha y repite", el aprendiente nunca llegará a pronunciar bien la vibrante alveolar /r/ mientras el docente no le diga cómo (modo y punto de articulación) se pronuncia ese sonido en español.** En francés la **/r/** es velar. Dado que la vibrante alveolar simple /r/ no existe en el francés, recomendamos que el docente muestre al alumno el punto y modo de articulación (los órganos de fonación en juego) de la /r/ francesa y española para que perciba la diferencia y practique. El **escucha y repite** no sirve mucho aquí mientras no hagamos ese ejercicio de pronunciación contrastiva.

— Errores en la pronunciación de palabras que lleven la V. Si bien el fonema /v/ no existe en español, influido por la relación sonido-grafía propia de su lengua materna, a la hora de decir Valencia, los alumnos francófonos sobre todo de niveles iniciales realizan el fonema /v/ francés.

— Errores de seseo. Debido a la similitud en el modo de articulación, a los alumnos francófonos cameruneses les suele costar la pronunciar del fonema fricativo dental /θ/. Lo pronuncian como el fricativo alveolar /s/. En sus pronunciaciones, los alumnos sustituyen la [θ] por la [s]. Aunque escriben correctamente las palabras siguientes, las pronuncian mal: Se escucharía: sapatos por zapatos, plasa por plaza, sielo por cielo, serámica por cerámica, Sesilia por Cecilia etc.

— Errores en la pronunciación de las consonantes africadas ('ch', 'y', 'll'). Muchos de nuestros alumnos tienen la tendencia a hacer fricativas las consonantes africadas ('ch', 'y', 'll'). El problema radica en que los fonemas africados palatales sonoro /ts/ y sordo /j/ no existen en francés. Aquí también se recomienda que el docente haga un ejercicio de pronunciación contrastiva entre el español y el francés de palabras comunes en ambas lenguas para que los alumnos perciban la diferencia de pronunciación. Ejemplos: Chimenea, Charles, Chimène, Chalé y Chalet. Para ello el docente puede primero pronunciar estas palabras y nombres como las pronunciarían un francófono y, seguidamente, pronunciarlas como lo haría un hispanófono para que los discentes perciban la diferencia en las pronunciaciones.

— Errores en la pronunciación de la secuencia "gn". En realidad, el fonema /ŋ/ corresponde a la grafía "ñ" en español. Pero nuestros alumnos francófonos suelen confundirse en la pronunciación de la secuencia "gn". Esta secuencia en francés representa un sonido y se pronuncia como la "ñ" española (como en *espagnol, cogner, magnifique, ignorant*). Pero en español, representa dos sonidos diferentes, las consonantes "g" y "n" están en sílabas distintas. A raíz de eso, nuestros alumnos francófonos suelen encontrar dificultades en pronunciar palabras como: Ignacio, ignorante, magnífico, signo, etc.

b. Enseñanza de la gramática

— Errores en el contraste pretérito indefinido vs pretérito perfecto compuesto. Dado que el pretérito perfecto simple casi no se usa en el francés hablado y que en francés se usa el pretérito perfecto compuesto para expresar acciones pasadas acabas, tanto del pasado reciente como lejano (*Hier j'ai mangé du Ndolé, ce matin j'ai mangé du ndolé, Il y a deux jours jai mangé du ndolé, l'année passée j'ai mangé du ndolé*), a los alumnos francófonos cameruneses les resulta difícil usar correctamente el pretérito perfecto simple en español. En las voces anteriores, en francés es correcto el uso del pretérito perfecto simple en acciones pasadas y acabadas, pero en español, en esas circunstancias lo correcto es usar el pretérito perfecto simple (*Ayer comí ndolé, Esta mañana he comido ndolé, hace dos días comí ndolé, el año pasado comí ndolé"*). Para que el alumno domine el uso de ambos tiempos es preciso enseñarlos a partir de la gramática contrastiva español/francés.

Para concluir, reiteramos que no se puede enseñar una lengua extranjera a un cerebro multilingüe como se enseña a un cerebro monolingüe. El monolingüe lo aprende desde casa (educación informal) por ser su lengua materna y, luego, en la escuela (contexto formal de aprendizaje). Sin embargo, el camerunés, sujeto cultural multilingüe por naturaleza, cuando aprende español ya habla o tiene conocimientos sobre, por lo menos, tres lenguas (el francés, el inglés y su lengua materna/lengua nacional). Así pues, la competencia plurilingüe del aprendiz de ELE no debe ser ignorada en el aula. Lo queramos o no, a lo largo del proceso de aprendizaje, un aprendiz de una LE, tiene la compañía visible e invisible de las lenguas (LM, L2) que ya domina. Por lo tanto, debemos ayudarlo a utilizar su background lingüístico como un elemento que facilita el aprendizaje de la LE.

En este bloque temático, hemos articulado nuestras reflexiones tomando el caso del francés, pero las demás lenguas también deben ser objeto de reflexión. En algunas zonas rurales de Camerún, el francés no es la lengua vehicular, sino las lenguas autóctonas. En esos contextos rurales, la presencia de las lenguas maternas de los alumnos en el aula de ELE (ghomala, yemba, fufulde, bassa, ewondo, ngiembon, etc.), debe valorarse también en su doble dimensión: como instrumento pedagógico de apoyo para facilitar el aprendizaje de algunas estructuras lingüísticas, culturales e interculturales y como instrumento afectivo para romper el hielo en el aula o para demostrar que el docente también tiene interés en la lengua materna de los alumnos.

Capítulo 06
Análisis de las particularidades de uso de la tecnología con fines didácticos

"En los años ochenta y noventa la preocupación del docente era gestionar los 60 o 90 minutos de clase presencial.

Hoy, en cambio, tenemos que pensar en otras cosas.

Con internet, el aula se ha vuelto híbrida, física y virtual". Cassany (2021:23)

La escuela de hoy no puede desconectarse de la realidad social, es decir, no puede pensarse al margen de lo que sucede en la sociedad. La situación social que prevalece hoy es la del conectivismo. Los alumnos están cada vez más (inter)conectados: tienen cuentas de Facebook, Instagram, Twitter, Tiktok, escuchan y descargan música en YouTube, etc., escriben y leen más en el mundo virtual que en el mundo real. El entorno personal de aprendizaje, es decir el ecosistema personal que fundamenta el aprendizaje, se ha visto revolucionado sobremanera con la llegada de internet. Esa realidad nos obliga, en tanto como educadores, a repensar nuestra manera de enseñar, repensar la educación para que nuestras prácticas educativas no sean obsoletas y, por consiguiente, no garanticen los resultados esperados.

Es evidente que nuestro contexto socioeconómico y educativo, caracterizado por la brecha digital y las carencias infraestructurales y tecnológicas graves, no facilita nuestra labor para la digitalización de la educación; de ahí la necesidad de un pensamiento optimista, creativo y contextualizado a la realidad camerunesa. **¿Qué podemos hacer como docentes de ELE a nuestro nivel?** ¿Qué deben hacer las políticas educativas y qué hacen de momento? **¿Debemos esperar que llegue otra crisis como la del Covid 19**, que ha «permis de mettre à nu outre, les insuffisances organisationnelles et en particulier le retard technologique et infrastrucurel du pays relatif à la numérisation des enseignements, mais aussi le retard technologique des enseignants et des apprenants» (Tsague et al, 2022: en línea), para invertir en planes y estrategias de emergencia para el uso de las TIC para fines educativos? **¿La juventud**

camerunesa utiliza las TIC para una mera finalidad lúdica o las utilizan para aprender y mejorar su rendimiento escolar? **¿No es parte de nuestro trabajo despertar la consciencia digital y llevarles a aprovechar los recursos que ofrecen las TIC para la formación?** En este capítulo, reflexionaremos sobre la realidad de las TIC en el contexto camerunés y, seguidamente, plantearemos propuestas innovadoras y factibles del uso de las mismas para aprender español dentro y fuera del aula.

1 La realidad de las TIC en el contexto educativo camerunés

Según datos del Banco Mundial (2020), alrededor del 38% de la población camerunesa tiene acceso a internet. Si bien esta cifra va creciendo a medida que pasa el tiempo (34% en 2019, 30% en 2018, 23% en 2017, 21% en 2016, 18% en 2015, etc.), todavía sigue siendo un dato para demostrar la brecha digital entre los países del norte y los del sur. En países desarrollados, los datos de la penetración de internet en la sociedad casi alcanzan el 100%. Por ejemplo, en Qatar tenemos 99,7%, en Canadá 92,3%, en Alemania 89,9%, etc. Ese retraso da a entender que las prácticas educativas que integran la tecnología en los países desarrollados no pueden ser exactamente las mismas que las que existen en un país en vías de desarrollo como el nuestro. En este sentido, las prácticas docentes con las TIC en nuestro país dependen del contexto específico de enseñanza-clase donde trabaje el docente (zona urbana, zona rural, colegio que dispone de un aula informática, alumnos/as que disponen o no de móviles en casa, alumnos/as que tienen o no acceso a internet o material informático en casa, etc.).

En todo caso, me parece que todo depende de las medidas o facilidades que el docente tenga en su entorno específico, siempre y cuando evitemos que nuestra innovación pedagógica mediante las TIC, discrimine a algunos alumnos o alumnas, o al menos procurar que las condiciones permitan que la gran mayoría del alumnado puedan tener acceso al recurso educativo que se utilice. Por eso, es importante hacer el análisis de necesidades. Quiero advertir que mientras las políticas educativas no garanticen las condiciones sociotécnicas e infraestructurales para facilitar el uso de las TIC en los centros educativos y el acceso a coste barato a la banda ancha en la sociedad camerunesa, no deberíamos considerar obligatorio las actividades e-learning que propongamos a los alumnos. Me parece lógico plantearlas, por lo menos de momento, como un recurso complementario más de formación para aquellos alumnos que quieren y pueden integrar la tecnología en su forma y manera de aprender. Debemos considerar que quizá no todos los alumnos de nuestro centro disponen de facilidades y posibilidades parar aprovechar las TIC para ir más allá de lo que se hace en clase. Es muy importante hacer innovaciones tecno-pedagógicas para que los alumnos aprendan algo de las materias del currículo, incluso inconscientemente, cada vez que se conecten en sus redes sociales, por ejemplo. Pero también me parece idóneo que todas las innovaciones contemplen las realidades infraestructurales, económicas y tecnológicas del lugar donde trabajamos para no acabar discriminando a nadie. La educación tiene como propósito fomentar la equidad y no la discriminación.

Los resultados de mi investigación Kem-mekah Kadzue (2016) demostraron que la mayoría de los alumnos cameruneses encuestados tienen acceso a las TIC y suelen conectarse a internet. Tan solo 33,9% de encuestados de quinto curso de ELE dijeron que no suelen conectarse a internet, mientras que 66,1% de los informantes afirmaron que sí se conectan con frecuencia a internet. En la misma línea, entre los informantes del primer curso de ELE, 57,8% afirmaron que sí suelen conectarse a internet. A nuestro parecer, se trata de un resultado alentador. No obstante, lo paradójico, es que muchos alumnos tienen acceso a internet, pero lo usan para otras finalidades que no están relacionadas con el aprendizaje del español. En realidad, en el mismo estudio, "la casi totalidad de los encuestados (96,8%) afirmaron que nunca han usado las TIC con la finalidad de aprender español. Un número muy reducido de encuestados (3,2%) sí precisaron que habían usado las TIC para aprender la lengua española" (Kem-mekah Kadzue, 2016:329). Otro resultado digno de mención es que la mayoría de los encuestados, 60,3% de informantes, está a favor de la integración de las TIC en la enseñanza del español aunque hay que destacar que 23,4% de encuestados no está a favor. Finalmente, se precisa un 16,3% de indecisos ante la pregunta.

En resumen, puede concluirse a raíz de los resultados obtenidos en Kem-mekah Kadzue (2016), que la gran mayoría de los alumnos cameruneses tienen acceso a internet, pero lo usan para otras finalidades que no están relacionadas con el aprendizaje del español. Por eso, muy pocos informantes (3,2% en el primer curso y 10,3% en el quinto) afirman que han usado alguna vez las TIC con la finalidad de aprender español. Por otra parte, tanto en el primer curso como en el quinto, se concluye que la gran mayoría de los alumnos está a favor del uso de las TIC para la enseñanza del español. Se puede concluir, pues, que la accesibilidad a las herramientas TIC como primer paso para garantizar unas prácticas pedagógicas que integren las TIC, ya no es un gran problema en nuestra opinión, ya que "la llegada de los teléfonos inteligentes ha supuesto un gran cambio dado que, a diferencia de los ordenadores, la adquisición de los mismos ha sido generalizada entre la población africana" (Kem-mekah Kadzue, 2018:86).

A nivel institucional, la apertura de aulas informáticas en nuestros institutos y la creación de la asignatura informática en los planes curriculares también ha contribuido, y sigue contribuyendo, al conocimiento y, en menor medida, manipulación de las herramientas TIC por los alumnos y alumnas de las zonas urbanas principalmente. Uno de los problemas que surgen en Camerún es la accesibilidad a una cobertura internet de calidad. Los costes para acceder a una buena conexión siguen siendo muy elevados en nuestro contexto. Puede parecer curioso, pero disponer de internet de manera constante sale más caro en Camerún que en España, por poner un ejemplo. Con quince euros (unos diez mil francos CFA), una persona en España se compra un bono de unas 150 gigas datos con la velocidad máxima (4g), pero con el mismo precio en Camerún las compañías de telefonías móviles nos dan 30 gigas, de una conexión inestable.

Volviendo al tema: ¿qué hacen los docentes cameruneses para integrar las TIC tanto a nivel de la preparación de clases como de la impartición? En nuestra investigación realizada unos años atrás sobre las TIC (Kem-Mekah Kadzue, 2016), 60% de los docentes encuestados dijeron que no conocen ni usan referencias o páginas web de interés en el ámbito del ELE. Es decir, que de los docentes que encuestamos en ese estudio, la gran mayoría no integran las TIC en su labor. En cambio, 40% de los encuestados conocen y usan recursos web para su labor de profesor del ELE. Se desprendió de las respuestas proporcionadas en la pregunta abierta sobre la finalidad del uso de internet que, sobre ese 40% de los que afirman usar la tecnología, había dos tipos de profesores:

— Los hay que usan algunas páginas de referencias del mundo del ELE para hacer consultas lingüísticas, buscar actividades didácticas, intercambiar y compartir experiencias con otros docentes del mundo de la enseñanza del español. Los encuestados de esta categoría usan: TodoELE, RedELE, espagnolfacil, páginas de Facebook, la web de la Real Academia Española, la web de FundéuRAE, páginas web de El País, la página web del Instituto Cervantes y el Centro Virtual Cervantes.

— Los que no conocen páginas de referencias del mundo del ELE, pero sí consultan internet para hacer investigaciones complementarias y buscar actividades didácticas y textos para explotar en el aula o para diseñar las pruebas de exámenes, lo hacen directamente a partir del buscador de Google.

En la misma línea, formulamos unas afirmaciones sobre el uso de las TIC en el proceso de aprendizaje y llegamos a los resultaos siguientes.

ÍTEMS **SOBRE LAS TIC**	Indeciso	Estoy de acuerdo	No estoy de acuerdo
a. Introducir las TIC en la enseñanza y aprendizaje del español en Camerún es una utopía	**28,3%**	**20%**	**51,7**
b. Considero que las TIC, a día de hoy, son muy importantes para la enseñanza de lenguas	**3,3%**	**93,4%**	**3,4%**
c. Estoy dispuesto a aprender las posibilidades de las TIC en la enseñanza	**5%**	**95%**	**/**
d. Me encantaría trabajar en un centro que contara con más recursos tecnológicos	**5%**	**95%**	**/**
e. Aunque el instituto o las aulas carezcan de recursos tecnológicos, se pueden incorporar satisfactoriamente las TIC en la A/E del español	**20%**	**65%**	**15%**

Tabla 10 Uso de las TIC por los docentes cameruneses

Se desprende de los resultados presentes en la tabla anterior que las creencias que tiene el profesorado en torno a las TIC y al uso de las mismas para la enseñanza pueden facilitar a la vez que dificultar el uso de las TIC para enseñar español. Lo que sí nos parece sumamente interesante es que muchos de los encuestados de la muestra consideran que el uso de las TIC en la E/A de ELE en Camerún facilitarían la labor y calidad docente. La casi totalidad de los docentes se muestra consciente de la importancia del uso de las TIC para fines educativos. Asimismo, casi todos afirman que están dispuestos a aprender las posibilidades de incorporar estas herramientas en la enseñanza. Por otra parte, mientras que el 20% de los encuestados y encuestadas opinan que introducir las TIC en proceso de enseñanza del español en Camerún es una utopía, un 65% piensan que, aunque el instituto o las aulas carezcan de recursos tecnológicos, se puede incorporar satisfactoriamente.

Lo que es evidente es que urge una necesidad de formación de los docentes en el ámbito de la digitalización para que todos valoren y disfruten de las facilidades y recursos que ofrecen las TIC para su labor. No basta con invitar a los docentes a practicar la digitalización de la docencia, las políticas educativas también deben acompañar esa orientación pedagógica con medidas logísticas, infraestructurales y formativas que permitan formar al profesorado en este sentido y garantizar la adquisición de herramientas tecnológicas básicas en los institutos y colegios.

Como comentamos en un trabajo anterior (Kem-mekah Kadzue, 2018), desde la década de los años 2000, en toda el África negra, y concretamente en Camerún desde el año 2003 (decreto n° 3745/D/63/ MINEDUC/CAB du 17/06/2003), la "informática

& TIC" se ha convertido en una materia obligatoria en todos los centros de la Educación Secundaria.

> C'est dans ce contexte qu'intervient alors l'intégration des TIC dans l'école au Cameroun en 2003. Depuis lors, des lycées et collèges se dotent de plus en plus de Centres de Ressources Multimédias (CRM). Corollairement, cela permet à des milliers d'élèves d'utiliser l'ordinateur et l'Internet à l'école et de les intégrer dans leurs pratiques d'apprentissage. (Béché, 2017:3)

La asignatura "informática" se ha planteado como finalidad enseñar a los alumnos y a las alumnas conocimientos básicos sobre las funcionalidades y el uso de la misma. La incorporación de las TIC en el sector educativo sigue pues su curso en África, al menos a partir de la introducción de la asignatura informática en el currículo, respondiendo así al deseo de las políticas educativas de garantizar una educación de calidad y competitiva facilitada por los aportes de las TIC. Por eso, muchos institutos de las zonas urbanas e incluso algunos de las rurales en Camerún disponen de un aula de informática donde los docentes de esta asignatura suelen hacer prácticas con sus alumnos/as. Sin embargo, lo paradójico respecto a las TIC en nuestro país es que los centros educativos que sean a nivel de la educación secundaria o de la universitaria no disponen de una conexión a internet ni de aplicaciones o recursos tecnopedagógicos para que los estudiantes puedan estudiar. Así visto, esta herramienta parece un recurso obsoleto ya que ni está conectada a internet ni tiene recursos pedagógicos sobre las asignaturas que el alumno podría consultar como complemento de conocimiento a lo que reciben en las aulas. No en vano, una de las conclusiones a las que llega Djeumeni (2011: 9) en su investigación es que "pour les enseignants et les apprenants, ce sont surtout des pratiques des TIC pauvres, liées à des modèles dominés par l'enseignement de l'informatique qui se développent". Por lo tanto, la misma investigadora concluye que uno de los límites de la integración de las TIC radica en que "les technologies sont présentées comme une spécialité et non comme un outil, un instrument d'application générale à toutes les autres disciplines du programme» (Djeumeni, 2011: 269).

A tenor de todo lo anterior, puede decirse que antes de la llegada de la pandemia de la Covid-19, en el contexto camerunés, no se referenciaba unas prácticas educativas pensadas desde las instituciones que abogaban por el uso de las TIC para fines de docencia. Se empezó a hablar de una necesidad de digitalizar la enseñanza cuando estalló la crisis del Covid-19 que supuso el confinamiento y el cierre de las instituciones educativas.

Unas de las innovaciones tecnopedagógicas llevadas desde las instituciones camerunesas de educación secundaria, en la época del Covid-19 para garantizar la continuidad de la educación, fueron realizadas desde el Centro de Educación a Distancia del Ministerio de las Enseñanzas Secundarias situado en Yaundé. Desde ese centro, se ha iniciado un proyecto de creación de videos-clases sobre los temas de todas las asignaturas del sistema educativo del país, tanto en el sistema francófono como anglófono. Se trata de vídeos grabados sobre temas del currículo camerunés de la educación secundaria donde se puede ver a un(a) profesor(a) explicando el contenido de una clase preparada de antemano a partir de un powerpoint. Los vídeos grabados tienen una duración de unos 30 a 40 minutos.

Aunque todavía no se han diseñado estos vídeos sobre los contenidos de todos los niveles, ya que el proyecto sigue en curso, nos parece una buena iniciativa para permitir que los alumnos puedan acceder, en todo tiempo y desde cualquier lugar, a los contenidos de enseñanza en todas las asignaturas. Por tanto, me parece interesante que dicha institución siga produciendo esos tipos de contenidos, potenciando así un espacio de aprendizaje en línea orientado a la temática curricular en Camerún. Es como una biblioteca virtual que los alumnos y las alumnas pueden utilizar para apropiarse mejor de los contenidos antes o después de las clases presenciales, llegando a ellas mejor preparados y podrán participarán más.

 A continuación, presentamos una pantalla de la muestra de unos de esos vídeos que están disponibles de manera libre en el canal YouTube llamado MINESEC DISTANCE LEARNING y en la página web del ministerio de enseñanza secundaria https://mine-sec-distancelearning.cm/

Figura 20 Captura de pantalla de una de las video-clases del ELE diseñadas en Camerún a raíz de la crisis del covid-19.

Todos empiezan con la misma descripción:

> La Ministra de las Enseñanza Secundarias ha desarrollado una plataforma de enseñanza a distancia para los alumnos de la enseñanza secundaria en Camerún. Una serie de clases impartidas por docentes competentes. Aprender se hace más sencillo con la enseñanza a distancia. Una iniciativa del Ministerio de las Enseñanzas Secundaria bajo la supervisión del Pr Nalova Lyonga, en colaboración con el Ministerio de Correos y telecomunicaciones, la Camerún telecomunicación (CAMTEL), la televisión nacional y UNESCO. Introducimos la enseñanza a distancia como otro método de enseñanza que difiere de las clases tradicionales a las que están ustedes acostumbrados. En la modalidad de enseñanza a distancia, no estáis con el docente en carne y hueso. Pues tomen vuestro tiempo, relajaros, escuchen al docente, apuntar lo que quieran y planteen preguntas en estas direcciones que os facilitamos en pantalla (correo, número whatsapp, página web de Facebook de la plataforma. Vayan aprendiendo según vuestro ritmo. Se trata de la solución en Camerún contra el Covid-19 y más allá. Un mensaje del Profesor Nalova Lyonga, Ministra de las Enseñanzas Secundarias. [Traducción propia]

Por lo tanto, esta iniciativa fue llevada a cabo a raíz de la crisis del Covid-19, si no hubiera existido esa pandemia que supuso un cambio en el modus vivendi y modus operandi en todos los sectores, las políticas educativas quizá nunca hubieran emprendido una iniciativa tan necesaria como esta. Por eso, nos preguntábamos en la introducción de este bloque temático si habrá que esperar otra pandemia para iniciar proyectos de urgencia de cara a aprovechar las ventajas que ofrecen las TIC en y para la educación. ¿Habrá que esperar a otra pandemia para que las políticas educativas y los responsables de la toma de decisiones a nivel estatal resuelvan las deficiencias infraestructurales y sociotécnicas que paralizan el uso de las TIC para garantizar mejores resultados educativos? ¿No es absurdo que, a pesar de la propuesta de avance, el acceso a la conexión de internet sea un lujo en nuestro país? ¿No parece inconcebible que los campus universitarios de Camerún, cumbre de la intelectualidad y la investigación científica, no dispongan de conexión a Internet? Ndibnu-Messina Ethé et Kouankem (2021 :44) proponen a este respecto que «le gouvernement pourrait étendre l'installation des fibres optiques afin d'agrandir la bande passante et, par ricochet, donner droit à une meilleure couverture réseau ».

Pese a esta situación desoladora y a la espera de que tengamos un satélite para garantizar un acceso a una banda ancha de alto débito, nos parece importante que los docentes sigamos innovando y construyendo el ecosistema e-learning que favorezca una enseñanza/aprendizaje efectiva y correspondiente a la era digital en la que estamos. De ahí las propuestas de integración de las TIC en el proceso de enseñanza del español que planteamos a continuación. Es imprescindible que abunden propuestas como las que haremos a continuación, porque como otros investigadores cameruneses, Fonkoua (2006), Onguené Essono (2005), Djeumeni Tchamabe (2011), Béché

(2017), vemos en las TIC una vía para solucionar muchos problemas educativos de nuestro país: la masificación escolar, el abandono escolar, el fracaso escolar, del protagonismo del profesorado en el aula, la poca profesionalización, la monotonía en las actividades de aprendizaje realizadas en las aulas, etc.

Respecto a la ruptura con la monotonía, cabe señalar que la experiencia del uso del proyector que están experimentando algunos docentes de ELE de la educación secundaria, pese a las dificultades de apagones que se dan en ocasiones, está teniendo muy buena acogida entre los alumnos. Se muestran más curiosos y enganchados en las actividades de aprendizaje, según los docentes que han probado esta manera de impartir clases. Además, esta innovación pedagógica facilita la labor docente porque ahorra todo el tiempo que se pierde para escribir todo el contenido de la clase en la pizarra.

Figura 21 Un docente camerunés de ELE impartiendo su clase con la ayuda de un proyector.

2 Propuestas de cara a la integración de las TIC en la educación secundaria camerunesa

La primera propuesta que planteamos radica en la construcción de un potente Entorno Personal de Aprendizaje (EPA, en inglés Personal Learning Enviroment), cuyo acrónimo es PLE (Castañeda & Adell, 2013), es una propuesta educativa que se remonta al año 2001 en el marco del proyecto NIMLE (Northern Ireland Integrated Managed Learning Environment). Según Castañeda & Adell (2013), se trata de:

> un enfoque pedagógico con unas enormes implicaciones en los procesos de aprendizaje y con una base tecnológica evidente. Un concepto tecno-pedagógico que saca el mejor partido de las innegables posibilidades que le ofrecen las tecnologías y de las emergentes dinámicas sociales que tienen lugar en los nuevos escenarios definidos por esas tecnologías. (Castañeda & Adell, 2013:13)

Básicamente, se trata de una teoría que plantea la necesidad de repensar el aprendizaje y construir un entorno en el que se usan los recursos de las TIC y todo lo que esto conlleva (herramientas de las TIC, las fuentes de información, las conexiones y redes de aprendizaje, etc.) para optimizar nuestro aprendizaje, tanto desde el punto de vista de los docentes como del de los alumnos.

Como subrayan Castañeda & Adell (2013), no hace falta ser un aprendiz experto o un profesional de la pedagogía para tener un EPA. En efecto, todos tenemos un EPA lo sepamos o no. La familia donde nos criamos, la cultura donde nacemos, los amigos con los que crecemos y nos relacionamos, la institución donde trabajamos o los colegas que tenemos, los canales de tele que miramos, las páginas Facebook que seguimos, los grupos whatsapp en los que estamos, etc., son ejemplos de recursos humanos y materiales que componen nuestro entorno virtual de aprendizaje (EVA). La cuestión es que hoy, en la era del conectivismo y de las TIC, los alumnos y las alumnas tienen a su disposición un gran valor añadido para enriquecer su EPA. Llevar a los alumnos de español e incluso a los alumnos-profesores a ser conscientes de la necesidad de construir su EPA de modo que todos los recursos de internet que utilicen a diario (redes sociales, notablemente) les ayude incluso inconscientemente a tener un mejor rendimiento escolar.

Según Castañeda & Adell, (2013:13), el EPA consta de tres partes principales, que intentaremos ilustrar con la realidad de la juventud camerunesa en las redes sociales:

— **Herramienta y estrategia de lectura. Nos permite leer y acceder a la información**. A día de hoy con las TIC, los alumnos acceden a información de todo tipo desde sus móviles a partir de sus redes sociales. Pero como bien sabemos, la realidad de nuestro contexto social es que casi solo siguen en las redes sociales a llamados (e)influencers o páginas de prensa amarilla, por lo que la información que leen o visualizan suele ser para fines lúdicos y poco más. Esos influencers, que siguen nuestros alumnos y alumnas, generalmente son músicos, cómicos, etc. En el paisaje digital camerunés, todavía no se han hecho (e)influencers famosos sobre temáticas relacionadas con la educación como el aprendizaje de lenguas, sobre la lectura, sobre el arte, sobre la historia, sobre cine, sobre temas culturales, etc. Eso no quiere decir que en Camerún no existan (e)pensadores y críticos en esos temas, sí los hay, pero todavía no tienen una visibilidad contundente en el espacio digital para ser considerados como (e)influencers famosos.

— Herramienta y estrategia de reflexión. Aparte de acceder a la información, podemos reflexionar sobre la misma, reelaboramos y publicamos la información, hacemos cosas con la información conseguida en la primera etapa. Después de leer los posts o visualizar videos publicados por las personas a las que siguen, suelen reflexionar sobre el contenido. Por eso si miramos las publicaciones de influencers cameruneses, nos daremos cuenta que siempre hay feedback o comentarios de los seguidores, entre ellos nuestros alumnos, que comentan las publicaciones o reaccionan con un "me gusta" o "no me gusta" y la comparten en sus propias redes. Algunos esas publicaciones, la utilizan para hacer imitaciones sobre el acento, la manera de hablar del influencers o de actuar, etc.

— **Herramienta y estrategia de relación. Finalmente, desarrollamos nuestra red personal de aprendizaje estableciendo conexiones con otros profesionales del mundo. Compartimos información y reflexionamos en comunidad**. A raíz de las actividades que realizan nuestros jóvenes en las redes sociales, acaban desarrollando su red personal y van conociendo gente nueva, van aumentando sus números de amigos o seguidores en sus propias redes. Cuando uno es activo en la red, siempre va sumando nuevos seguidores, amplía su círculo de contacto y asimismo crece su facilidad de acceso a la información y muchas veces a la desinformación. Esta es la nueva realidad, es el nuevo entorno personal de socialización y de aprendizaje, de ahí, la necesidad de cuidarlo y ayudar a los alumnos a construirlo para que sea un ayudante en el proceso de aprendizaje del español o de cualquier otra asignatura.

En resumidas cuentas, a partir de estas tres etapas, vemos que, gracias a las TIC, la manera de aprender y relacionarse ha cambiado sustancialmente. El entorno personal de aprendizaje de un alumno actual ya no es solo su familia, su profesor, sus compañeros de clase, la biblioteca familiar, los vecinos, la tele y la radio sino, todo aquello que desde su móvil le vincula con otros recursos y formas de aprendizaje. De ahí la necesidad de reflexionar en el sentido de integrar este ecosistema digital para su formación. Si no hay ese trabajo de construcción del EPA de nuestros alumnos, solo van a pensar que las redes sociales sirven para distraerse. Tanto los docentes cameruneses como los alumnos deben ser conscientes de que tener un PLE "y no conocerlo o no saber cómo enriquecerlo/mantenerlo implica desperdiciar su potencial en tanto que herramienta de metacognición." (Castañeda & Adell, 2013:21). La necesidad de desarrollar y cuidar el EPA del alumnado camerunés se inscribe en la línea de la necesidad de acercar a nuestros discentes a la ecología moderna que rige los procesos educativos actuales. Como afirman Castañeda & Adell (2013):

> Plantear el PLE, entendido como aprender a aprender en la era digital, como centro de los procesos educativos (formales y no formales) supone cambios profundos en todos los participantes en el proceso educativo. Pero, de la misma forma, introducir los PLEs como eje fundamental de los procesos puede ayudar a cambiar y reconstruir —sofisticar— no solo las creencias de los docentes sobre cuáles son las mejores formas de enseñar (Kim et al. 2012), sino las de los aprendices sobre la naturaleza del conocimiento y del propio aprendizaje. (Castañeda & Adell, 2013:22).

Ciñéndonos a la dimensión tecno-pedagógica del PLE, en nuestra propuesta presentaremos algunos recursos de las TIC, que tanto los alumnos como los docentes cameruneses deben tener en cuenta para desarrollar su EPA. No es normal que, en el siglo XXI, en la era del conectivismo, el PLE de los docentes y alumnos de ELE cameruneses sea limitado y no corresponda a la realidad actual marcada por el entorno virtual de aprendizaje. No es normal que el EVA de nuestros estudiantes esté formado únicamente por los apuntes de clase, los pocos libros en español que tenemos en casa, los recursos humanos (docentes, hermanos que han estudiado español, etc.). Como advierte Cassany (2021), cada aprendiz ha desarrollado su entorno personal de aprendizaje (EPA) o conjunto de recursos, contactos medios (diarios, canales de vídeo y audio, webs, bases de datos) con los que se informa, se divierte y aprende lo que le interesa, al margen del currículum escolar o de la orientación familiar.

En el contexto camerunés pasa lo mismo, los alumnos tienen todos esos recursos para divertirse e informarse sobre los temas que les interesan. Ha llegado el momento de que les enseñemos a usar esos recursos para aprender también el español. Debemos enseñarles a ampliar su EVA, pues "a la clase física le han crecido varios espacios virtuales […] Sería un error ignorar estos elementos: seguir creyendo que la clase es solo lo que ocurre cara a cara" (Cassany, 2021:24). La propuesta que viene a continuación tiene este propósito de plantear unas recomendaciones específicas de interés para que el aprendiz/docente de ELE camerunés potencie su EVA.

Uso de las redes sociales Casi todos los alumnos y alumnas las usan para finalidades lúdicas. Las usan para seguir a influencers que no tienen una línea editorial educativa. Pero alguna vez, se ha preguntado, ¿cómo puedo usarlas para mejorar mi conocimiento y competencia comunicativa en español ?	¿A quién seguir? ¿A qué comunidad pertenecer? **Facebook**	**Algunas p**áginas Facebook **de interés para el aprendiz de ELE:** **-@Real Academia Española:** Que sea en Facebook, Instagram o X, al seguir la cuenta de esta institución, a diario recibimos informaciones relevantes de manera muy resumida sobre la lengua y cultura hispánicas. Una de las categorías de informaciones diaria recibe el nombre de "la palabra del día". Al seguir pues, esta página, si nos conectamos en esas redes cada día aprenderíamos una palabra nueva. **-@Español para todos Camerún**: Es una página Facebook que comparte podcast de una emisora en lengua española de la radio camerunesa Zenith FM. En ese programa el camerunés que presenta dicho programa habla de temas de interés socioeducativo y culturales. - **@Afroeletheque o @ELE y OLE: entre hispanismo y africanidad**: Afrolethèque es la cuenta Facebook de la biblioteca (afro) hispánicos en Camerún. Es un proyecto llevado por la APILEC (Asociación para la promoción de la interculturalidad y de las lenguas españolas y camerunesas). **Grupo Facebook:** **@Los filólogos somos necesarios. Que parece que no, pero sí**. En el imaginario social en todos los países, buena parte de la población suelen opinar que los que estudian lenguas no sirven para nada. De ahí el nombre de este grupo para hacer hincapié en la importancia de los filólogos en español. Este grupo tiene 14.000 miembros. En este foro, los integrantes intercambian informaciones y reflexiones de todo tipo sobre el español en gran parte, pero también sobre otras lenguas. **@Profesores de español de aquí y allá.** Es el grupo Facebook de la asociación de profesores de español e hispanistas creada por un grupo de docentes cameruneses de ELE. En dicho grupo se suele compartir información sobre gramática española, didáctica, materiales de enseñanza/aprendizaje, informaciones sobre la asociación, los congresos que organizan, etc. Perfiles de interés: @lapizele, *@misclasesdeespañol*
	X (antesTwitter)	**@eledelengua:** o simplemente "L de lengua" son podcast donde se invita a profesionales en el ámbito de ELE para hablar sobre temas de lengua y didáctica del español. A modo de ejemplo, los últimos podcast habla de la pronunciación en la clase de ELE, las variedades del español en el aula de ELE, etc. #RAECONSULTA Cuando aprendemos una lengua e incluso en nuestra lengua materna, a veces tenemos dudas gramaticales y del uso de la lengua. En español, cuando tenga esas dudas, a partir de su móvil, puede plantearla a quienes gestionen la cuenta X de la RAE y le van a contestar. ¿Cómo proceder?

Como bien apunta la misma cuenta @raeinforma *"si desean realizar consultas lingüísticas, recuerden que deben incluir, además de la mención a @raeinforma, la etiqueta #dudaRAE. De este modo podrán obtener respuestas a sus dudas"*. Lo bueno de esta práctica es que las consultas son públicas, no se manda el mensaje directo a la cuenta. Así, otras personas que miran el muro de la cuenta pueden ver las respuestas a la pregunta planteada. Vamos a poner un ejemplo de una duda plantea por un usuario y la respuesta de la RAE.

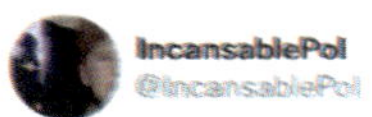

-Navegar en X: El primer paso sería el mismo que planteamos en el caso de Facebook. Pensamos que aquí no hace falta que listemos algunas cuentas que los docentes puedan seguir en X para alimentar su PLE, puesto que escribiendo en el buscador de X etiquetas como #XELE #ELE #ProfesdeELE #ClasedeELE #FormaciónELE #MúsicaELE, #TwitterELE, etc., cualquier profesor queda sumergido en el mundo X de ELE. De este modo, puede seguir a quienquiera e incluso X irá proponiéndole que siga a otras cuentas de profesionales que trabajan en el mismo sector que los que ha estado siguiendo. Cuando el docente tenga construida la red de aprendizaje X, puede comenzar a interactuar, compartir experiencias, plantear sus dudas y reflexiones usando etiquetas bien determinadas.

Instagram	**Perfiles con recursos para el aula:** @lapizele, @educandojuego, @apuntesbonito, @ayudaparamaestros, @creaduca, @parentesis.educación, @elhuertoliterario **Perfiles con contenido en español sobre** África **o activismo negro en España:** @africaen1click, @desireebelal, @luciambomio, @mohagerehou, @4sani, @kingmoustaphady, @unitedmindslibreria
Tiktok	**Perfiles de interés a seguir en Tiktok:** @blogdelengua, @el_de_sociales, @curiosisimo, @paugarciamila, etc. Por otra parte, con tan solo escribir en la barra de búsqueda #aprendecontiktok podemos dar con un sinfín de vídeos sobre historia, arte, lenguas, etc.
Youtube	**Influencers educativos (youtubers):** **Tu escuela de español:** Es una página Facebook de referencia para quienes quieren mejorar su español. En unos vídeos, la profesora Elena Prieto habla de manera muy didáctica de varios temas para trabajar el componente gramatical (vocabulario, gramática, fonética, etc.). Tiene almacenados en su canal una gran cantidad de videos educativos que ayudarían a nuestros estudiantes a mejorar su español. **La lengua con TIC entra:** Es la cuenta youtube de Quique Castillo. Es profesor de lengua y literatura española en la educación secundaria en España. Comparte vídeos para que sus alumnos y alumnas puedan repasar nociones de lengua y cultura españolas desde casa. **Blog de lengua:** Es el proyecto del lingüista Alberto Bustos, profesor de didáctica de la lengua en la Universidad de Extremadura. Comparte información útil sobre gramática, ortografía, vocabulario, redacción y expresión en oral en lengua española. **El tarro de los idiomas:** Es la cuenta youtube de Laura Caldos, profesora de idiomas. Ella comparte en la misma consejos, materiales y habla de su experiencia de docente. **Tio spanish:** Es una cuenta de youtube que permite aprender español a partir de vídeos que hablan de temas variados (vocabulario, gramática, cultura española, etc.) **El profesor Lector:** Es la cuenta youtube de un filólogo mexicano. En sus vídeos, hace reseñas de libros y habla de temas relacionados con la literatura, la lengua y el lenguaje. Los temas de los que habla son de interés sobre todo para los filólogos. **Vanfunfun:** de la misma categoría que la cuenta anterior. Este youtuber malagueño habla de temas de utilidad para los filólogos. **Lingu**riosa: de la misma categoría que la cuenta anterior, esta youtuber habla de temas de utilidad para los filólogos.

| Páginas web | Blogs | : (i) El diario profe de ELE 2.0, es una auténtica joya en los que los autores recopilan y publican información de todo tipo sobre la enseñanza de ELE.
(ii) **El blog** profe de ELE, es uno de los blog más seguidos por profesionales del mundo de ELE donde se puede encontrar diverso tipo de material y actividades interesantes para llevar al aula.
(iii) ***Justifica tu respuesta***. Es un blog de carácter pedagógico donde el autor plantea cuestiones diversas relativas a las innovaciones en la educación.
(iv) Profesor de español en apuros. *Es el blog de un docente de ELE donde comparte reflexiones y experiencias docentes.*
v) **Lapizele.** Es el blog de la profesora de español Ana Gómez. Tiene una mente muy creativa y te sorprenderá con unas ideas de actividades muy interesantes para llevar al aula sobre temas diversos.
(vi) ***Todo ELE***, página web donde se publican materiales didácticos, actividades y recursos para la clase de español, etc. |
| | **Páginas web** | En cuanto a recursos específicos para plantear sus dudas lingüísticas, didácticas y literaria proponemos herramientas como el *foro* del Centro Virtual Cervantes y el espacio *consultas* de *La Página del idioma español*. En la web de la *Página del idioma español* cualquier docente puede subscribirse y recibir diariamente una editorial llamado *palabra del día,* en la que se explica el origen y la historia de una determinada palabra del idioma español. En la misma editorial diaria recibe la expresión del día y la píldora gramatical donde se responde a una duda de gramática planteada por algún internauta.
También se puede consultar la página web: <u>https://geolexi.cervantes.es/#</u> (teclear en el buscado de Google *Geolexi Instituto Cervantes.* Se trata de una herramienta de consulta de geosinónimos del léxico recomendado para estudiantes de ELE. Permite la búsqueda de palabras por criterios como el nivel de aprendizaje (A2, B1), el país de habla español y por orden alfabético. Esa base de datos da mucha información sobre la palabra buscada (naturaleza, país donde se usa, ejemplos textuales y audiovisuales de uso de la misma, colocaciones, etc.).
La última propuesta la de consultar la página web: soundsofspeech.uiwo.edu para practicar los sonidos de la lengua española. Se trata de una página web que proporciona una comprensión exhaustiva de cómo se forman cada uno de los sonidos (punto y modo de articulación) del habla del inglés americano, el español y el alemán. La plataforma incluye animaciones, vídeos y muestras de audio que describen las características esenciales de cada una de las consonantes y vocales de estos idiomas. |

Aplicaciones	Aplicaciones disponibles en playstore para conversar en español con nativos o para hacer un intercambio de idiomas	**Tándem** **Hellotalk** **Speaky** **Hello Pal: Talk to the world**
	Aplicaciones disponibles en playstore para aprender español	Para aprender gramática: *duolinguo* Para aprender cantando: *lyrics training*. Permite completar huecos en las letras de las canciones y mejorar la escucha y la expresión escrita. Lo bueno es que dependiendo de su nivel podrá ajustar el nivel de dificultad.
	Juegos didácticos disponibles en playstore para evaluar su conocimiento de la lengua y cultura española	Aprender español o evaluar sus conocimientos del español jugando (gamificación): Existen aplicaciones de aprendizaje basadas en la gamificación. En las mismas, el alumnado puede solucionar ejercicios de lengua y cultura española jugando, y así autoevaluarse y prepararse para sus evaluaciones y exámenes académicos. Tenemos los ejemplos de aplicaciones siguientes donde se puede encontrar test ya diseñados sobre diferentes temas: *Kahoot, Quizizz*, 4 fotos 1 palabra, Trivial, etc.
	Diccionarios	**Diccionario en línea:** DRAE, Wordreference, etc.

Tabla 10 Propuesta de recursos digitales de interés para el alumnado/profesorado camerunés de ELE

La segunda propuesta consiste en la aplicación del modelo de clase invertida, a partir de diseño y uso de las cápsulas o tapas pedagógicas. Las cápsulas pedagógicas, también llamadas cápsulas educativas son, en palabras de Ledo et al. (2019), una innovación pedagógica que integra el uso de las tecnologías de la información y las comunicaciones en la creación de recursos o contenidos digitales educativos, con el propósito de difundir contenidos temáticos cortos, que faciliten el proceso de enseñanza-aprendizaje. Palabra Maestra (2019) las define como contenidos cortos en donde se explica de forma descriptiva un concepto clave en educación. En la misma línea, en una investigación reciente, decíamos que "une capsule vidéo pédagogique est une production audiovisuelle de courte durée (entre 3 à 5 minutes généralement) qui permet à un apprenant d'accéder à une connaissance de façon multimédia" (Kem-mekah Kadzue, 2024, inédita). Esas cápsulas normalmente vienen diseñadas por los docentes y resumen lo esencial sobre un tema determinado utilizando recursos variados (imágenes, textos, diapositivas, animaciones, etc.) para que la visualización en sí misma cautive y que el contenido sea *digestivo* para los estudiantes.

Las **cápsula**s permiten a los alumnos y a las alumnas acceder a contenidos de formación y aprendizaje en cualquier momento y lugar, igual que los vídeos clases diseñados por el Centro de Educación a Distancia del Ministerio de Enseñanzas Secundarias de Camerún durante la pandemia del Covid-19. No obstante la diferencia fundamental radica en la extensión. Las cápsulas, como he señado, no superan los cinco minutos mientras que los videos-clases diseñados por el MINESEC duran entre treinta y cuarenta minutos.

La irrupción de los vídeos educativos en el ámbito de la enseñanza ha sido posible gracias al desarrollo en el mundo anglosajón de técnica de enseñanza llamada flipped classroom. Según el servicio de apoyo de la formación de la Universidad de Sherbrooke, la flipped classroom es un enfoque pedagógico en el que "los contenidos del curso se imparten mediante recursos (la mayoría de las veces cápsulas de vídeo) que pueden consultarse en línea y el tiempo de clase se dedica exclusivamente a proyectos en equipo, intercambios con el profesor y entre compañeros, ejercicios prácticos y otras actividades colaborativas". En este caso, la enseñanza se centra en el desarrollo de competencias porque antes de llegar al aula, el alumno o la alumna, ya ha accedido, manipulado e intentado comprender el contenido del curso (los conocimientos, los recursos). Una vez en el aula, en su papel de facilitador, el profesor, a través de ejercicios de reflexión individuales o en grupo, preguntas, etc., empuja a los alumnos a movilizar los recursos que han aprendido para realizar actividades prácticas conducentes al desarrollo de competencias. El uso de cápsulas didácticas, además de posibilitar la aplicación de métodos activos, favorece el aprendizaje a distancia.

Yo propongo el uso de las cápsulas educativas porque es un contenido que no pesa mucho y el acceso a las mismas resulta mucho más fácil para los alumnos cameruneses porque su descarga no exige una conexión de alta velocidad. Una vez descargados, los alumnos pueden revisar dichos contenidos el número de veces de deseen sin tener que estar conectados y los docentes pueden compartir esos recursos con sus discentes incluso por whatsapp o por el entorno virtual de aprendizaje que haya facilitado la institución educativa donde trabajan. Los alumnos los consultan antes de la clase presencial y llegan al aula mejor preparados para realizar actividades que los lleven a reflexionar sobre las situaciones de vida que hayan propuesto los profesores. Como se ha expuesto en la cita que introduce este bloque temático, Cassany (2021) dice que en los años ochenta y noventa la preocupación del docente era gestionar 60 o 90 minutos de clase presencial pero hoy, en cambio, con la llegada de internet el aula se ha vuelto híbrida, física y virtual. En otras palabras, una educación del siglo actual que no se plantea desde esta perspectiva es una educación obsoleta. Tomando en cuenta las carencias de nuestro contexto, la brecha digital estaría bien que las políticas educativas favorecieran las condiciones técnico-pedagógicas para la creación de los recursos, como las cápsulas pedagógicas, para todas las asignaturas del currículo, de igual modo que se ha hecho con la creación de los videos clases diseñados por el MINESEC.

Capítulo 07
El uso de la música como recurso didáctico

Decía Platón que la música es para el alma, lo que es la gimnasia para el cuerpo.
Yo digo que la música es para la clase de ELE,
lo que son los colores para la vida y una vida sin colores no es vida.
Por lo tanto, dime qué clase quieres impartir
y te regalo una canción de apoyo para que la experiencia de aprendizaje
sea significativa para tus alumnos.

KKO

1 Ventajas y retos del uso de la música como recurso didáctico en Camerún

Según el DRAE (2001), la música es el "arte de los sonidos de la voz humana o de los instrumentos, o de unos y otros a la vez, de suerte que produzcan deleite, conmoviendo la sensibilidad, ya sea alegre, ya tristemente". Así pues, puede decirse a raíz de esta definición que la música siempre despierta en la gente emociones, sobre todo cuando el músico domina su arte y contagia a los oyentes con las emociones que le acompañaron mientras escribía su tema musical. Los estudios del novedoso campo de la neuroeducación insisten, cada vez más, en la necesidad de tomar en cuenta la dimensión afectiva o emocional en el proceso educativo para garantizar una educación significativa. Mora (2017) afirma a este respecto que el cerebro sólo aprende si hay emoción y que los alumnos solo pueden aprender aquello que les emociona y despierta su interés. Así, pues, seguro que sin emociones no hay aprendizaje. "Solo se puede aprender aquello que se ama" es en efecto el subtítulo de su obra (Mora, 2017).

Siendo la música un recurso que por naturaleza aviva el interés de todos los seres humanos, me parece que tiene unas implicaciones pedagógicas innumerables para la clase de ELE. En efecto, la música es un recurso didáctico muy interesante en la medida en que permite aprender de manera lúdica y da mucho juego en el aula en el sentido que podría servir para enseñar tanto la lengua como la cultura y la interculturalidad.

214 Las canciones son un recurso fundamental para trabajar la competencia comunicativa porque gracias a ellas se pueden trabajar todos los componentes de la competencia comunicativa, esto es, el componente lingüístico (componente léxico, la pronunciación, las estructuras gramaticales usadas por el cantante, etc.), el componente discursivo (el tipo de poema o versos de la letra, los recursos discursivos usados por el cantante para mantener una coherencia discursiva, etc.), o el componente sociolingüístico y pragmático (análisis de la letra tomando en cuenta el contexto de escritura, la autoría, las variedades del español, el conocimiento de elementos culturales, el lenguaje formal e informal, etc.).

Por otra parte, a partir de las canciones se pueden trabajar las cinco destrezas lingüísticas presentadas en el segundo bloque temático de este libro. **A diferencia de lo que mucha gente piensa, la canción no solo sirve para trabajar la comprensión auditiva**. Todo depende del enfoque de explotación de la misma por el docente, por lo que también podemos usar las letras de una canción para trabajar la destreza de mediación (traducción, corrección de textos, interpretación), la comprensión lectora (leer la letra y contestar a preguntas), expresión escrita y expresión oral (responder de forma escrita u oral a las preguntas planteadas en la canción, ampliar la letra si a los alumnos les parece que el autor no llegó al final que desean, hacer karaoke e interpretaciones, etc.). Las competencias generales también pueden ser enseñadas mediante el uso de las canciones porque detrás de una música, siempre hay una historia y una moraleja que impacta en el saber ser y saber hacer de quienes la escuchan y la entienden. Por otra parte, el conjunto de actividades que realizamos mediante las canciones (karaoke, interpretaciones, reescritura de la letra, etc.) también moldean el saber hacer de los alumnos. Santos (1997), citado por Buratini María (2009), propone una lista de posibles maneras de convertir las canciones en actividades didácticas:

a. Reconstrucción: Los textos presentan forma alterada, intercalada o incompleta, y los alumnos deberán restaurar su forma original.

b. Reducción: Los estudiantes descartan determinados elementos del texto, reduciendo las estrofas sin cambiar el sentido de ellas.

c. Expansión: Es sugerido a los aprendices añadir elementos al texto, sean explicaciones o informaciones, expandiéndolo.

d. Sustitución: A partir de sinónimos o antónimos, los estudiantes eliminan palabras o partes del texto, parafraseándolas.

e. Cambio de formato: Los alumnos deberán transferir las informaciones presentes en la canción a un nuevo formato, sea otro género textual, u otras representaciones.

f. Comparación y contraste: Los aprendices tendrán que señalar similitudes y diferencias entre dos o más canciones que presentan una temática.

Análisis: Estudio detenido de la canción y sus elementos, donde los alumnos podrán explotar diferentes contenidos.

En una palabra, se trata de un recurso que permite aprender disfrutando a la par que sirve para trabajar todas las competencias y subcompetencias, destrezas y micro-destrezas que colaboran en el uso de la lengua. En palabras de Cassany (1994):

> Escuchar, aprender y cantar canciones en clase es una práctica de valor didáctico incalculable. Son textos orales ideales para practicar aspectos como el ritmo, la velocidad y la pronunciación correcta. Además, como actividad lúdica, las canciones suponen una alternativa a otros ejercicios de repetición poco motivadores" (Cassany, 1994).

En la misma línea, Várela (2003) señala que las canciones se pueden usar para:

— enseñar vocabulario

— practicar pronunciación

— remediar errores frecuentes

— estimular el debate en clase

— enseñar cultura y civilización

— estudiar las variedades lingüísticas del idioma que se enseña

— fomentar la creatividad

— desarrollar la comprensión oral y lectora

— desarrollar la expresión oral y la escrita

— repasar aspectos morfosintácticos

— motivar a los alumnos y alumnas para aprender el idioma extranjero

— desarrollar el sentido rítmico y musical

A continuación, para ilustrar nuestros propósitos, presentamos dos ejemplos de secuencias didácticas diseñadas a partir de canciones en español.

— Secuencia didáctica sobre "Limón y sal" de Julieta Venegas

SECUENCIA DIDÁCTICA	
MÓDULO: Vida ciudadana y apertura al mundo	**CLASE:** estructura gramatical (el presente de indicativo de los verbos regulares e irregulares)

Curso/Nivel: Tercer curso de ELE

Situación de vida: Intercambio de correos entre un mexicano y un camerunés (Hablar de la familia)

Objetivos de general de aprendizaje:	Competencias:	Recursos:
(A partir del uso del presente de indicativo), el alumno tiene que ser capaz de hablar de su propia familia o de la familia de un conocido oralmente y por escrito.	- Competencia lingüística - Destrezas: Expresión oral, expresión e interacción escrita, comprensión auditiva. - Competencia sociocultural - Competencia sociolingüística	Material adaptado Un altavoz Un móvil para poner la música

Contenidos/Saberes:

Conjugación: Tiempos verbales (el presente de indicativo)

Repaso del léxico sobre la familia y los oficios

Contenido cultural (conocer a una cantante del mundo hispano)

Contenido sociolingüístico (ejemplo: uso de wey en el español mexicano)

Actividades

	Siguiendo la metodología de los enfoques léxico, el docente parte de las contribuciones de los aprendientes para hacer un mapa mental sobre **la familia y los oficios**. A partir de esta tarea analiza los prerrequisitos. Les pregunta, por ejemplo, el nombre de algunos oficios que conocen y luego amplia y añade algunas colocaciones (tener trabajo, estar parado, ser un trabajador, cobrar el paro, ser un currante, etc.) en el mapa conceptual.
Actividad(es) inicial(es): 5-7 min	El docente pregunta a los discentes si conocen algunos músicos que cantan en español. Los alumnos responden y seguidamente el profesor dice que van a conocer una cantante nueva, Julieta Venegas. Les dice que se va a hablar de ella y de su familia y que también les enseñará una de sus canciones más famosas. Finalmente les informa que el objetivo de la clase es que puede ser capaces de expresar acciones usuales usando el presente de indicativo.

<table>
<tr><td>Actividad(es) de desarrollo: 30 min</td><td>Corpus: Correo electrónico de un mexicano que hace un intercambio cultural en línea con un camerunés.</td></tr>
</table>

¡Hola, wey!

Hoy te voy a hablar de Julieta Venegas, una cantante de mi país.

Julieta Venegas es una cantante, compositora, productora, activista y actriz mexicana estadounidense. Nace en California (Estados Unidos), pero sus padres vuelven a México y ella crece en Tijuana (México) donde estudia música desde los 8 años. Gracias a su trabajo arduo, es una de las artistas de origen latino más reconocidas a nivel mundial. Sus padres se llaman José Luis Venegas y Julia Percevault, son fotógrafos. Tiene una hermana gemela que se llama Yvone y otros tres hermanos. Empieza a estudiar piano a los ocho años. Sabe tocar el acordeón, el piano, la guitarra y otros instrumentos. Habla tres idiomas: español, inglés y portugués. Se casa con el chileno Álvaro Henríquez, pero se divorcia en el 2000. Tiene una hija que se llama Simona. Actualmente se encuentra en pareja con el argentino Pablo Braun. Es embajadora de UNICEF. Aquí en México amamos a Juli. Ah, Juli es su apodo. Me gustan todas sus canciones. Te envío también el enlace de su canción que más me gusta: "Limón y sal". ¿Puedes hablarme de un músico de tu país?

Un abrazo

Mario

Como bien sabemos, la actividad de desarrollo en una clase de estructura gramatical se hace en varias etapas: la lectura del corpus, la observación del mismo destacando los elementos que remiten a la realidad que se va a estudiar, la manipulación, la sustitución, la producción y la restitución de la regla.

El docente parte de esta situación comunicativa para impartir sus clases sobre el uso de los verbos regulares e irregulares en el presente de indicativo. Puede decir, por ejemplo, a los alumnos que identifiquen los verbos y determinen la forma infinitiva de cada verbo para que se den cuenta de los tipos de verbos que hay en el corpus y sus especificidades a la hora de conjugarlos: verbos reflexivos, verbos irregulares, etc. También les llama la atención para que vean que los verbos concuerdan con el sujeto. Después de hacer este ejercicio que, en Camerún, llamamos "la manipulación del corpus", el docente puede invitar a los alumnos a que reformulen el texto de la biografía y pasen en la primera persona como si Julieta fuera quien habla (la etapa llamada sustitución). Luego puede decirles que formulen frases para presentarse ellos mismos (etapa llama producción). Finalmente, los alumnos junto con el docente formulan la regla de las terminaciones de los verbos de la primera, segunda y tercera conjugación al presente de indicativo. El docente llama también su atención sobre la concordancia del verbo **gustar** y de la conjugación de algunos verbos irregulares donde la **E** se convierte en **IE**, la **O** en **UE (esta última etapa se llama la restitución de la regla)**.

Actividades de cierre: (10 min)	**-Actividad de consolidación** (comprensión auditiva y expresión escrita).

Tarea: Escucha la canción "Limón y sal" de Julieta Venegas y rellena los espacios con los verbos que faltan. (El docente tiene que tenerla descargada en su móvil, conectar su móvil al altavoz y poner la música).

.... (tener) que confesar que a veces no me.................(gustar) tu forma de ser.

Luego te me ....(desaparecer) y no .... (entender) muy bien por qué.

No ....(decir) nada romántico cuando..............(llegar) el atardecer.

Te ....(poner) de un humor extraño, con cada luna llena al mes.

Pero todo lo demás le ....(ganar) lo bueno que me .... (dar).

Solo tenerte cerca .... (sentir) que........... (volver) a empezar

Yo te ....(querer) con limón y sal.

Yo te ....(querer) tal y como............(estar)

No hace falta cambiarte nada,

Yo te ....(querer) si ....(venir) o si ......(ir)

Si ....(subir) y ....(bajar)

Y no ....(estar) seguro de lo que .... (sentir)

(Después de rellenar todos los huecos, el docente puede volver a poner la canción y decir a los alumnos que presten atención tanto a la pronunciación como a la melodía y luego invitar a los alumnos a cantarla -hacer karaoké-. Finalmente, se puede comentar el mensaje que transmite la cantante. También se pueden eliminar los verbos en infinitivo para que sea más difícil rellenar los huecos).

- **Ejemplo Tarea casera 1 (redacción)**: Imagina que estás en casa de tu familia política por primera vez, estás con tu suegro y tienes que presentarte y hablar brevemente de tu familia. Hazlo por escrito en 18 líneas.

- **Ejemplo de tarea casera 2 (expresión e interacción escrita)**: Eres famoso y estás en una entrevista para hablar un poco de ti y de tu familia.

Periodista: ....

Tú: ....

Periodista: ....

Tú: ....

Valoración de la experiencia con la actividad: ....

— **Secuencia didáctica sobre "A Dios le pido" de Juanes para enseñar la expresión del deseo**

SECUENCIA DIDÁCTICA	
MÓDULO:	**CLASE:** estructura gramatical (la expresión del deseo con QUE)

Curso/Nivel: 3e (segundo curso de ELE)

Situación de vida:

Objetivos de general de aprendizaje:	**Competencias:**	**Recursos:**
A partir del uso del presente de subjuntivo en la estructura Que+presente de subjuntivo, el alumno tiene que ser capaz de expresar el deseo en una situación de comunicación	- Competencia lingüística - Destrezas: Expresión oral, expresión e interacción escrita, comprensión auditiva. - Competencia sociocultural	Material adaptado Un altavoz Un móvil para poner la música

Contenidos/Saberes:

Conjugación: Tiempos verbales (el presente de subjuntivo)

Repaso del léxico sobre la descripción física

Contenido cultural (conocer a un cantante del mundo hispano)

Actividades

Actividad(es) inicial(es): 5-7 min

1.El profesor enseña esta fotografía a sus alumnos y les va haciendo preguntas:

- ¿Qué veis en la foto? (se puede aprovechar para repasar vocabulario: dos hombres, una mujer, los tres llevan unos pantalones tejanos, los tres llevan camiseta, los hombres llevan también una camisa, un hombre lleva gorra, etc.)

- ¿Qué pensáis que va a pasar en la foto?

- ¿En qué situaciones se puede decir la frase "Que gane el mejor"

- ¿Qué verbo es? (puede que los alumnos digan ganar)

- ¿En qué tiempo está conjugado? ¿Por qué se dice "que gane" y no "que gana"?

- ¿Qué expresa esta frase? ¿La obligación? ¿El deseo? (Después de escuchar las respuestas de los discentes, el profesor concluye que la frase expresa efectivamente el deseo y que la expresión del deseo con "que" es el objeto de la clase del día. Y les recalca que el objetivo de la clase es que puedan expresar correctamente el deseo con "Que". Seguidamente, el docente se dirige a la pizarra y escribe el encabezado de la clase: título, objetivos.

Actividad(es) de desarrollo: 30 min	**Explotación del corpus (el docente escribe el corpus en la pizarra y los alumnos apuntan al mismo tiempo en sus cuadernos)**

Que mis ojos se **despierten** con la luz de tu mirada, yo, a Dios le pido. Que mi madre no se **muera** y que mi padre me **recuerde**, a Dios le pido.

Quete**quedes**amiladoyquemásnuncateme**vayas**mivida,aDioslepido Que mi alma no **descanse** cuando de amarte se **trate** mi cielo, a Dios le pido

Por   los   días   que   me   quedan,   y   las   no-ches   que   aún   no   llegan,   yo,   a   Dios   le   pido Por los hijos de mis hijos y los hijos de tus hijos, a Dios le pido

Que mi pueblo no **derrame** tanta sangre y se **levante** mi gente Y que si me muero **sea** de amor, y si me enamoro **sea** de vos Y que de tu voz **sea** este corazón.

1. Lectura del corpus: El docente hace una buena e inteligible lectura modelo y seguidamente, insta a algunos alumnos o alumnas a leer cada una de las frases del corpus.

2. Observación del corpus: el docente les dice a sus alumnos que presten atención a los verbos subrayados y en negrita.

3. Manipulación:

- El docente dice a sus alumnas que identifiquen el infinitivo de cada verbo subrayado.

- El docente pregunta en qué tiempo están conjugados.

- El profesor los lleva a ver la particularidad de cada verbo en cada frase, la concordancia con el sujeto y a entender por qué están conjugados en el presente de subjuntivo.

	- El profesor llama la atención de los alumnos sobre la particularidad de los verbos irregulares.
	4. Sustitución:
	- El profesor invita a los discentes a sustituir el sujeto o cualquier otro elemento en cada frase por lo que quieran y procurar decir la frase haciendo concordancia. Ejemplo: "Que mi dolor se calme con la luz de tu mirada". "Que nuestro hijo se despierte con la luz de tu mirada", etc.
	5. producción
	- En esta etapa, el docente les dice que cada uno piense en una situación de la vida real y diga una frase que exprese el deseo.
	6. Restitución de la regla:
	- El docente pregunta a sus estudiantes, cuál es la fórmula para expresar el deseo estudiada en el texto. Los alumnos la dicen y el docente aporta corrección si es preciso a lo que han dicho y pone la regla en la pizarra, acompañado de ejemplos.
	- El docente explica y anota en la pizarra otras fórmulas para expresar el deseo en español cuya estructura es parecida a lo estudiado "Espero que + presente de subjuntivo, ojalá + presente de subjuntivo, ojalá que + presente de subjuntivo, etc.)
Actividades de cierre: (10 min)	**Tarea de consolidación:** Hacer karaoké (opción 1):
	- El profesor comunica a sus estudiantes que el corpus usado en realidad es la letra de una canción titulada "A Dios le pido" del cantante colombiano Juanes.
	- Entrega a los alumnos y a las alumnas la letra de la música impresa
	- El docente pone la música dos veces y los discentes la escuchan e intentan cantarla.
	Tarea de consolidación: escucha la canción y complétala con los verbos que faltan (opción 2).
	Tarea casera:
	1. En casa, vuelve a escuchar la música y contesta a las preguntas siguientes:
	- ¿Qué le pide el cantante a Dios en esta canción?
	- ¿Para quién expresa sus deseos?
	- Piensa en una situación en la que estás hablando con Dios, tu padre, madre, hermana y amigo. Formula 5 deseos utilizando la misma estructura (Que + presente de subjuntivo) o cualquier otra que conozcas.

Valoración de la experiencia con la actividad: ....
....

No obstante, a pesar de las ventajas enumeradas arriba sobre el papel de la música en el aula de ELE, muy pocos docentes cameruneses recurren a ella como recurso didáctico para las actividades de aprendizaje. De hecho, las observaciones que hemos hecho en las aulas de educación secundaria nos han llevado a concluir que los pocos que sí la usan en nuestro contexto educativo tan solo la ven como una actividad para "matar" el tiempo. En este caso cuando en un nivel de aprendizaje terminan lo que habían previsto en su planificación y se dan cuenta de que les quedan unos cinco o diez minutos de clase, enseñan una canción a sus discentes: cuando éstos consiguen cantarla, bien; y si no lo consiguen, también, puesto que el objetivo del docente solo era "matar el tiempo" haciendo algo lúdico antes de que suene la sirena. Y coincidís conmigo que esos momentos a nuestros alumnos les encanta, lo disfrutan muchísimo, pero todo se queda ahí, sin aprovecharse realmente todo su potencial. Es como estar hambriento y ver un plato de *ndolé* con gambas y no comérselo, limitarse a decir '*Esto tiene muy buena pinta*' y ya está.

En efecto, estudios sobre el español en el África negra (Kem-mekah Kadzue, 2016; Cámara Escriba, 2007; Amadou Ndoye, 2005) demuestran que muchos alumnos escogen el español como lengua optativa por la música. Kem-mekah Kadzue (2016) señala que la música en español aparece como cuarta motivación más destacada para el aprendizaje del español, con un 65% de encuestados. Podemos, pues, concluir que si tantos discentes cameruneses escogen el español porque les gusta su música y que en clase nunca recurrimos al uso de la misma estamos aniquilando su motivación inicial, es decir la que los llevó a escoger el español como asignatura optativa y su interés va disminuyendo, ya que la experiencia de aprendizaje no cumple con sus expectativas.

Los docentes cameruneses de ELE solemos usar un corpus (frases sueltas, textos narrativos e informativos) para impartir nuestras clases ya sean de traducción, de comentario de texto o de estructura gramatical, cogidos de manuales, novelas, obras teatrales, de internet o creaciones propias que reflejan la noción que queremos enseñar. ¿Y la idea de usar fragmentos de alguna canción española como corpus para las clases? Coincido con Santos Asensi (1995), en que todo aquello que se puede hacer con un texto se puede hacer con una canción, y esto tanto en el plano oral como en el escrito, a la hora de practicar las destrezas productivas o las receptivas. Santos Asensi concluye que encontramos un buen número canciones que incorporan fragmentos de textos narrativos, líricos, descriptivos, conversacionales, epistolares e incluso argumentativos. En realidad, los docentes cameruneses solemos quejarnos de que nuestros alumnos no estudian la lengua fuera de clase y que el único momento de recepción del input es el aula. Me parece que si un docente usa un fragmento de la letra de una canción en español para impartir una clase sobre un tema determinado (los comparativos, el futuro en la subordinada, la convivencia, el imperativo, el medioambiente, etc.), y que al finalizar su clase tan solo dedica unos minutos para enseñar a sus alumnos la melodía de dicha canción, al llegar a casa o incluso nada más salir el profesor, todos irán a buscarla en internet y la descargarán. Así supongo que coincidís conmigo que el alumno incluso fuera del aula, estará recibiendo input y al mismo tiempo irá cantando (output) y por consecuencia mejorará su pronunciación y expresión oral, entre otros aspectos de la lengua. Para cada tema de clase, hay canciones que los docentes podríamos usar como corpus, aunque no se trata de usarlas siempre, sino de evitar la monotonía en nuestras clases. Es decir, no recurrir siempre a los mismos tipos de textos presentes en el manual.

En Kem-mekah Kadzue (2016), la mayoría de docentes encuestados (71,2%) sostiene que existe una cierta monotonía en las actividades diarias que los profesores llevan al aula debido a la poca variedad de actividades presentes en el manual didáctico. Según los datos proporcionados por los encuestados, el manual didáctico tiene las siguientes insuficiencias: poca variedad de actividades, no facilita la enseñanza de las cuatro destrezas lingüísticas, no facilita el autoaprendizaje y el aprendizaje colaborativo, no facilitan el uso de las TIC, hay actividades con poca importancia, las actividades no están contextualizadas a la realidad camerunesa. Ilustro lo dicho con las citas siguientes:

> **Informante 2**: Sí, yo diría una gran y aburrida monotonía. **Informante 15**: Su contribución a la enseñanza del español no es muy significativa, puesto que al evaluar tan solo el aspecto de las destrezas nos damos cuenta de que no las trabaja todas, aunque usa el método comunicativo. No facilita el autoaprendizaje y el aprendizaje colaborativo, ya que faltan las TIC. Debido a que no trabaja todas las habilidades, se repiten mucho y hasta sobran las actividades de comprensión de lectura y expresión escrita. **Informante 29**: Sí, existe una monotonía en las actividades diarias. No podemos inventar la luna, 1+1= siempre 2. (Kem-mekah, 2016:251).

La canción se presenta pues como un recurso para romper esa monotonía por su faceta lúdica e instrumental aunque es obvio que el uso de las mismas en el aula de ELE es un reto. Y ¿por qué motivos?

Se requiere disponer en clase de unos recursos materiales o tecnológicos e infraestructurales que no siempre tenemos a nuestro alcance. Como se explicó en un estudio anterior, Kem-mekah Kadzue (2016), no cabe duda de que hoy las TIC se han convertido en un recurso imprescindible en el mundo de la enseñanza de idiomas. No obstante, hay contextos educativos en el mundo, como el nuestro, donde la realidad socioeconómica (falta de corriente alternativa en el aula, falta de soporte técnico para implementar las TIC en el aula, falta de conexión a internet en el aula, etc.) *a priori* no posibilita un uso efectivo de las mismas en el aula. Pero la propuesta que planteamos radica en que es necesario pensar desde una manera contextualizada a nuestra realidad y sobre todo no estar siempre pendientes de las necesidades, sino de lo que disponemos. Por otra parte, es preciso salir de nuestra zona de confort y no estar muy pendiente de posibles o futuras mejoras que fomentarán algún día el Estado o las políticas educativas con el fin de permitirnos usar las TIC en el proceso educativo. Es preciso pensar globalmente y actuar localmente. Por lo tanto, el equipo pedagógico de los docentes de español de cualquier instituto podría buscar una manera de conseguir un pequeño altavoz bluetooh portátil para que el docente pueda conectar la música desde su móvil y llevarla a su clase.   También se puede usar la letra de una canción como corpus sin tener que poner el audio en clase. La idea es despertar en los alumnos y las alumnas las ganas de ir a buscar la canción completa, ya que habremos usado solo un fragmento específico que trata el tema objeto de estudio, para cantarla y acabar de entender toda la historia de la canción. Así pues, estamos focalizando su interés tanto en la forma como en el significado. En este caso, es parte del trabajo personal de los alumnos ir a buscarla en Youtube en su tiempo libre.

Reto que plantea el manual de enseñanza. Los manuales que usamos para dar clases de ELE en Camerún no vienen acompañados de CD ni soportes audiovisuales. Si hubiera esta posibilidad, quizá parte de este contenido estaría constituida de músicas en español.

El uso de las canciones en nuestro contexto también es un reto debido a la falta de cultura musical de los docentes. Enseñamos el español como lengua extranjera pero no estamos en contexto de inmersión ni recibimos canales de tele de España o países hispanoamericanos para poder estar al tanto de novedades musicales del mundo hispano, por lo que algunos docentes no están preparados para utilizar este recurso pedagógico. Recuerdo que en 2022, estuve observando la clase de una estudiante de la ENS de Yaundé de prácticas en el Instituto de Efoulan. La estudiante finalizó su clase sobre los comparativos, hasta ese momento perfecta, pero le quedaban unos diez minutos y decidió introducir una clase nueva. Su tutora le sugirió que enseñará una canción a los alumnos, para cumplimentar ese tiempo. La estudiante se quedó bloqueada y no sabía qué hacer. Se acercó a su tutora de prácticas y le dijo que no estaba muy inspirada, que no conocía canciones en español y que esto de cantar no se le daba muy bien. ¡Error! Todo buen docente de lenguas extranjeras debe cantar de vez en cuando con sus estudiantes, sobre todo en los niveles iniciales y en aulas con niños y adolescentes y debe iniciar a sus alumnos en la música de la lengua extranjera que imparte porque es una ventana abierta a la cultura de ese país, para aprender vocabulario, gramática, aprender a articular, pronunciar, entonar, hablar. Cada lengua tiene su musicalidad, entonación, ritmo y a partir de una canción podemos familiarizar al aprendiz con la lengua meta. No se trata de ser buen cantante, se trata de estar predispuesto a aprender canciones o melodías y enseñárselas a sus alumnos, usarlas como recursos pedagógicos cuando sea oportuno. Tomando en cuenta esta falta de cultura musical de la lengua española, a continuación, se presentarán algunas canciones en español divididas por temas para facilitar el uso de las mismas en las aulas de ELE.

2 Propuestas de canciones de interés para las clases de ELE en Camerún

Las canciones que proponemos además de ser de utilidad para trabajar un tema en concreto, son pedagógicas en la medida que tienen contenido educativo, son de ritmo lento y relativamente fáciles de cantar. Aquellos docentes que dicen que no usan música en el aula por tener poca cultura en este sentido ya no tienen excusas. Los que ven la música como una actividad para matar el tiempo deben dejar de verla como tal para pasar a aprovecharla más allá de la dimensión puramente lúdica.

Basándome en mis gustos musicales personales, pero siguiendo una criteriología bien definida (estructuras lingüísticas de interés para enseñar temas de gramática en la secundaria, melodía fácil y pegadiza, ritmo lento y velocidad no exagerada, correspondencia de la temática con algunos temas enseñados en la secundaria camerunesa, vocabulario de interés, aproximación cultural para el conocimiento del mundo hispánico tanto a nivel lingüístico como cultural, etc.), presento un conjunto de letras de canciones españolas e hispanoamericanas agrupadas por temática que los docentes cameruneses podrían utilizar para dar clases de español. Pero no se trata de diseñar actividades listas para llevar al aula, sino de presentar algunas canciones que podrían servir de corpus para enseñar un tema determinado y, además, recomendarlas a sus alumnos al finalizar una secuencia y/o unidad didáctica para que en casa consoliden los aprendizajes a partir de la música.

Aunque para una canción determinada proponga una orientación de explotación dirigida hacia la enseñanza de un componente en particular (por ejemplo, componente gramatical), no significa que sea la única orientación didáctica, solo se trata de sugerencias concretas de explotación para el uso de la misma en el aula. Una canción por si sola da para trabajar muchas nociones que sean lingüísticos o culturales. Del mismo modo, una canción no solo sirve para trabajar la comprensión auditiva, sino todas las destrezas lingüísticas que quiera desarrollar el docente. Aunque todas las canciones vienen presentadas en versos, los docentes se pueden sentir libres de adaptar las letras según les convengan, transformarlas, ampliarlas o reducirlas, acorde al propósito de sus clases. Las letras de estas canciones han sido cogidas tal y como aparecen a continuación en la plataforma letras de canciones.

— Canciones para trabajar el uso del pretérito indefinido

226

Cantante: Shakira **Nacionalidad:** colombiana	**Título de la canción:** Me enamoré	**Cantante:** Melendi **Nacionalidad:** español	**Título de la canción:** Desde que estamos juntos
Estilo: pop	**Año:** 2017	**Año:** 2016	**Estilo:** pop
Temática: Amor, enamoramiento.		**Temática:** Amor, enamoramiento.	
Otras ideas de explotación (temas lingüísticos y culturales): el mojito, la exclamación, el uso y valor de los diminutivos, las partes del cuerpo humano, etc.		**Otras ideas de explotación (temas lingüísticos y culturales):** el mojito, el ron, La Habana, Cuba, el uso de mientras que, el imperativo, etc.	
Letra		**Letra**	

Letra	Letra
Mi vida me empezó a cambiar	Yo estaba vestido de habanero
La noche que te conocí	Tú dijiste adiós con la mirada
Tenía poco que perder	Mientras que sonaba un tal Romeo
Y la cosa siguió así	En un balcón de la vieja Habana
Yo con mi sostén a rayasY mi pelo a medio hacer	No hay nada más perro que el amor
Pensé: éste todavía es un niño	Porque muerde siempre antes que ladra
Pero, ¿qué le voy a hacer?	Me latió tan fuerte el corazón
Es lo que andaba buscando	Me dijiste "ven" desde la barra
El doctor recomendando	Y yo te dije: "niña te invito a un mojito"
Me enamoré, me ena-ena-namoré	Tú me dejaste clarito que la cosa no iba así
Lo vi solito y me lancé	(Oye la cosa no va así)
Me ena-na-namoré	Y fue entonces, cuando le pedí a la virgen
Me ena-na-namo	De la caridad del pobre que intercediera por mí
¡Mira qué cosa bonita!	(Ay, que intercediera por mí)
¡Qué boca más redondita!	De repente, tú cambiaste de semblante
Me gusta esa barbita	Me empezaste a ver galante
Y bailé hasta que me cansé	Y yo te dije: "eres mi atril"
Hasta que me cansé, bailé	Fuimos sólo dos extraños y han pasado ya diez años
Y me ena-na-namoré, nos enamoramos	Porque volví a buscarte
Un mojito, dos mojitos	Yo te pedí perdón
¡Mira, qué ojitos bonitos!	Me hiciste arrodillarme
Me quedo otro ratito	Mi cielo, el de tu boca
Nunca creí que fuera así	Y a cinco bajo cero sigue estorbando la ropa
Cómo te fijarías en mí	Me muero por tus pecas
Toda la noche lo pensé	Me licencié en tus piernas
Este es pa' mí o pa' más nadie	Y en tu piel tengo una beca
E-e-es pa' mí o pa' más nadie	Me ando quitando el sombrero
Este es pa' mí o pa' más nadie	Que el de melocotón, ardiente
E-e-es pa' mí o pa' más nadie	Como el ron, mi dulce flor de enero
Me enamoré, me ena-na-namoré	Oye que Cuba es Cuba, y lo demás boberías
Lo vi solito y me lancé	Ay, con frecuencia cubana
Me ena-na-namoré	Melendi llegó a La Habana
Me ena-na-namo-	Ay, por Dios
Mira, qué cosa bonita	Se formó tremendo lío
¡Qué boca más redondita!	Melendi, con sus amorío'

Me gusta esa barbita
Y bailé hasta que me cansé
Hasta que me cansé bailé
Me ena-na-namoré, nos enamoramos
Un mojito, dos mojitos
¡Mira, qué ojitos bonitos!
Me quedo otro ratito
Nunca creí que fuera así
Cómo te fijarías en mí
Toda la noche lo pensé
Este es pa' mí o pa' más nadie
E-e-es pa' mí o pa' más nadie
Este es pa' mí o pa' más nadie
E-e-es pa' mí o pa' más nadie

¿Quién lo iba a decir? ¡Melendi!
Vente a La Habana a vivir, mi pana,
Ay, Dios
Candela, se formó la gozadera rumbera

Cantante: Morat **Nacionalidad:** grupo colombiano	**Título de la canción: ¿Cómo te atreves?**	**Cantante:** Juanes **Nacionalidad:** colombiano	**Título de la canción:** La paga
Estilo: pop	**Año:** 2016	**Estilo:** pop	**Año:** 2002
Temática: Penas de amor, ruptura, perdón. **Otras ideas de explotación (temas lingüísticos y culturales):** presente de indicativo, uso del pronombre "te"		**Temática:** penas de amor **Otras ideas de explotación:** presente de indicativo, uso de los conectores Y y pero, etc.	
Letra		**Letra**	

Hoy me pregunto qué será de ti		Ayer me dijiste que tú me querías	
Te tuve cerca y ahora estás tan lejos		Pero todo fue mentira	
Pero prohibirme recordar lo nuestro es imposible		Ayer me dijiste que tú me querías	
Es imposible		Pero todo fue mentira	
No me perdono, sé que te perdí		Ayer tú heriste la vida mía	
Pero expiraron los remordimientos		Y que grande fue la herida	
Fui dictador y el no dejarte ir		Ayer tú heriste la vida mía	
Debió haber sido mi primer decreto		Y que grande fue la herida	
Cuatro años sin mirarte		Si tú no me quieres dime lo que sientes	
Tres postales y un bolero		Pero dímelo de frente	
Dos meses y me olvidaste		Si tú no me quieres dime lo que sientes	
Y ni siquiera me pensaste		Pero dímelo de frente	
Un 29 de febrero		Que a mí lo que me da rabia es eso	
Andan diciendo por la calle		De no saber lo que sientes	
Que solo le eres fiel al viento		Que a mí lo que me da rabia es eso	
El mismo que nunca hizo falta		De no saber lo que sientes	
Para levantar tu falda		Y si tú me pagas con eso	
Cada día de por medio		Yo ya no te doy más de esto amor	
¿Cómo te atreves a volver? (oh-oh)		Y si tú me pagas con eso	
A darle vida a lo que estaba muerto		Yo ya no te doy más de esto amor	
La soledad me había tratado bien		Y si tú me pagas con eso	
Y no eres quien para exigir derechos		Yo ya no te doy más de esto amor	
¿Cómo te atreves a volver? (oh-oh)		Y si tú me pagas con eso	
Y a tus cenizas convertir en fuego		Yo ya no te doy más de esto amor	
Hoy mis mentiras veo caer		Ayer me dijiste que tú volverías	

228

Que no es verdad que te olvidé
¿Cómo te atreves a volver?
Oh-oh-oh-oh, oh-oh-oh-oh-oh-oh
Oh-oh-oh-oh-oh-ooh (oh-oh)
Oh-oh-oh-oh, oh-oh-oh-oh-oh-oh
Oh-oh-oh-oh-oh-oh (no, no, no)
¿Por qué volviste si te vas a ir?
Tantas mentiras que al final no veo
Nunca fui bueno para distinguir
Al fin y al cabo, siempre me las creo
Cuatro vidas me juraste
Tres "te odio" y un "te quiero"
Dos consejos para darte
Prefiero ser un cobarde
que olvidarte de primero
Andan diciendo por la calle (andan diciendo por la calle)
que solo le eres fiel al viento (que solo le eres fiel al viento)
El mismo que nunca hizo falta
Para levantar tu falda
Cada día de por medio
¿Cómo te atreves a volver? (oh-oh)
A darle vida a lo que estaba muerto
La soledad me había tratado bien
Y no eres quien para exigir derechos
¿Cómo te atreves a volver? (oh-oh)
Y a tus cenizas convertir en fuego
Hoy mis mentiras veo caer
Que no es verdad que te olvidé
¿Cómo te atreves a volver?
Oh-oh-oh-oh, oh-oh-oh-oh-oh-oh
Oh-oh-oh-oh-oh-oh (oh-oh)
Oh-oh-oh-oh, oh-oh-oh-oh-oh-oh
Oh-oh-oh-oh-oh-oh (no, no, no)
¿Cómo te atreves a volver?
Me hiciste daño pero sigo vivo
Contigo yo me acostumbré a perder
Mi corazón funciona sin latidos (¡no!)
¿Cómo te atreves a volver? (¿cómo te atreves a volver?; oh-oh)
Y a tus cenizas convertir en fuego (en fuego)
Hoy mis mentiras veo caer
Que no es verdad que te olvidé
¿Cómo te atreves a volver? (¡oh!)
Oh-oh-oh-oh, oh-oh-oh-oh-oh-oh
Oh-oh-oh-oh-oh-oh (¿cómo te atreves a volver?; oh-oh)
(¿Cómo te atreves a volver?) oh-oh-oh-ooh, oh-oh-oh-oh-oh-oh
Oh-oh-oh-oh-oh-oh (no, no, no)

Pero todo fue mentira
Ayer me dijiste que tú volverías
Pero todo fue mentira
Ayer tú dijiste mil tonterías nena
Que acabaron con mi vida
Ayer tú dijiste mil tonterías
Que acabaron con mi vida
Y si tú me pagas con eso
Yo ya no te doy más de esto amor
Si tú me pagas con eso
Yo ya no te doy más de esto amor
Y si tú me pagas con eso
Yo ya no te doy más de esto amor
Si tú me pagas con eso
Yo ya no te doy más de esto amor
No no
Yo ya no te doy más de esto amor
Si tú me pagas con eso
Ya no te doy más de esto
Te di lo que tuve solo por un beso
Y no conseguí ni eso
Te di lo que tuve solo por un beso
Y no conseguí ni eso
Mentira mentira mentira mentira
Todo fue mentira
Mentira mentira mentira mentira
Todo fue mentira
Y si tú me pagas con eso
Yo ya no te doy más de esto amor
Si tú me pagas con eso
Yo ya no te doy más de esto amor
Si tú me pagas con eso
Yo ya no te doy más de esto amor
Si tú me pagas con eso
Yo ya no te doy más de esto amor
No no
Yo ya no te doy más de esto amor
Yo ya no te doy más de esto amor
Si tú me pagas con eso
Yo ya no te doy más de esto amor

Cantante: Shakira **Nacionalidad:** colombiana	**Título de la canción:** Antología	**Cantante:** Cuarteto de Nos **Nacionalidad:** Uruguay	**Título de la canción:** Ya no sé qué hacer conmigo
Estilo: pop	**Año:** 1995	**Estilo:** rock	**Año:** 2006
Temática: Amor, enamoramiento. **Otras ideas de explotación:** la traducción de "Lo que", el uso de por y para, etc.		**Temática:** Desesperación, depresión, insatisfacción, crisis. **Otras ideas de explotación:** acento uruguayo, ch**é**, expresiones idiomáticas, anglicismos, uso de vos, variedad del español, etc.	

Letra	Letra
Para amarte Necesito una razón Y es difícil creer Que no exista una más que este amor Sobra tanto Dentro de este corazón Y a pesar de que dicen Que los años son sabios Todavía se siente el dolor Porque todo el tiempo que pasé junto a ti Dejó tejido su hilo dentro de mí Y aprendí a quitarle al tiempo los segundos Tú me hiciste ver el cielo aún más profundo Junto a ti creo que aumenté más de tres kilos Con tus tantos dulces besos repartidos Desarrollaste mi sentido del olfato Y fue por ti que aprendí a querer los gatos Despegaste del cemento mis zapatos Para escapar los dos volando un rato Pero olvidaste una final instrucción, oh Porque aún no sé cómo vivir sin tu amor Y descubrí lo que significa una rosa Y me enseñaste a decir mentiras piadosas Para poder verte a horas no adecuadas Y a reemplazar palabras por miradas Y fue por ti que escribí más de cien canciones Y hasta perdoné tus equivocaciones Y conocí más de mil formas de besar Y fue por ti que descubrí lo que es amar Lo que es amar Lo que es amar Lo que es amar Lo que es amar Lo que es amar Lo que es amar	Ya tuve que ir obligado a misa, ya toqué en el piano "Para Elisa" Ya aprendí a falsear mi sonrisa, ya caminé por la cornisa Ya cambié de lugar mi cama, ya hice comedia, ya hice drama Fui concreto y me fui por las ramas, ya me hice el bueno y tuve mala fama Ya fui ético y fui errático, ya fui escéptico y fui fanático Ya fui abúlico y fui metódico, ya fui púdico fui caótico Ya leí Arthur Conan Doyle, ya me pasé de Nafta a gasoil Ya leí a Breton y a Molière, ya dormí en colchón y en somier Ya me cambié el pelo de color, ya estuve en contra y estuve a favor Lo que me daba placer ahora me da dolor, ya estuve al otro lado del mostrador Y oigo una voz que dice sin razón Vos siempre cambiando ya no cambias más Y yo estoy cada vez más igual Ya no sé qué hacer conmigo Ya me ahogué en un vaso de agua, ya planté café en Nicaragua Ya me fui a probar suerte a USA, ya jugué a la ruleta rusa Ya creí en los marcianos, ya fui ovo-lacto vegetariano, sano Fui quieto y fui gitano, ya estuve tranqui y estuve hasta las manos Hice un curso de mitología, pero de mí los dioses se reían Orfebrería la salvé raspando, y ritmología aquí la estoy aplicando Ya probé, ya fumé, ya tomé, ya dejé, ya firmé, ya viajé Ya pegué, ya sufrí, ya eludí, ya huí, ya asumí Ya me fui, ya volví, ya fingí, ya mentí

Y entre tantas falsedades, muchas de mis mentiras ya son verdades
Hice fácil las adversidades, y me compliqué en las nimiedades
Y oigo una voz que dice con razón
Vos siempre cambiando ya no cambias más
Y yo estoy cada vez más igual
Ya no sé qué hacer conmigo
Ya me hice un lifting, me puse un piercing
Fui a ver al Dream Team y no hubo feeling
Me tatué al Ché en una nalga, arriba de mami para que no se salga
Ya me reí y me importó un bledo, de cosas y gente que ahora me dan miedo
Ayuné por causas al pedo, ya me empaché con pollo de spiedo
Ya fui al psicólogo, fui al teólogo, fui al astrólogo, fui al enólogo
Ya fui alcohólico y fui lambeta, ya fui anónimo y ya hice dieta
Ya lancé piedras y escupitajos, al lugar donde ahora trabajo
Y mi legajo cuenta a destajo, que me porté bien y que armé relajo
Y oigo una voz que dice sin razón
Vos siempre cambiando ya no cambias más
Y yo estoy cada vez más igual
Ya no sé qué hacer conmigo
Y oigo una voz que dice sin razón
Vos siempre cambiando ya no cambias más
Y yo estoy cada vez más igual
Ya no sé qué hacer conmigo

Cantante: Melendi ft. Ha*Ash **Nacionalidad:** españoles	**Título de la canción:** Destino o Casualidad	**Cantante:** José Luis Perales **Nacionalidad:** español	**Título de la canción:** Un velero llamado Libertad
Estilo: pop	**Año:** 2016	**Estilo:** balada	**Año:** 1979
Temática: amor **Otras ideas de explotación:** la exclamación, presente de indicativo, etc.		**Temática:** partir para encontrarse **Otras ideas de explotación:** adjetivos de color, las preposiciones, frases interrogativas, etc.	

Letra	Letra
Ella iba caminando sola por la calle Pensando, "Dios, ¡qué complicado es esto del amor!" Se preguntó a sí misma cuál habrá sido el detalle Que seguro Cupido malinterpretó Él daba, como cada noche, vueltas en la cama Sonó, de pronto, una canción romántica en la radio Quizá fue Michael Bolton quien metió el dedo en la llaga Y como le faltaba el sueño fue a buscarlo Los dos estaban caminando en el mismo sentido Y no hablo de la dirección errante de sus pasos Él la miró, ella contestó con un suspiro Y el universo conspiró para abrazarlos Dos extraños bailando bajo la luna Se convierten en amantes al compás De esa extraña melodía que algunos llaman destino Y otros prefieren llamar casualidad Y él le preguntó al oído, "mi amor, ¿dónde estabas?" "Durante todo el tiempo que yo tanto te busqué" Ella le contestó, "lo siento, es que estuve ocupada" "Aunque, para serte sincera, ahora no entiendo en qué" La noche se hizo día, pero no se fue la luna Se quedó a verlos, apoyada en el hombro del sol Alúmbrales con fuerza, brilla todo el día Y, cuando llegue la noche, yo sellaré su pasión Dos extraños bailando bajo la luna Se convierten en amantes al compás De esa extraña melodía que algunos llaman destino Y otros prefieren llamar casualidad Y bailan Sin que les importe nada que suceda alrededor Y bailan Y la gente que les mira va creyendo en el amor Dos extraños bailando bajo la luna Se convierten en amantes al compás De esa extraña melodía que algunos llaman destino Y otros prefieren llamar casualidad	Ayer se fue Tomó sus cosas y se puso a navegar Una camisa, un pantalón vaquero Y una canción ¿Dónde irá? ¿Dónde irá? Se despidió Y decidió batirse en duelo con el mar Y recorrer el mundo en su velero Y navegar, nai na nai, navegar Y se marchó Y a su barco le llamó, Libertad Y en el cielo descubrió gaviotas Y pintó estelas en el mar Y se marchó Y a su barco le llamó, Libertad Y en el cielo descubrió gaviotas Y pintó estelas en el mar Su corazón Buscó una forma diferente de vivir Pero las olas le gritaron, vete Con los demás, nai na nai, con los demás Y se durmió Y la noche le gritó, ¿Dónde vas? Y en sus sueños dibujó gaviotas Y pensó, hoy debo regresar Y regresó Y una voz le preguntó, ¿Cómo estás? Y al mirarla descubrió unos ojos Nai na nai, azules como el mar Y regresó Y una voz le preguntó, ¿Cómo estás? Y al mirarla descubrió unos ojos Nai na nai, azules como el mar Y se marchó Y a su barco le llamó, Libertad Y en el cielo descubrió gaviotas Y pintó estelas en el mar

232

Cantante: Romeo Santos ft. Tomatito **Nacionalidad:** dominicanos	**Título de la canción:** La diabla	**Cantante:** Melendi **Nacionalidad:** español	**Título de la canción:** Por amarte tanto.
Estilo: bachata	**Año:** 2011	**Estiloo:** pop	**Año:** 2006
Temática: Amor		**Temática:** amor	
Otras ideas de explotación: Quijote, la bachata		**Otras ideas de explotación:** presente de indicativo, traducción de por mucho que, etc.	
Letra		**Letra**	

Letra	Letra
Aposté los sentimientos	No quiero volver a soñar despierto
Y jugué a fuego lento con amor	Ni a ver un oasis en el desierto de tu corazón
Me enfrenté a la competencia	Soy tan solo un peón para ti
Olvidando su indolencia	Y a veces grito al cielo por tu pelo
Ahí fue mi error	Me muero por dentro, me mata el silencio de tu corazón
Por complejo de Quijote fui llevando	Y a veces cae la noche y me desvelo
Este derroche de mal a peor	Casi al mismo tiempo que pierdo yo el sueño por amor
Ni el de la ruleta rusa	Y por amarte tanto
Mí rival que es tan astuta	Muero yo
Así se aprovechó	No quiero volver a las ilusiones
Y como ven no soy un ángel con buena intuición	Son como espejismos que hacen que te vea como quiero yo
Me lancé a quemarropa y ella me venció	Y la realidad no es así
Perdí, jugué con una diabla que es experta	Por mucho que quiera cambiar no puedo
En esos juegos del amor y perdí	Me has mentido tanto, has secado mi llanto
Sus fichas y barajas no les fallan	No tienes perdón
Mas no tiene compasión	Cogiste el pie cuando te di la mano
Perdí, no fui el primero	Rompiste mi vida, me abriste una herida
Ni último que pierde	Y me echaste alcohol
Y si ella retornara y se conmueve	Y por amarte tanto
La reto a otro duelo y	Muero yo
En la revancha vuelvo y pierdo el corazón	Y por amarte tanto
Escucha las palabras de Romeo	Muero yo
The king stay kings, yes sir	Siempre te perdoné, porque antes era fácil
Y como ven no soy un ángel con buena intuición	Cuando quieres a alguien lo perdonas sin más
Me lance a quema ropa y ella me venció	Pero ahora que mi amor está tan deteriorado
Perdí, jugué con una diabla que es experta	Ahora que los champanes me saben a aguarrás
En esos juegos del amor y perdí	No quiero verte cerca del culo de mi vaso
Sus fichas y barajas no les fallan	Lo más cerca de mi casa el ascensor
Mas no tiene compasión	No quiero verte cerca de mi nariz de payaso
Perdí, no fui el primero	No seré más tu saco, tu felpudo, tu bufón
Ni último que pierde	Siempre te perdoné, porque antes era fácil
Y si ella retornara y se conmueve	Cuando quieres a alguien lo perdonas sin más
La reto a otro duelo y	Pero ahora que mi amor está tan deteriorado
En la revancha vuelvo y pierdo el corazón	Ahora que los champanes me saben a aguarrás
Perdí jugué con una diabla que es experta	
En esos juegos del amor y perdí	
Sus fichas y barajas no les fallan	
Mas no tiene compasión	
Perdí no fui el primero	
Ni último que pierde	
Y si ella retornara y se conmueve	
La reto a otro duelo y	
En la revancha, you lose	

— **Canciones para trabajar el contraste de pasados (el pretérito indefinido vs pretérito imperfecto)**

Cantante: Maná **Nacionalidad:** grupo mexicano	**Título de la canción:** En el muelle de San Blas	**Cantante:** Melendi **Nacionalidad:** español	**Título de la canción:** Saraluna
Estilo: pop, rock	**Año:** 1997	**Estilo:** pop	**Año:** 2014
Temática: Amor, esperanza, despedida. **Otras ideas de explotación:** San Blas, México, imperfecto de subjuntivo, etc.		**Temática:** Amor, **añoranza**. **Otras ideas de explotación:** expresiones idiomáticas, presente de subjuntivo, familia, uso de ser y estar, el pretérito perfecto compuesto, etc.	
Letra		**Letra**	
Uh-uh-uh-uh, uh-uh Ella despidió a su amor Él partió en un barco en el muelle de San Blas Él juró que volvería Y empapada en llanto, ella juró que esperaría Miles de lunas pasaron Y siempre ella estaba en el muelle, esperando Muchas tardes se anidaron Se anidaron en su pelo y en sus labios Uh-uh-uh-uh, uh-uh Uh-uh-uh-uh, uh-uh Llevaba el mismo vestido Y por si él volviera, no se fuera a equivocar Los cangrejos le mordían Su ropaje, su tristeza y su ilusión Y el tiempo se escurrió Y sus ojos se le llenaron de amaneceres Y del mar se enamoró Y su cuerpo se enraizó en el muelle , sola en el olvido (Sola), sola con su espíritu (Sola), sola con su amor el mar (Sola), en el muelle de San Blas Su cabello se blanqueó Pero ningún barco a su amor le devolvía Y en el pueblo le decían Le decían la loca del muelle de San Blas Y una tarde de abril La intentaron trasladar al manicomio Nadie la pudo arrancar Y del mar nunca jamás la separaron , sola en el olvido (Sola), sola con su espíritu (Sola), sola con su amor el mar (Sola), en el muelle de San Blas , sola en el olvido (Sola), sola con su espíritu		Eran como dos gotas de agua Fueron separadas al nacer Luna creció siendo millonaria Sara no tenía ni para comer Luna siempre a colegios de pago Mientras Sara pronto tuvo que ejercer Y mientras una limpia lavabos La otra compra bolsos de Channel Sara con grandes esfuerzos Conseguía duras penas cursar una enfermería Mientas Luna y sus excesos Acababa con sus huesos siempre en la comisaría Qué caprichoso el destino Luna tuvo un accidente Y acabó en el hospital Donde Sara hacía unos días Que empezaba a trabajar Cuando de repente Sara Que empujaba la camilla Se dio cuenta que era igual Que aquella ensangrentada niña La llevó hasta el quirófano Pero no pudo pasar Y llorando, nada más salir Se puso a investigar Efectivamente, eran hermanas La madre de Luna confirmó Que el día que fueron a buscarla Tuvieron que elegir entre dos Luna está muy grave y necesita Urgentemente un trasplante de corazón Cuando Sara supo la noticia Algo en su cabeza se rompió Sara está sola en su casa Mientras piensa en el vacío que siempre había sentido Y aunque no la conocía	

234

(Sola), sola con el sol y el mar (Sola), ¡Oh, sola! Sola en el olvido (Sola), sola con su espíritu (Sola), sola con su amor el mar (Sola), en el muelle de San Blas Se quedó Se quedó sola, sola Se quedó Se quedó con el sol y con el mar Se quedó ahí Se quedó hasta el fin Se quedó ahí Se quedó en el muelle de San Blas Uoh, oh-oh-oh Sola, sola se quedó Uoh, oh-oh-oh	Empezó a escribir la carta que encontró la policía "Para mi hermana querida Aunque pienses que estoy loca Yo sí me acuerdo de ti Desde el vientre de mamá, no pude estar más junto a ti Si estás leyendo esta carta Es que todo salió bien Y después de tanto tiempo Estamos juntas otra vez Cuídanos hermanita Yo siempre quise morir Cuando fuera viejita Igual que nací junto a ti Saraluna, Saraluna Saraluna Saraluna (x17) Luna ya se está recuperando Sus padres deciden que ya es La hora de contarle quién le ha dado Lo que late dentro de su piel Pero no encuentran bien las palabras Se miran el uno al otro y con temor Deciden entregarle la carta Que antes de morir Sara escribió Pero cuál fue su sorpresa Cuando Luna dice: no hace falta que me contéis nada Porque sobran las palabras, sé que el corazón me lo ha dado Mi hermana Sara

Cantante: Marc Anthony **Nacionalidad:** estadounidense, puortorriqueño de origen.	**Título de la canción:** Flor pálida	**Cantante:** Jarabe de Palo **Nacionalidad:** españoles	**Título de la canción:** Romeo y Julieta
Estilo: salsa	**Año:** 2013	**Estilo:** pop	**Año:** 2004
Temática: Amor **Otras ideas de explotación:** subjuntivo de indicativo, el uso de ser y estar, imperfecto de subjuntivo, etc.		**Temática:** Amor **Otras ideas de explotación:** el subjuntivo de indicativo, los adverbios en mente, etc.	
Letra		**Letra**	
Hallé una flor Un día en el camino Que apareció marchita y deshojada Ya casi pálida, ahogada en un suspiro Me la llevé a mi jardín para cuidarla Aquella flor de pétalos dormidos A la que cuido hoy con toda el alma		Hacía calor en el bar, no recuerdo cuando fue Estaba sentado en la barra y ahí me la encontré Llevaba un cartel pegado en la frente Se busca perrito caliente que me quiera ciegamente Usaba perfume caro, vestía de Goldpierre Llevaba diez días llorando y apenas sin comer	

Recuperó el color que había perdido
Porque encontró un cuidador que la regara
Le fui poniendo un poquito de amor
La fui abrigando en mi alma
Y en el invierno le daba calor
Para que no se dañara
De aquella flor hoy el dueño soy yo
Y he prometido cuidarla
Para que nadie le robe el color
Para que nunca se vaya
De aquella flor surgieron tantas cosas
Nació el amor que un día se había perdido
Y con la luz del sol se fue la sombra
Y con la sombra la distancia y el olvido
Le fui poniendo un poquito de amor
La fui abrigando en mi alma
Y en el invierno le daba calor
Para que no se dañara
De aquella flor hoy el dueño soy yo
Y he prometido cuidarla
Para que siempre esté cerca de mí
Para que nunca se vaya
Le fui brindando cariño un poquito de amor (para
que nunca se vaya)
Y en el invierno lleno mi jardín de color (para que
nunca se vaya)
Ay, cuando la vi, me enamoré y me la llevé, me la
llevé
Ave María, Puerto Rico
Ataca Sergio

Contaba que el amor la estaba matando
Decía que un hombre no sabía tratar a una mujer
Mira chica, si buscas un chico para siempre
Que ni beba ni fume y ni le guste la música estri-
dente
Que sólo piense en ti, que muera por tu amor
Te digo que Romeo y Julieta no eran de este pla-
neta
Te digo que Romeo y Julieta no eran de este pla-
neta
Te digo que Romeo y Julieta no eran de este pla-
neta
De la barra de ese bar ella volvió a llorar
Se había creído la historia de Julieta y Romeo
Le dije, "chica verás, si te sirve de consuelo"
"Yo busco perrita caliente que me quiera locamen-
te"
Yo busco perrita caliente que me quiera locamente
Yo busco perrita caliente que me quiera locamente
Te digo que Romeo y Julieta no eran de este pla-
neta
Te digo que Romeo y Julieta no eran de este pla-
neta
Na, na-ra, na-ra (x11)
Na, na-ra, na-ra, na
Na, na-ra, na-ra
Na, na-ra, na-ra, na
Na, na-ra, na-ra
Na, na-ra, na-ra, na
Na, na-ra, na-ra
Na, na-ra, na-ra, na
Na, na-ra, na-ra
Na, na-ra, na-ra, na
Na, na-ra, na-ra
Na, na-ra, na-ra, na
Se busca a perrito caliente
Se busco a perrita caliente
Que me quiera enteramente

Cantante: Margarita Vargas	**Título de la canción:** Que nadie sepa mi sufrir	**Cantante:** Rosalía & The Weeknd	**Título de la canción:** La fama
Nacionalidad: colombiana		**Nacionalidad:** española, canadiense	
Estilo: cumbia	**Año:** 1991	**Estilo:** pop	**Año:** 2022
Temática: Amor		**Temática:** Amor	
Otras ideas de explotación: subjuntivo de indicativo, el uso de ser y estar, futuro de indicativo, imperfecto simple, etc.		**Otras ideas de explotación:** contraste de pasados,	

Letra	Letra
No te asombres si te digo lo que fuiste Un ingrato con mi pobre corazón Porque el fuego de tus lindos ojos negros Alumbraron el camino de otro amor Y pensar que te adoraba tiernamente Que a tu lado como nunca me sentí Y por estas cosas raras de la vida Sin el beso de tu boca yo me vi Amor de mis amores, amor mío qué me hiciste Que no puedo conformarme sin poderte contemplar Ya que pagaste mal a mi cariño tan sincero Lo que conseguirás que no te nombre nunca más Amor de mis amores si dejaste de quererme No hay cuidado que la gente de eso no se enterará Que gano con decir que un hombre cambió mi suerte Se burlarán de mí, que nadie sepa mi sufrir No te asombres si te digo lo que fuiste Un ingrato con mi pobre corazón Porque el fuego de tus lindos ojos negros Alumbraron el camino de otro amor Y pensar que te adoraba tiernamente Que a tu lado como nunca me sentí Y por esas cosas raras de la vida Sin el beso de tu boca yo me vi Amor de mis amores si dejaste de quererme No hay cuidado que la gente de eso no se enterará Que gano con decir que un hombre cambió mi suerte Se burlarán de mí, que nadie sepa mi sufrir Moriré de amor sin que nadie sepa mi sufrir Amor de mis amores si dejaste de quererme No hay cuidado que la gente de eso no se enterará Que gano con decir que un hombre cambió mi suerte Se burlarán de mí, que nadie sepa mi sufrir	Lo que pasó A ti te lo cuento No creas que no dolió O que me lo invento Así es que se dio Yo tenía mi bebé Era algo bien especial Pero me obsesioné Con algo que a él le hacía mal Miles de cancione' en mi mente Y él me lo notaba Y él tanta' vece' que me lo decía Y yo como si nada Es mala amante la fama y no va a quererte de verdad Es demasia'o traicionera, y como ella viene, se te va Sabe que será celosa, yo nunca le confiaré Si quiere' duerme con ella, pero nunca la vayas a casar Lo que pasó Me ha dejado en vela Ya no puedo ni pensar La sangre le hierve Siempre quiere más Puñala'itas da su ambición En el pecho, afilada Es lo peor Es mala amante la fama y no va a quererme de verdad Es demasia'o traicionera y como ella viene, se me va Yo sé que será celosa, yo nunca le confiaré Si quiero duermo con ella, pero nunca me la voy a casar No hay manera De que esta obsesión se me fuera Se me fuera, ya desaparezca Yo aún no he aprendi'o la manera

No hay manera que desaparezca
Es mala amante la fama y no va a quererte de verdad
Es demasia'o traicionera y como ella viene, se te va
Yo sé que será celosa, yo nunca le confiaré
Si quiero duermo con ella, pero nunca me la voy a casar

— Canciones para enseñar el pretérito perfecto y manejar el contraste de pasados (el pretérito perfecto compuesto, el pretérito indefinido y el pretérito imperfecto)

Cantante: Los Planetas **Nacionalidad:** españoles	**Título de la canción:** Un buen día	**Cantante:** Melendi **Nacionalidad:** española	**Título de la canción:** Llueve
Estilo: pop	**Año:** 2000	**Estiloo:** pop	**Año:** 2016
Temática: Rutinas toxicas, pereza, penas de amor, consumo de droga **Otras ideas de explotación:** periódico Marca, tomarse una caña, cómo decir la hora, etc.		**Temática:** añoranza, relaciones tóxicas **Otras ideas de explotación:** expresiones idiomáticas, el presente de indicativo, metáforas, etc.	

Letra	Letra
Me he despertado casi a las diez	Hoy me he levantado y el dolor, me ha apretado los dientes
Y me he quedado en la cama	Por el pasillo me olía a café, pero de repente
Más de tres cuartos de hora	He caído en la cuenta de que no estás tú
Y ha merecido la pena	Me volví a la cama y apagué la luz
Ha entrado el sol por la ventana	Empezó pidiendo tiempo y el espacio
Y han brillado en el aire	Que quería era casi exterior
Algunas motas de polvo	Ya sé que esto es ley de vida
He salido a la ventana	Pero más bien es vida sin ley
Y hacía una estupenda mañana	Llueve, llueve
He bajado al bar para desayunar	Y como siempre no a gusto de todos
Y he leído en el Marca	Llueve, llueve
Que se ha lesionado el niñato	Y mientras nos mojamos como tontos
Y no me he acordado de ti	Llueve, llueve
Hasta pasado un buen rato	Y en un simple charco a veces nos ahogamos
Luego, han venido estos por aquí	Hoy me he vuelto a despertar sin ti, puedo acostumbrarme
Y nos hemos bajado	Lo que peor llevo es el olor que en mi alma dejaste
A tomarnos unas cañas	Eras la flor más bonita de un jardín
Y me he reído con ellos	Lleno de maleza y ortigas sin ti
He estado durmiendo hasta las seis	Empezó pidiendo tiempo y el espacio
Y después he leído	Que quería era casi exterior
Unos tebeos de Spiderman	Ya sé que esto es ley de vida
Que casi no recordaba	Pero más bien es vida sin ley
Y he salido de la cama	Llueve, llueve
He puesto la tele y había un partido	Y como siempre no a gusto de todos
Y Mendieta ha marcado un gol	
Realmente increíble	
Y me he puesto triste	

238

El momento justo antes de irme	Llueve, llueve
Había quedado, de nuevo, a las diez	Y mientras nos mojamos como tontos
Y he bajado en la moto	Llueve, llueve
Hacia los bares de siempre	Y en un simple charco a veces nos ahogamos
Donde quedaba contigo	Si soy cariñoso dices que te agobio
Y no hacía nada de frío	Si me alejo un poco, que paso de ti
He estado con Erik hasta las seis	Si te hago un regalo dices que te compro
Y nos hemos metido	Y si no lo hago, tengo algo por ahí
Cuatro millones de rayas	Si miro a una chica te pones de morros
Y no he vuelto a pensar en ti	Y si no me dices "Deja de fingir"
Hasta que he llegado a casa	El caso en que nunca sea a gusto de todos
Y ya no he podido dormir	Siempre
Como siempre me pasa	Llueve, llueve
	Y como siempre no a gusto de todos
	Llueve, llueve
	Y mientras nos mojamos como tontos
	Llueve, llueve
	Y en un simple charco a veces nos ahogamos.

Cantante: Melendi	**Título de la canción:**	**Cantante:**	**Título de la canción:**
Nacionalidad: español	De repente desperté	Estopa	Partiendo la pana
		Nacionalidad: españoles	
Estilo: pop	**Año:** 2012	**Estilo:** pop	**Añoo:** 2003
Temática: Sueño por un mundo mejor		**Temática:** reconocimiento y agradecimiento por lo que la vida nos ha dado.	
Otras ideas de explotación: uso de ni…ni, uso de como si, concordancia de tiempo, uso de por y para, etc.		**Otras ideas de explotación:** léxico de registro informal, jerga juvenil, expresiones idiomáticas (del tirón, ser un fiera, partir la pana, ser una **máquina, repartir leña, etc.).**	
Letra		**Letra**	

Hoy he soñado que todo es mentira	Ponga atención a lo que voy a contar
Que no existen ni la guerra, ni la paz, ni los enfermos, ni las medicinas	Ocurrió una fría noche de Cornellá en un rincón
Que no existen las banderas	No recuerdo yo muy bien por qué sucedió
Ni palomas mensajeras	Solo recuerdo que estaba en un bar
Hoy he soñado que todo es mentira	¿Por qué será?
Que no existen los parados por derecho y que el político es de plastilina	La clientela bebía, futbolín encontraba
Y que no existe un desastre	Las miradas perdias', los codos en la barra
Que no arregle cualquier sastre	En fin, cerveza fría por mi garganta
Y de repente desperté	Se derramaba
Y cuál fue mi sorpresa cuando en el telediario de la 3	¡Qué escalofrío se pudo sentir!
Un hombre mataba a sus hijos a palos	Cuando entró un tipo bajito, pero eso sí, vacilón
Para vengarse así de su ex-mujer	Que poseía lo que todo bar quería,
De repente desperté	Un toque mágico pa' la aficción
Y como si de un suelo se tratara vi que el mundo era un papel	¿Por qué será?
	Y el tipo era un máquina, un pasao' de página, cómo las colaba
	Cómo presionaba, en fin, se divertía y toda la gente le cantaba

Donde el poderoso pinta garabatos
Para lavarse las manos después
De repente desperté
Y como siempre este maldito mundo
Tan extraño como absurdo, tan cruel como taci-
turno
Comenzó a andar del revés
Hoy he soñado que todo es mentira
Que en el mundo no existía desigualdad y que los
niños no mueren de SIDA
Y que no existen primeros
Ni últimos por extranjeros
Y de repente desperté
Y vi a cuatro individuos en la tele peleando por el
poder
Mientras en la calle un pueblo esclavizado
Buscaba en la basura pa' comer
De repente desperté
Y vi como detrás de un movimiento siempre había
su por qué
Que en nombre de la paz vi matar dictadores
Que estaban más que puestos por usted
De repente desperté
Y como siempre este maldito mundo
Tan extraño como absurdo, tan cruel como taci-
turno
Comenzó a andar del revés
Y ahora no sé cuál es el sueño
Y cuál la realidad
Pensamos que vamos sin dueño
Qué falta de verdad
Qué falta de verdad
Y no hay peor que el que no quiere ver
Por muy duro que sea mirar
Me resulta tan difícil
Creer que existe el destino
Cuando todo el mundo baila si cuatro tiran de un
hilo
Y aunque esta humilde balada
Nunca sirva de nada
Yo hoy dormiré más tranquilo

Tú eres un fiera porque entras partiendo la pana
Invitando a la peña, invitando a cañas
A la hija de la dueña, la tienes loca, loquita, loca
Tú eres un fiera porque entras partiendo la pana
Invitando a la peña, invitando a cañas
A la hija de la dueña, la tienes loca, loquita, loca
Se veía de venir el marrón, por lo menos desde mi
posición
Y el colega la empezó a vacilar del tirón
Pero la suerte a veces cambia de banda
Y el viejo de la niña saltó la barra
Menuda la panza, mirada desbocada, cuchillo ja-
monero
Y toda la gente le cantaba
Tú eres un fiera porque entras partiendo la pana
Invitando a la peña, invitando a cañas
Repartiendo leña
Enseñó la pipa, ¿qué quieres más señas?
Tú eres un fiera porque entras partiendo la pana
Invitando a la peña, invitando a cañas
Repartiendo leña
Enseñó la pipa, ¿qué quieres más señas?
Tiros y más tiros en un bar
La pasma está a punto de llegar
Yo me quedé con más ganas de juerga
Lo vi todo desde la puerta
Tiros y más tiros en un bar
La pasma está a punto de llegar
Yo me quedé con más ganas de juerga
Lo vi todo desde la puerta
¡Estopa!
Entra partiendo la pana
Invitando a la peña, invitando a cañas
Repartiendo leña
Enseñó la pipa, ¿qué quieres más señas?
Tú eres un fiera porque entras partiendo la pana
Invitando a la peña, invitando a cañas
Repartiendo leña
Sacó la pipa, ¿qué quieres más señas?
Tú eres un fiera porque entras partiendo la pana
Invitando a la peña, invitando a cañas
Repartiendo leña
Enseñó la pipa, ¿qué quieres más señas?
Tú eres un fiera porque entras partiendo la pana
Invitando a la peña, invitando a cañas
A la hija de la dueña la tienes loca, loquita, loca
¡Ándale y qué viva Zapata!
¡Sígale, sígale, sígale, sígale, sígale!
Que están todos estos marihuanados
No se me marihuanen
Invitando a la peña, invitando a cañas
Repartiendo leña
Enseño la pipa, ¿qué quieres más señas?
La cuenta, Joe

Cantante: Pablo Alborán	Título de la canción: Te he echado de menos	Cantante: Mercedes Sosa	Título de la canción: Gracias a la vida
Nacionalidad: español		**Nacionalidad:** Argentina	
Estilo: pop	**Año:** 2011	**Estilo:** pop	**Añoo:** 1993
Temática:		**Temática:**	
Otras ideas de explotación: traducción de "tu m'as manqué", concordancia de tiempo, etc.		**Otras ideas de explotación:** el presente de indicativo, para trabajar valores como el de ser agradecido por y en la vida, etc.	

Letra	Letra
No quedas más que tú	Gracias a la vida que me ha dado tanto.
No quedo más que yo	Me dio dos luceros, que cuando los abro,
En este extraño salón	Perfecto distingo lo negro del blanco
Sin nadie que nos diga dónde, cómo y cuándo nos besamos	Y en el alto cielo su fondo estrellado
Tenía ganas ya	Y en las multitudes el hombre que yo amo.
De pasar junto a ti	Gracias a la vida que me ha dado tanto.
Unos minutos soñando	Me ha dado el oído que en todo su ancho
Sin un reloj que cuente las caricias que te voy dando	Graba noche y día, grillos y canarios,
Juramento de sal y limón	Martillos, turbinas, ladridos, chubascos,
Prometimos querernos los dos	Y la voz tan tierna de mi bien amado.
Te he echado de menos	Gracias a la vida que me ha dado tanto.
Todo este tiempo	Me ha dado el sonido y el abecedario;
He pensado en tu sonrisa y en tu forma de caminar	Con él las palabras que pienso y declaro:
Te he echado de menos	Madre, amigo, hermano, y luz alumbrando
He soñado el momento	La ruta del alma del que estoy amando.
De verte aquí, a mi lado, dejándote llevar	Gracias a la vida que me ha dado tanto.
Quiero que siga así	Me ha dado la marcha de mis pies cansados;
Tu alma pegada a mí	Con ellos anduve ciudades y charcos,
Mientras nos quedamos quietos	Playas y desiertos, montañas y llanos,
Dejando que la piel cumpla, poco a poco, todos sus deseos	Y la casa tuya, tu calle y tu patio.
Hoy no hay nada que hacer	Gracias a la vida que me ha dado tanto.
Quedémonos aquí	Me dio el corazón que agita su marco
Contándonos secretos	Cuando miro el fruto del cerebro humano,
Diciéndonos, bajito, que lo nuestro siempre se hará eterno	Cuando miro al bueno tan lejos del malo,
Fantasía en una copa de alcohol	Cuando miro al fondo de tus ojos claros.
Prometimos volver a vernos	Gracias a la vida que me ha dado tanto.
Te he echado de menos	Me ha dado la risa y me ha dado el llanto.
Todo este tiempo	Así yo distingo dicha de quebranto,
He pensado en tu sonrisa y en tu forma de caminar	Los dos materiales que forman mi canto,
Te he echado de menos	Y el canto de ustedes que es mi mismo canto,
He soñado el momento	Y el canto de todos que es mi propio canto.
De verte, aquí a mi lado, dejándote llevar	Gracias a la vida que me ha dado tanto.

Yo te he echado de menos (Oooh)
Yo te he echado de menos (Oooh)
Silencio... que mis dedos corren entre tus dedos
Y con un suave desliz hago que se pare el tiempo
Te he echado de menos
Todo este tiempo
He pensado en tu sonrisa y en tu forma de cami-
nar
Te he echado de menos
He soñado el momento
De verte, aquí a mi lado, dejándote llevar
Da-dadah dah-dadah
Oh, oh, oh

— Canciones para enseñar el presente de subjuntivo

Cantante: Juanes	**Título de la canción:**	**Cantante:** Estopa	**Título de la canción:** Hemicraneal
Nacionalidad: colombiano	A Dios le pido	**Nacionalidad:** españoles	
Estilo: pop	**Año:** 2002	**Estilo:** pop	**Añoo:** 2008
Temática: Amor **Otras ideas de explotación**: vocabulario sobre la familia (por los hijos de mis hijos y los hijos de tus hijos), voces del español colombiano (uso de vos), etc.		**Temática:** Vivir la vida. Consejos para salir de su zona de confort y de la rutina. **Otras ideas de explotación**: imperativo, concordancia de tiempo.	
Letra		**Letra**	

Que mis ojos se despierten	Deja que la lluvia
Con la luz de tu mirada	Acaricie tus párpados
Yo, a Dios le pido	Que la humedad
Que mi madre no se muera	Se clave en tu piel
Y que mi padre me recuerde	Deja que esta noche
A Dios le pido	Tus pies anden descalzos
Que te quedes a mi lado	No los pares
Y que más nunca te me vayas mi vida	Si empiezan a correr
A Dios le pido	Deja que el deseo
Que mi alma no descanse cuando	Por una vez se cumpla
De amarte se trate mi cielo	Deja que el silencio
A Dios le pido	Te susurre otra vez
Por los días que me quedan	Deja que tu ausencia
Y las noches que aún no llegan	En una depresión, se hunda
Yo, a Dios le pido	Deja que el niño que llevas dentro
Por los hijos de mis hijos	Vuelva a nacer
Y los hijos de tus hijos	Deja que la gente pase a ambos lados
A Dios le pido	Sin tocarte
Que mi pueblo no derrame tanta sangre	Que el neón de la noche
Y se levante mi gente	Se clave en tu sien
A Dios le pido	Deja que esa duda
Que mi alma no descanse cuando	Que hay en tu mente

242

De amarte se trate mi cielo
A Dios le pido
Un segundo más de vida para darte
Y mi corazón entero entregarte
Un segundo más de vida para darte
Y a tu lado para siempre yo quedarme
Un segundo más de vida
Yo, a Dios le pido
Y que si me muero sea de amor
Y si me enamoro sea de vos
Y que de tu voz sea este corazón
Todos los días a Dios le pido
Y que si me muero sea de amor
Y si me enamoro sea de vos
Y que de tu voz sea este corazón
Todos los días a Dios le pido
A Dios le pido
Que mis ojos se despierten
Con la luz de tu mirada
Yo, a Dios le pido
Que mi madre no se muera
Y que mi padre me recuerde
A Dios le pido
Que te quedes a mi lado
Y que mas nunca te me vayas mi vida
A Dios le pido
Que mi alma no descanse cuando
De amarte se trate mi cielo
A Dios le pido
Un segundo más de vida para darte
Y mi corazón entero entregarte
Un segundo más de vida para darte
Y a tu lado para siempre yo quedarme
Un segundo más de vida
Yo, a Dios le pido
Y que si me muero sea de amor
Y si me enamoro sea de vos
Y que de tu voz sea este corazón
Todos los días a Dios le pido
Y que si me muero sea de amor
Y si me enamoro sea de vos
Y que de tu voz sea este corazón
Todos los días a Dios le pido
Y que si me muero sea de amor
Y si me enamoro sea de vos
Y que de tu voz sea este corazón
Todos los días a Dios le pido
Y que si me muero sea de amor
Y si me enamoro sea de vos
Y que de tu voz sea este corazón
Todos los días yo a Dios le pido

No pregunte
Y que no se clave
Que ni siquiera hable
Y que se muera, sólo por esta vez
Deja que los coches te salpiquen
Cuando pasen
Que mojen tu risa
Con su puta prisa, antes de morder
Esa manzana envenenada por un jodido martes
Que se pregunten qué haces en la calle
Que no se den cuenta de ese detalle
Que esto es un paseo
Como los de antes
En que nadie se busca
Nadie quiere encontrarse
Que todo se vuelca
En un vaso vacío
Que no hay más nostalgia que la de perderse
Si duele un recuerdo, te cura el olvido
Si duele la cabeza, con Hemicraneal vale
Si buscas ayuda
Chungo, esta noche estoy sólo conmigo
Deja que los coches te salpiquen
Cuando pasen
Que mojen tu risa
Con su puta prisa, antes de morder
Esa manzana envenenada por un jodido martes
Que se pregunten qué haces en la calle
Que no se den cuenta de ese detalle
Que esto es un paseo
Como los de antes
En que nadie se busca
Nadie quiere encontrarse
Que todo se vuelca
En un vaso vacío
Que no hay más nostalgia que la de perderse
Si duele un recuerdo, te cura el olvido
Si duele la cabeza, con Hemicraneal vale
Si buscas ayuda
Chungo, esta noche estoy sólo conmigo

Cantante: Rosario	**Título de la canción:**	**Cantante:** Pablo Alborán	**Título de la canción:**
Nacionalidad: española	Como quieres que te quiera	**Nacionalidad:** español	Dónde está el amor
Estilo: pop	**Año:** 2001	**Estilo:** pop	**Año:** 2012
Temática: Amor		**Temática:** Amor	
Ideas de explotación: uso de mi y mí, uso de cómo y como, futuro de indicativo, etc.		**Ideas de explotación:** concordancia de tiempo, el futuro de indicativo, etc.	

Letra	Letra
Cómo quieres que te quiera, Cómo quieres, si no estás aquí, Cómo quieres que te quiera, Si no te das a mí. Subiré montañas, y al río lloraré, Y mi corazón me grita, Me aprisiona, sin querer. Cómo quieres que te quiera, Si no te tengo aquí, Cómo quieres que te quiera, Tan lejos ya de mí. Cómo quieres que te quiera, Si no te das a mí, Cómo quieres que te quiera, Si sé que te perdí. Sólo quiero que el viento, me lleve donde estés, Y mi corazón me grita, me aprisiona, sin querer Yo viviré, cantando a las estrellas, por el día que Yo soñaré, que la vida me entrega, lo que tuve ayer Cómo quieres que te quiera, Si no te tengo aquí, Cómo quieres que te quiera, Tan lejos ya de mí, Cómo quieres que te quiera, Si no te das a mí, Cómo quieres que te quiera, Si sé que te perdí. Y mi corazón me grita, me aprisiona, sin querer Yo viviré, cantando a las estrellas, por el día Yo, yo soñaré, que la vida me entrega, lo que tuve ayer. Cómo quieres que te quiera, Si no te tengo aquí, Cómo quieres que te quiera, Tan lejos ya de mí, Cómo quieres que te quiera, Si no te das a mí, Cómo quieres que te quiera, Si sé que te perdí. Cómo quieres que te quiera	No hace falta que me quites la mirada Para que entienda que ya no queda nada Aquella luna que antes nos bailaba Se ha cansado y ahora nos da la espalda ¿Dónde está el amor del que tanto hablan? ¿Por qué no nos sorprende y rompe nuestra calma? Déjame que vuelva a acariciar tu pelo Déjame que funda tu pecho en mi pecho Volveré a pintar de colores el cielo Haré que olvides de una vez el mundo entero Déjame tan solo que hoy roce tu boca Déjame que voy a detener las horas Volveré a pintar de azul el universo Haré que todo esto solo sea un sueño Tengo contados todos los besos que nos damos Y tú fugitiva, andas perdida en otro lado Yo no quiero caricias de otros labios No quiero tus manos en otras manos Porque yo quiero que volvamos a intentarlo ¿Dónde está el amor del que tanto hablan? ¿Por qué no nos sorprende y rompe nuestra calma? Déjame que vuelva a acariciar tu pelo Déjame que funda tu pecho en mi pecho Volveré a pintar de colores el cielo Haré que olvides de una vez el mundo entero Déjame tan solo que hoy roce tu boca Déjame que voy a detener las horas Volveré a pintar de azul el universo Haré que todo esto solo sea un sueño Déjame que vuelva a acariciar tu pelo Déjame que funda tu pecho en mi pecho Volveré a pintar de colores el cielo Haré que olvides de una vez el mundo entero Déjame tan solo que hoy roce tu boca Déjame que voy a detener las horas Volveré a pintar de azul el universo Haré que todo esto solo sea un sueño

— Canciones para trabajar el imperativo negativo/positivo y el presente de subjuntivo.

Cantante: Andrés Calamaro **Nacionalidad:** argentino	**Título de la canción:** Flaca	**Cantante:** Melendi **Nacionalidad:** español	**Título de la canción:** Cierra los ojos
Estilo: pop	**Año:** 1997	**Estilo:** pop	**Año:** 2010
Temática: Amor, crisis de pareja **Otras ideas de explotación:** imperfecto de indicativo.		**Temática:** Consumo de estupefacientes (cocaína, marihuana, etc.) **Otras ideas de explotación:** pretérito indefinido, concordancia de tiempo, sensibilización sobre el consumo de drogas por la juventud, etc.	
Letra		**Letra**	

Letra

Flaca no me claves
Tus puñales
Por la espalda
Tan profundo
No me duelen
No me hacen mal
Lejos
En el centro
De la tierra
Las raíces
Del amor
Donde estaban
Quedarán
Entre el no me olvides
Me dejes nuestros abriles olvidados
En el fondo del placar
Del cuarto de invitados
Eran tiempos dorados
De un pasado mejor
Aunque casi me equivoco
Y te digo poco a poco
No me mientas
No me digas la verdad
No te quedes callada
No levantes la voz
Ni me pidas perdón
Aunque casi te confieso
Que también he sido un perro compañero
Un perro ideal que aprendió a nadar
Y a volver al hogar
Para poder comer
Flaca no me claves
Tus puñales
Por la espalda
Tan profundo

Letra

Cierra los ojos, párate a pensar
Abre los cerrojos que te hacen llorar
Cierra los ojos y párate a pensar, fuerte, con rabia
Sal ya de mí
Que todo vuelva a ser igual
Que antes de ti
Me cogiste cuando apenas yo era un niño
Entregándome dos alas pa' volar
Yo firmé sin leer la letra pequeña
Donde ponía la ostia que me iba a pegar
Con el tiempo solo me fui dando cuenta
Que lo raro no era lo de los demás
Y que tú eres sin dudar un arma blanca
Más dañina que ninguna de metal
Cierra los ojos y piensa en los demás, hombre
Que tú no sufres solo, coño, quiérete algo más
Cierra los ojos y párate a pensar, con rabia
Sal ya de mí
Que todo vuelva a ser igual
Que antes de ti
Me cogiste cuando apenas yo era un niño
Entregándome dos alas pa' volar
Yo firmé sin leer la letra pequeña
Donde ponía la ostia que me iba a pegar
Con el tiempo solo me fui dando cuenta
Que lo raro no era lo de los demás
Y que tú eres sin dudar un arma blanca
Más dañina que ninguna de metal
Y ahora, por favor
Veo gente muy joven entre el público
A la que le pediría encarecidamente que abriera las orejas porque
El único problema de lo que os acabo de contar es lo que os voy a contar ahora

No me duelen
No me hacen mal
Lejos
En el centro
De la tierra
Las raíces
Del amor
Donde estaban
Quedarán

Y por tanto
Que ahora el tiempo siempre correrá en mi contra
Siempre, porque yo sé que no descansarás, jamás
Y que cuando crecen mis complejos veo tu sombra, ay amigo
Ofreciéndome la falsa libertad, así que
Cierra los ojos y párate a pensar

Cantante: Calle 13	**Título de la canción:** Atrévete	**Cantante:** Jennifer López & Marc Anthony	**Título de la canción:** No me ames
Nacionalidad: puertorriqueños		**Nacionalidad:** estadounidenses	
Estilo: pop	**Año:** 2005	**Estilo:** balada	**Año:** 2002
Temática: vivir la vida, invitación a salir de su zona de confort para gozar la vida. **Otras ideas de explotación:** variedad del español, anglicismos, los verbos pronominales, etc.		**Temática:** Penas de amor **Otras ideas de explotación:** presente de indicativo,	

Letra	Letra
Atrévete-te-te, sal te del closet	MA: Dime por qué lloras
Destápate, quítate el esmalte	JL: De felicidad
Deja de taparte	MA: ¿Y por qué te ahogas?
Que nadie va a retratarte	JL: Por la soledad
Levántate, ponte hyper	MA: Di por qué me tomas
Préndete, sácale chispas al starter	Fuerte así, mis manos
Préndete en fuego como un lighter	Y tus pensamientos
Sacúdete el sudor como si fueras un wiper	Te bajan llevando.
Que tú eres callejera, Street Fighter	
Cambia esa cara de seria	JL: Yo te quiero tanto
Esa cara de intelectual, de enciclopedia	MA: ¿Y por qué será?
Que te voy a inyectar con la bacteria	JL: Loco testarudo
Pa' que de' vuelta' como machina de feria	No lo dudes más
Señorita intelectual, ya sé que tiene el área abdominal	Aunque en el futuro
Que va a explotar como fiesta patronal	Haya un muro enorme
Que va explotar, como palestino	Yo no tengo miedo
Yo sé que a ti te gusta el pop-rock latino	Quiero enamorarme.
Pero este reguetón se te mete por los intestinos	
Por debajo de la falda como un submarino	MA: No me ames, porque pienses
Y te saca lo de indio taíno	Que parezco diferente
Ya tú sabes en tapa rabo, mamá	JL: Tú no piensas que es lo justo
En el nombre de Agüeybaná, no hay más na'	Ver pasar el tiempo juntos
Para na' que yo te voy a mentir	MA: No me ames, que comprendo
Yo sé que yo también quiero consumir de tu perejil	La mentira que sería
Y tú viniste amazónica como Brasil	JL: Si tu amor no merezco
Tú viniste a mata'la como Kill Bill	No me ames más, quédate otro día.
Tú viniste a beber cerveza de barril	

246

Tú sabes que conmigo tienes refill
Atrévete-te-te, salte del closet
Destápate, quítate el esmalte
Deja de taparte
Que nadie va a retratarte
Levántate, ponte hyper
Préndete, sácale chispas al starter
Préndete en fuego como un lighter
Sacúdete el sudor como si fueras un wiper
Que tú eres callejera, Street Fighter
Hello, deja el show
Súbete la minifalda hasta la espalda
Súbetela deja el show, más alta
Que ahora vamos a bailar por to'a la jalda
Mera, nena ¿quieres un sipi?
No importa si eres rapera o eres hippie
Si eres de Bayamón o de Guaynabo City
Conmigo no te pongas picky
Esto es hasta abajo, cógele el triqui
Esto es fácil, esto es un mamey
¿Qué importa si te gusta Green Day?
¿Qué importa si te gusta Coldplay?
Esto es directo sin parar, one way
Yo te lo juro de que por ley
Aquí to'as boricuas saben karate
Ellas cocinan con salsa de tomate
Mojan el arroz con un poco de aguacate
Pa' cosechar nalgas de 14 kilates
Atrévete-te-te, salte del closet
Destápate, quítate el esmalte
Deja de taparte
Que nadie va a retratarte
Levántate, ponte hyper
Préndete, sácale chispas al starter
Préndete en fuego como un lighter
Sacúdete el sudor como si fueras un wiper
Que tú eres callejera, Street Fighter
Atrévete-te-te, salte del closet
Destápate, quítate el esmalte
Deja de taparte
Que nadie va a retratarte
Levántate, ponte hyper
Préndete, sácale chispas al starter
Préndete en fuego como un lighter
Sacúdete el sudor como si fueras un wiper
Que tú eres callejera, Street Fighter
Ja-ja-ja
¡Ah!
Cumbia

MA: No me ames, porque estoy perdido
Porque cambie el mundo,
porque es el destino
Porque no se puede, somos un espejo
Y tú así serias lo que yo de mí reflejo
JL: No me ames, para estar muriendo
Dentro de una guerra
llena de arrepentimientos
No me ames, para estar en tierra,
quiero alzar el vuelo
MA.JL Con tu gran amor por el azul del cielo.

MA: No sé qué decirte, esa es la verdad
Si la gente quiere, sabe lastimar
JL: Tú y yo partiremos, ellos no se mueven
Pero en este cielo sola no me dejes
MA: No me dejes, no me dejes
No me escuches, si te digo no me ames
JL: No me dejes, no desarmes
Mi corazón con ese no me ames
MA: No me ames, te lo ruego
Mi amargura déjame
JL: Sabes bien, que no puedo
Que es inútil, que siempre te amaré.

MA: No me ames, pues te haré sufrir
Con este corazón
que se llenó de mil inviernos
JL: No me ames,
para así olvidarte de tus días grises
Quiero que me ames solo.

MA.JL: No me ames, tú y yo volaremos
Uno con el otro y seguiremos siempre juntos
JL: Este amor es como el sol
que sale tras de la tormenta
MA.JL: Como dos cometas en la misma estela.
MA: No me ames
JL: No me ames
MA: No me ames
No me ames
No me ames
No me ames
No me ames

— Canciones para trabajar el presente de indicativo

Cantante: Juanes **Nacionalidad:** colombiano	**Título de la canción:** Es por ti	**Cantante:** Melendi **Nacionalidad:** español	**Título de la canción:** Flores de agua y plomo
Estilo: pop	**Año:** 2002	**Estilo:** balada	**Año:** 2016
Temática: amor		**Temática:** El ser humano	
Otras ideas de explotación: valor del uso de por, el participio pasado de los verbos de la primera conjugación, etc.		**Otras ideas de explotación:** uso de por y para, uso de gustar, futuro de indicativo, etc.	
Letra		**Letra**	
Cada vez que me levanto Y veo que a mi lado estás Me siento renovado Y me siento aniquilado Aniquilado si no estás Tú controlas toda mi verdad Y todo lo que está de más Tus ojos me llevan lentamente al sol Y tu boca me habla del amor y el corazón Tu piel tiene el color de un rojo atardecer Y es por ti Que late mi corazón Y es por ti Que brillan mis ojos hoy Y es por ti Que he vuelto a hablar de amor Y es por ti Que calma mi dolor Y cada vez que yo te busco Y no te puedo aún hallar Me siento un vagabundo Perdido por el mundo Desordenado si no estás Como mueves tú mi felicidad Y todo lo que está de más Tus ojos me llevan lentamente al sol Y tu boca me habla del amor y el corazón Tu piel tiene el color de un rojo atardecer Y es por ti Que late mi corazón Y es por ti Que he vuelto a hablar de amor Y es por ti Que brillan mis ojos hoy Y es por ti Que calma mi dolor Cada vez que me levanto		No me gusta la gente que no mira a los ojos Que se esconde en las redes para criticar No me gusta la gente que se da por vencida Y se dice así misma: es tarde para cambiar No me gusta el que mira por encima del hombro Esperando en una cola se pone a resoplar No me gusta la gente que no ama la vida Que escupe en la calle, que grita en el bar No me gustan para nada esas personas Sin embargo a lo largo de mi vida he sido todas Menos mal que te pude identificar un poco antes de que me jodas Tengo una pelea interna desde que nos conocemos Y le echo la culpa a lo de afuera Y hoy me he dado cuenta que aquí el único culpable Es la parte de mí que hace que no vea Que si miro hacia dentro Seguro encontraré alguna razón Un pequeño detalle, un dañito escondido Por el cual un día cerré mi corazón No me gusta la gente que se olvida del mundo Me parecen cobardes y egoístas sin fe No me gustan los tipos, esos que van de duros Porque sienten que así es como la vida los ve No me gustan para nada esas personas Sin embargo a lo largo de mi vida he sido todas, Menos mal que te pude identificar un poco antes de que me jodas Tengo una pelea interna desde que nos conocemos Y le echo la culpa a lo de afuera Y hoy me he dado cuenta que aquí el único culpable Es la parte de mí que hace que no vea Que si miro hacia dentro	

Y veo que a mi lado estás
Me siento renovado
Tus ojos me llevan lentamente al sol
Y tu boca me habla del amor y el corazón
Tu piel tiene el color de un rojo atardecer
Y es por ti
Que late mi corazón
Y es por ti
Que he vuelto a hablar de amor
Y es por ti
Que brillan mis ojos hoy
Y es por ti
Que calma mi dolor
Y es por ti
Y es por ti

Seguro encontraré alguna razón
Un pequeño detalle, un dañito escondido
Por el cual un día cerré mi corazón
Somos lo que criticamos y al dejar de criticar, sale lo que somos
Y es la sombra de la envidia la que viste de alquitrán
Flores de agua y plomo
Somos simplemente espejos caminando
Deslumbrándonos los unos a los otros
Con el tiempo unos entienden su función y otros acaban rotos

Cantante: Jarabe de Palo **Nacionalidad:** españoles	**Título de la canción:** Bonito	**Cantante:** Julieta Venegas **Nacionalidad:** mexicana	**Título de la canción:** Limón y sal
Estilo: pop	**Año:** 2003	**Estilo:** pop	**Año:** 2006
Temática: la belleza de la vida, himno a la vida		**Temática:** amor	
Otras ideas de explotación: estilos musicales, vocabulario sobre diversos temas, etc.		**Otras ideas de explotación:** uso de porque y por qué.	
Letra		**Letra**	
Bonito, todo me parece bonito Bonita mañana, bonito lugar Bonita la cama, que bien se ve el mar Bonito es el día que acaba de empezar Bonita la vida, respira, respira, respira El teléfono suena, mi pana se queja La cosa va mal, la vida le pesa Que vivir así ya no le interesa Que seguir así no vale la pena Se perdió el amor, se acabó la fiesta Ya no anda el motor que empuja la tierra La vida es un chiste con triste final El duro no existe, pero yo le digo Bonito, todo me parece bonito Bonito, todo me parece bonito Bonita la paz, bonita la vida Bonito volver a nacer cada día Bonita la verdad, cuando no suena a mentira Bonita la amistad, bonita la risa Bonita la gente cuando hay calidad Bonita la gente que no se arrepiente Que gana y que pierde, que habla y no miente Bonita la gente, por eso yo digo		Tengo que confesar que a veces No me gusta tu forma de ser Luego te me desapareces Y no entiendo muy bien por qué No dices nada romántico Cuando llega el atardecer Te pones de un humor extraño Con cada luna llena al mes Pero a todo lo demás Le gana lo bueno que me das Solo tenerte cerca Siento que vuelvo a empezar Yo te quiero con limón y sal Yo te quiero tal y como estás No hace falta cambiarte nada Yo te quiero si vienes o si vas Si subes y bajas, si no estás Seguro de lo que sientes Tengo que confesarte ahora Nunca creí en la felicidad A veces, algo se le parece Pero es pura casualidad Luego me vengo a encontrar	

Bonito todo me parece, bonito
Bonito todo me parece, bonito
Qué bonito que te va
Cuando te va bonito
Que bonito que te va
Qué bonito que te va
Cuando te va bonito
Que bonito que te va
Bonito, todo me parece bonito
La faz, la mañana, la casa, la samba
La tierra, la paz y la vida que pasa
Bonito, todo me parece, bonito
Tu cama, tu salsa, la mancha en la espalda
Tu cara, tus canas, el fin de semana
Bonita le gente que viene y que va
Bonita la gente que no se detiene
Bonita la gente que no tiene edad
Que escucha, que tiene, que tiene y que da
Bonito Jorge, bonito Pedro
Bonita la rumba, bonito José
Bonita la brisa, que no tiene prisa
Bonito este día, respira, respira, respira
Bonita la gente cuando es de verdad
Bonita la gente que es diferente
Que tiembla, que siente, que vive el presente
Bonita la gente que estuvo y no está
Bonito, todo me parece bonito
Todo me parece bonito
Que bonito que te va
Cuando te va bonito
Que bonito que te va
Que bonito que se está
Cuando se está bonito
Que bonito que se está
Que bonito que te va
Cuando te va bonito
Que bonito que te va
Que bonito que se está
Cuando se está bonito
Que bonito que se está

Con tus ojos, me dan algo más
Solo tenerte cerca
Siento que vuelvo a empezar
Yo te quiero con limón y sal
Yo te quiero tal y como estás
No hace falta cambiarte nada
Yo te quiero si vienes o si vas
Si subes y bajas, si no estás
Seguro de lo que sientes
Yo te quiero con limón y sal
Yo te quiero tal y como estás
No hace falta cambiarte nada
Yo te quiero si vienes o si vas
Si subes y bajas, si no estás
Seguro de lo que sientes
Solo tenerte cerca
Siento que vuelvo a empezar

250

Cantante: Fito y Fitipaldis **Nacionalidad:** españoles	**Título de la canción:** Soldadito marinero	**Cantante:** Romeo Santos & El Chaval de la bachata **Nacionalidad:** dominicanos	**Título de la canción:** Canalla
Estilo: pop	**Año:** 2003	**Estilo:** bachata	**Año:** 2019
Temática: Amor, prostitución.		**Temática:** amor tóxico	
Otras ideas de explotación: pretérito indefinido, imperfecto de indicativo, etc.		**Otras ideas de explotación:** uso de ser y estar, presente de subjuntivo, etc.	
Letra		**Letra**	

Letra	Letra
Él camina despacito que las prisas no son buenas En su brazo dobladita, con cuidado la chaqueta Luego pasa por la calle dónde los chavales juegan Él también quiso ser niño, pero le pilló la guerra Soldadito marinero conociste a una sirena De esas que dicen te quiero si ven la cartera llena Escogiste a la más guapa y a la menos buena Sin saber cómo ha venido te ha cogido la tormenta Él quería cruzar los mares y olvidar a su sirena La verdad, no fue difícil cuando conoció a Mariela Que tenía los ojos verdes y un negocio entre las piernas Hay que ver que puntería, no te arrimas a una buena Soldadito marinero conociste a una sirena De esas que dicen te quiero si ven la cartera llena Escogiste a la más guapa y a la menos buena Sin saber cómo ha venido te ha cogido la tormenta Después de un invierno malo, una mala primavera Dime por qué estas buscando una lágrima en la arena Después de un invierno malo, una mala primavera Dime por qué estas buscando una lágrima en la arena Después de un invierno malo, una mala primavera Dime por qué estas buscando una lágrima en la arena Después de un invierno malo	Y sigue El Chaval Con el chico de las poesías Hoy voy a morir de un amargue Y la asesina, eres tú Este masoquismo es rentable Aunque me afecta la salud Me hago el sordo y ciego Sabiendo, me puede ir mejor Cuidadito y te crees que eres muy sabia Amor no quita conocimiento, yo sé bien quién eres tú Mala, tú eres mala Así me gustas, así me encantas Malvada, pero estás buena No me importa que seas una canalla Tú me enciendes y me apagas Me subes a la cima y me lanzas Esa vaina, me acorrala Una psicología que me atrapa Esa maldita guitarra You're a bad girl But I like it Voy a permitir tus chantajes Aunque resulten mi perdición Tengo una paciencia adaptable Que se amolda a esta situación Me hago el sordo y ciego Sabiendo, me puede ir mejor Cuidadito y te crees que eres muy sabia Amor no quita conocimiento (Yo sé bien quién eres tú) Mala, tú eres mala Así me gustas, así me encantas Malvada, pero estás buena No me importa que seas una canalla Tú me enciendes y me apagas Me subes a la cima y me lanzas Esa vaina, me acorrala

Una psicología que me atrapa
Dígame Chaval
Pero es verdad, que es mala la tipa
Mala, tú eres mala
Así me gustas, así me encantas
Malvada, pero estás buena
No me importa que seas una canalla
Tú me enciendes y me apagas
Me subes a la cima y me lanzas
Esa vaina, me acorrala
Una psicología que me atrapa
Sentimiento
Don't forget Romeo (Ah-ah)

Cantante: Estopa	**Título de la canción:** Bossanova	**Cantante:** Prince Royce feat Shakira	**Título de la canción:** Darte un beso
Nacionalidad: españoles		**Nacionalidad:** estadounidense (dominicano de origen) y colombiana	
Estilo: pop	**Año:** 1999	**Estilo:** bachata	**Año:** 2013
Temática: Infidelidad (cuernos)		**Temática:** amor	
Otras ideas de explotación: presente de subjuntivo, pretérito indefinido, imperativo negativo, etc.		**Otras ideas de explotación:** presente de subjuntivo, uso de ser y estar, expresión de la condición, etc.	
Letra		**Letra**	

Letra (Bossanova)	Letra (Darte un beso)
No me preguntes si anoche	… Amarte como te amo es complicado
Estuve en casa dormido	Pensar cómo te pienso es un pecado
Tampoco qué hacía mi coche	Mirar cómo te miro está prohibido
En la puerta del bar del olvido	Tocarte como quiero es un delito, oh
No preguntes si es que estaba	… Ya no sé qué hacer para que estés bien
De fiesta con los amigos	Si apagar el sol para encender tu amanecer
Que mis respuestas son balas	Falar em português, aprender a hablar francés
Para tu corazón herido	O bajar la luna hasta tus pies
Pero si me dejas, esta noche yo te doy	… Yo solo quiero darte un beso
Todos los besos que te debo	Y regalarte mis mañanas
Ya sé que siempre digo que empiezo a partir de hoy	Cantar para calmar tus miedos
Que luego nunca me atrevo	Quiero que no te falte nada
Pero si me dejas, yo te canto una bossanova	Yo solo quiero darte un beso
Y no te voy a dejar ni un minuto sola	Llenarte con mi amor el alma
Si te dejas llevar como el mar lleva a las olas	Llevarte a conocer el cielo
Hasta las rocas	Quiero que no te falte nada
No preguntes, ¿Por qué huele?	… Tu-ru, yeah
Mi camiseta a pachuli	Tu-ru
Ni qué ruido de mujeres	… Si el mundo fuera mío, te lo daría
Se escuchaba cuando me llamaste al móvil	Hasta mi religión la cambiaría
Que hay tragos que son amargos	Por ti hay tantas cosas que yo haría
Hasta los del mejor vino	Pero tú no me das ni las noticias, uh

Unos cortos, otros largos
Pero todos son dañinos
Pero si me dejas, esta noche yo te doy
Todos los besos que te debo
Ya sé que siempre digo que empiezo a partir de hoy
Que luego nunca me atrevo
Pero si me dejas, yo te canto una bossanova
Y no te voy a dejar ni un minuto sola
Si te dejas llevar como el mar lleva a las olas
Hasta las rocas
Pero si me dejas, esta noche yo te doy
Todos los besos que te debo
Ya sé que siempre digo que empiezo a partir de hoy
Que luego nunca me atrevo
Pero si me dejas, yo te canto una bossanova
Y no te voy a dejar ni un minuto sola
Si te dejas llevar como el mar lleva a las olas
Hasta las rocas

... Y ya no sé qué hacer para que estés bien
Si apagar el sol para encender tu amanecer
Falar em português, aprender a hablar francés
O bajar la luna hasta tus pies
... Yo solo quiero darte un beso
Y regalarte mis mañanas
Cantar para calmar tus miedos
Quiero que no te falte nada
... Royce
... Yo solo quiero darte un beso
Llenarte con mi amor el alma (el alma)
Solo quiero darte un beso
Quiero que no te falte nada (oh, no)
Yo solo quiero darte un beso (darte un beso)
Llevarte a conocer el cielo
Solo quiero darte un beso
Quiero que no te falte nada
... Tu-ru, solo quiero
Tu-ru, eh-eh-ey
Yo solo quiero darte - (tu-ru)
Quiero que no te falte nada

Cantante: Natalia Lafourcade	**Título de la canción:** Nunca es suficiente	**Cantante:** Rozalén	**Título de la canción:** Ahora
Nacionalidad: mexicana		**Nacionalidad:** española	
Estilo: cumbia	**Año:** 2015	**Estilo:** pop	**Año: 2015**
Temática:		**Temática:**	
Otras ideas de explotación:		**Otras ideas de explotación:** expresiones	
Letra		**Letra**	

Nunca es suficiente para mí
Porque siempre quiero más de ti
Yo quisiera hacerte más feliz
Hoy, mañana, siempre, hasta el fin
Mi corazón estalla por tu amor
¿Y tú que crees que esto es muy normal?
Acostumbrado estás tanto al amor
¿Qué no lo ves? Yo nunca he estado así
Si, de casualidad, me ves llorando un poco es porque yo te quiero a ti
Y tú te vas jugando a enamorar
Todas las ilusiones vagabundas que se dejan alcanzar
Y no verás que lo que yo te ofrezco es algo incondicional
Y tú te vas jugando a enamorar
Te enredas por las noches entre historias que nunca tienen final

Ahora que vivo sola
Que como sano
Tengo voluntad para correr
Ahora que ando en pelotas
Decoro al gusto
Llego desahogada a fin de mes
Ahora que presumía de independencia
Ahora que, en cada puerta, tengo un amor
Ahora que tengo todo lo que quería
Ahora vas y apareces tú
Y ahora, no sé qué hacer
Si dejarlo todo y desaparecer, desaparecer
Ahora que tengo un gato
Friego mis platos
Me soporto en soledad
Ahora que pienso en alto
Soy un manitas, escojo de la tele, yo, el canal
Ahora que hay poco espacio en los armarios

Te perderás dentro de mis recuerdos por haberme
hecho llorar
Nunca es suficiente para mí
Porque siempre quiero más de ti
No ha cambiado nada mi sentir
Aunque me haces mal, te quiero aquí
Mi corazón estalla de dolor
¿Cómo evitar que se fracture en mil?
Acostumbrado estás
 tanto al amor
¿Qué no lo ves? Yo nunca he estado así
Si, de casualidad, me ves llorando un poco es por-
que yo te quiero a ti
Y tú te vas jugando a enamorar
Todas las ilusiones vagabundas que se dejan al-
canzar
Y no verás que lo que yo te ofrezco es algo incon-
dicional
Incondicional
Y tú te vas jugando a enamorar
Te enredas por las noches entre historias que nun-
ca tienen final
Te perderás dentro de mis recuerdos, por haberme
hecho llorar
Te perderás dentro de mis recuerdos, por haberme
hecho llorar
Te perderás dentro de mis recuerdos, por haberme
hecho llorar

Ahora que no dependo de papá
Ahora que ya no le echo cuentas a nadie
Ahora vas y apareces tú
Y ahora, no sé qué hacer
Si dejarlo todo y desaparecer, desaparecer
Y ahora, no sé qué hacer
Si dejarlo todo y desaparecer, desaparecer
Contigo, contigo
Contigo, la-ra, la-ra, la-ra-rei

— Canciones para enseñar el futuro imperfecto

Cantante: Oscar de León	**Título de la canción:** Llorarás	**Cantante:** Raphael	**Título de la canción:** Mi gran noche
Nacionalidad: venezola-no		**Nacionalidad:** Español	
Estilo: salsa	**Año:** 1986	**Estilo:** pop	**Año:** 1967
Temática: Penas de amor		**Temática:** penas de amor	
Otras ideas de explotación: presente de indicativo, salsa, etc.		**Otras ideas de explotación:**	

Letra	Letra
Sé que tú no quieres que yo a ti te quiera Siempre tú me esquivas de alguna manera Si te busco por aquí, me sales por allá Lo único que yo quiero, no me hagas sufrir más, rumbera Por tu mal comportamiento Te vas a arrepentir Y en caro tendrás que pagar todo mi sufrimiento Llorarás y llorarás Sin alguien que te consuele Así te darás tú cuenta que si te engañan, duele Lalala lala lala Y después vendrás a mí Pidiéndome perdón Pero ya mi corazón No se acuerda más de ti Llorarás y llorarás Sin alguien que te consuele Así te darás tú cuenta que si te engañan, duele Bandolera Mentirosa Cobarde Pretenciosa Llorarás, llorarás, llorarás (Llorarás) Como lo sufrí yo Oye, tú llorarás (Llorarás) Y nadie te comprenderá (Llorarás) Todo lo malo que hiciste (Llorarás) Oye, mira lo pagarás(Llorarás) Llorarás, llorarás (Llorarás) Llorarás, llorarás (Llorarás) Tú me hiciste sufrir (Llorarás) Ahora quien ríe soy yo (Llorarás) Que no, que no, que sí, que sí (Llorarás) Llora, llora, corazón, mamá Llora, llorará, eah Opa Llora, llora corazón (Llorarás)	Hoy para mí es un día especial hoy saldré por la noche. Podré vivir lo que el mundo nos da cuando el sol ya se esconde. Podré cantar una dulce canción a la luz de la luna, y acariciar y besar a mi amor como no lo hice nunca. Qué pasará, qué misterio habrá, puede ser mi gran noche, y al despertar ya mi vida sabrá algo que no conoce. Caminaré abrazado a mi amor por las calles sin rumbo. Descubriré que el amor es mejor cuando todo está oscuro. Y sin hablar nuestros pasos irán a buscar otra puerta, que se abrirá como mi corazón cuando ella se acerca. Qué pasará, qué misterio habrá puede ser mi gran noche, y al despertar ya mi vida sabrá algo que no conoce. Será, será esta noche ideal que ella nunca se olvida. Podré reír y soñar y bailar disfrutando la vida. Olvidaré la tristeza y el mal y las penas del mundo. Y escucharé los violines cantar en la noche sin rumbo.

No tiene perdón de Dios (Llorarás)
Llora, llora corazón (Llorarás)
No tiene perdón de Dios (Llorarás)
Todo mi sufrimiento (Llorarás)
A mí se me olvidó (Llorarás)
Todo mi sufrimiento (Llorarás)
A mí se me olvidó (Llorarás)
Llorarás (llorarás), llorarás

Qué pasará, qué misterio habrá
puede ser mi gran noche,
y al despertar ya mi vida sabrá
algo que no conoce.

Cantante: Lucia Gil **Nacionalidad:** Española	**Título de la canción:** Volveremos a brindar	**Cantante:** Seguridad Social **Nacionalidad:** españoles	**Título de la canción:** Un beso y una flor
Estilo:	**Año:** 2020	**Estilo:** pop	**Año:** 2009
Temática:		**Temática:** penas de amor	
Otras ideas de explotación:		**Otras ideas de explotación:**	
Letra		**Letra**	

Letra (Volveremos a brindar)	Letra (Un beso y una flor)
Días tristes, nos cuesta estar muy solos Buscamos mil maneras de vencer la estupidez Meses grises, es tiempo de escondernos Tal vez sea la forma de encontrarnos otra vez Pero son las ocho y has salido a aplaudir a tu ventana Me dan ganas de llorar Al vernos desde lejos tan unidos, empujando al mismo sitio Solo queda un poco más Volveremos a juntarnos, volveremos a brindar Un café queda pendiente en nuestro bar Romperemos ese metro de distancia entre tú y yo Ya no habrá una pantalla entre los dos Ahora es tiempo de pensar y ser pacientes Confiar más en la gente, ayudar a los demás Mientras tanto otros cuidan los pacientes Un puñado de valientes, que hoy tampoco dormirán Pero son las ocho y has salido a aplaudir a tu ventana Me entran ganas de llorar Al vernos desde lejos tan unidos, empujando al mismo sitio Solo queda un poco más Volveremos a juntarnos, volveremos a brindar Un café queda pendiente en nuestro bar Romperemos ese metro de distancia entre tú y yo Ya no habrá una pantalla entre los dos Y después de pasar la cuarentena Habremos hecho un puente que unirá Mi puerta al empezar la primavera	Dejaré mi tierra por ti Dejaré mis campos y me iré lejos de aquí Cruzaré llorando el jardín Y entre tus recuerdos partiré lejos de aquí De día viviré pensando en tu sonrisa De noche las estrellas me acompañarán Serás como una luz que alumbra en mi camino Me voy, pero te juro que mañana volveré Al partir un beso y una flor Un te quiero una caricia y un adiós Es ligero equipaje para tan largo viaje Las penas pesan en mi corazón Más allá del mar habrá un lugar Donde el sol cada mañana brille más Forjarán en mi destino Las piedras del camino lo que nos es querido Siempre queda atrás Buscaré un lugar para tí Donde el cielo se une con el mar Lejos de aquí con mis manos y con tu amor Lograré encontrar otra ilusión lejos de aquí De día viviré pensando en tu sonrisa De noche las estrellas me acompañarán Serás como una luz que alumbra en mi camino Me voy pero te juro

Y la tuya, que el verano me traerá
Volveremos a juntarnos, volveremos a brindar
Un café queda pendiente en nuestro bar
Romperemos ese metro de distancia entre tú y yo
Ya no habrá una pantalla entre los dos

— Canciones para enseñar la condición realizable e irrealizable

Cantante: Pablo Alborán	**Título de la canción:** El beso	**Cantante:** Antonio Flores	**Título de la canción:** Cierra los ojos
Nacionalidad: español			
Estilo: pop	**Año:** 2012	**Estilo:** pop	**Año:** 1980
Temática: amor		**Temática:** Toma de consciencia, arrepentimiento	
Otras ideas de explotación: valor del uso de por		**Otras ideas de explotación:** pretérito indefinido	
Letra		**Letra**	
Si un mar separa continentes Cien mares nos separaran a los dos Si yo pudiera ser valiente Sabría declararte mi amor Que en esta canción Derrite mi voz Así es como yo traduzco el corazón Me llaman loco por no ver lo poco que dicen que me das Me llaman loco por rogarle a la luna detrás del cristal Me llaman loco si me equivoco y te nombro sin querer Me llaman loco por dejar tu recuerdo quemarme la piel Loco, loco, loco, loco, loco. Loco, loco, loco Pero si yo pudiera darte el beso Sabrías como duele este amor Y podré invertir el universo Para quedarnos en la nada tú y yo Si acaso te vas Sin poderte tocar Me veo de nuevo dando de qué hablar Me llaman loco por no ver lo poco que dicen que me das Me llaman loco por rogarle a la luna detrás del cristal Me llaman loco si me equivoco y te nombro sin querer Me llaman loco por dejar tu recuerdo quemarme la piel Para mi locura no existe una cura que no sea tu boca Que abre el mundo que yo me derrumbo si te marchas sola		Si pudiera olvidar todo aquello que fui Si pudiera borrar Todo lo que yo vi, no dudaría No dudaría en volver a reír Si pudiera explicar, las vidas que quité Si pudiera quemar Las armas que use, no dudaría No dudaría en volver a reír Prometo ver la alegría Escarmentar de la experiencia Pero nunca Nunca más usar la violencia Prometo ver la alegría Escarmentar de la experiencia Pero nunca Nunca más usar la violencia Pa-ra-tu-ru-ru, tu-ru Pa-ra-tu-ru, tu-ru-ru-tu Pa-ra-tu-ru-ru, tu-ru Pa-ra-tu-ru, tu-ru-ru-tu Si pudiera sembrar los campos que arrasé Si pudiera devolver La paz que quité, no dudaría No dudaría en volver a reír Si pudiera olvidar aquel llanto que oí Si pudiera lograr Apartarlo de mí, no dudaría No dudaría en volver a reír Prometo ver la alegría Escarmentar de la experiencia Pero nunca Nunca más usar la violencia Prometo ver la alegría	

Me llaman loco por no ver lo poco que dicen que me das	Escarmentar de la experiencia
Me llaman loco por rogarle a la luna detrás del cristal	Pero nunca
Me llaman loco si me equivoco y te nombro sin querer	Nunca más usar la violencia
Me llaman loco por dejar tu recuerdo quemarme la piel	Pa-ra-tu-ru-ru, tu-ru (x6)
Loco, loco, loco, loco, loco	
Loco, loco, loco	

— **Canciones para trabajar temas sociales variados: inmigración, acoso, machismo, capitalismo, colonialismo, racismo, crisis de valores, medioambiente.**

Cantante: Manu Chao **Nacionalidad:** francés, español de origen	**Título de la canción:** Clandestino	**Cantante:** Aventura feat Judy Santos **Nacionalidad:** dominicanos	**Título de la canción:** Obsesión
Estilo: pop	**Año:** 1998	**Estilo:** bachata	**Año:** 2002
Temática: inmigración clandestina, inmigrantes, valor del uso de por y para, etc. **Otras ideas de explotación:** Adjetivos de nacionalidades, uso de ser, presente de indicativo, las comunidades autónomas, derechos humanos, derecho a migrar, etc.		**Temática:** acoso, amor, obsesión **Otras ideas de explotación:** presente de indicativo, pretérito indefinido, imperfecto de indicativo, etc.	
Letra		**Letra**	

Solo voy con mi pena	Aventura
Sola va mi condena	Hello?...
Correr es mi destino	Shh. solo escucha
Para burlar la ley	Son las cinco en la mañana y yo no he dormido nada
Perdido en el corazón	Pensando en tu belleza en loco voy a parar
De la grande Babylon	El insomnio es mi castigo, tu amor será mi alivio
Me dicen "el clandestino"	Y hasta que no seas mía no viviré en paz
Por no llevar papel	Bien conocí tu novio pequeño y no buen mozo
Pa' una ciudad del norte	Y sé que no te quiere, por su forma de hablar
Yo me fui a trabajar	Además tu no lo amas por que el no da la talla
Mi vida la dejé	No sabe complacerte como lo haría yo
Entre Ceuta y Gibraltar	Pero tendré paciencia porque él no es competencia
Soy una raya en el mar	Por eso no hay motivos para yo respetarlo
Fantasma en la ciudad	
Mi vida va prohibida	
Dice la autoridad	
Solo voy con mi pena	No, no es amor lo que tu sientes se llama obsesión
Sola va mi condena	Una ilusión en tu pensamiento
Correr es mi destino	Que te hace hacer cosas
Por no llevar papel	Así funciona el corazón
Perdido en el corazón	
De la grande Babylon	

Me dicen "el clandestino"
Yo soy el quebra ley
Mano Negra clandestina
peruano clandestino
africano clandestino
Marihuana ilegal
Solo voy con mi pena
Sola va mi condena
Correr es mi destino
Para burlar la ley
Perdido en el corazón
De la grande Babylon
Me dicen "el clandestino"
Por no llevar papel
Argelino clandestino
Nigeriano clandestino
Boliviano clandestino
Mano Negra ilegal

Bien vestido en mi Lexus pasé por tu colegio
Informan que te fuiste, como un loco te fui alcan-
zar
Te busqué y no te encontraba y eso me preocu-
paba
Para calmar mi ansia yo te quería llamar

Pero no tenía tu número
Y tu amiga ya me lo negó
Ser bonito mucho me ayudó
Eso me trajo la solución
Yo sé que le gustaba y le di una mirada
Con par de palabritas tu número me dio
Del celular llamaba y tú no contestabas
Luego te puse un beeper y no había conexión

Mi única esperanza, es que oigas mis palabras
No puedo tengo novio
No me enganches por favor

No, no es amor
Escúchame por favor
Lo que tú sientes se llama obsesión
Una ilusión
Estoy perdiendo el control
En tu pensamiento
Que te hace hacer cosas
Así funciona el corazón

Mi amor por Dios no me enganches espérate que
hay más
Hice cita pa'l psiquiatra a ver si me ayudaba
Pues ya no tengo amigos por solo hablar de ti
Lo que quiero es hablarte para intentar besarte
¿Será posible que de una obsesión me pueda mo-
rir?
Y quizás pienses que soy tonto, privón y también
loco
Pero es que en el amor soy muy original
Enamoro como otros, conquisto a mi modo
Amar es mi talento, te voy a enamorar

Disculpa si te ofendo, pero es que soy honesto
Con lujos de detalles escucha mi versión
Pura crema de chocolate, juntarte y devorarte
Llevarte a otro mundo en tu mente, corazón
Ven, vive una aventura, hagamos mil locuras
Voy hacerte caricias que no se han inventado
No es amor, no es amor
Es una obsesión

Cantante: Calle 13 **Nacionalidad:** puertorriqueños	**Título de la canción:** Latinoamérica	**Cantante:** Joe Arroyo **Nacionalidad:** colombiano	**Título de la canción:** No le pegue a la negra
Estilo: Rock	**Año:** 2010	**Estilo:** salsa	**Año:** 1986
Temática: colonialismo, capitalismo		**Temática:** esclavitud	
Otras ideas de explotación: el pretérito indefinido, estaciones del año, variedad del español, naturaleza, uso de ser y estar, etc.		**Otras ideas de explotación:** pretérito indefinido, imperfecto simple, imperativo negativo, etc.	

Letra	**Letra**
Soy, soy lo que dejaron	"Quiero contarte mi hermano, un pedacito…
Soy toda la sobra de lo que se robaron	… De la historia negra, de la historia nuestro, caballero"
Un pueblo escondido en la cima	"Y dice, así".
Mi piel es de cuero, por eso aguanta cualquier clima	"¡Dice!"
Soy una fábrica de humo	En los años, 1600
Mano de obra campesina para tu consumo	Cuando el tirano mandó
Frente de frío en el medio del verano	Las calles de Cartagena
El amor en los tiempos del cólera, mi hermano	Aquella historia vivió
El sol que nace y el día que muere	Cuando aquí
Con los mejores atardeceres	Llegaban esos negreros
Soy el desarrollo en carne viva	Africanos, en cadenas
Un discurso político sin saliva	Besaban mi tierra
Las caras más bonitas que he conocido	¡Esclavitud perpetua!
Soy la fotografía de un desaparecido	(Esclavitud perpetua)
La sangre dentro de tus venas	(Esclavitud perpetua)
Soy un pedazo de tierra que vale la pena	"Que lo diga Salomé"
Una canasta con frijoles	"Tuquetere"
Soy Maradona contra Inglaterra anotándote dos goles	"¡Eh!"
Soy lo que sostiene mi bandera	"¡Chango, chango, chango!"…
La espina dorsal del planeta es mi cordillera	Un matrimonio africano
Soy lo que me enseñó mi padre	Esclavos de un español
El que no quiere a su patria, no quiere a su madre	Él les daba muy mal trato
Soy América Latina	¡Y a su negra le pego!
Un pueblo sin piernas, pero que camina, ¡oye!	¡Y fue allí!
Tú no puedes comprar al viento	¡Se rebeló el negro guapo!
Tú no puedes comprar al sol	¡Tomo venganza por su amor!
Tú no puedes comprar la lluvia	¡Y aún se escucha en la verja!
Tú no puedes comprar el calor	¡No le pegue a mi negra!
Tú no puedes comprar las nubes	(No le pegue a la negra)
Tú no puedes comprar los colores	(No le pegue a la negra)
Tú no puedes comprar mi alegría	¡Óyeme, no le pegue a la negra!
Tú no puedes comprar mis dolores	(No le pegue a la negra)
Tú no puedes comprar al viento	¡No, no, no, no, no, no, no, no! …
Tú no puedes comprar al sol	(No le pegue a la negra)
Tú no puedes comprar la lluvia	¡Oye, a esa negra se le respeta!
Tú no puedes comprar el calor	(No le pegue a la negra)
	¡Eh, que aún se escucha! ¡Se escucha en la verja!

260

Tú no puedes comprar las nubes
Tú no puedes comprar los colores
Tú no puedes comprar mi alegría
Tú no puedes comprar mis dolores
Tengo los lagos, tengo los ríos
Tengo mis dientes pa' cuando me sonrío
La nieve que maquilla mis montañas
Tengo el sol que me seca y la lluvia que me baña
Un desierto embriagado con peyote
Un trago de pulque para cantar con los coyotes
Todo lo que necesito
Tengo a mis pulmones respirando azul clarito
La altura que sofoca
Soy las muelas de mi boca mascando coca
El otoño con sus hojas desmalladas
Los versos escritos bajo la noche estrellada
Una viña repleta de uvas
Un cañaveral bajo el sol en Cuba
Soy el mar Caribe que vigila las casitas
Haciendo rituales de agua bendita
El viento que peina mi cabello
Soy todos los santos que cuelgan de mi cuello
El jugo de mi lucha no es artificial
Porque el abono de mi tierra es natural
Tú no puedes comprar el viento
Tú no puedes comprar el sol
Tú no puedes comprar la lluvia
Tú no puedes comprar el calor
Tú no puedes comprar las nubes
Tú no puedes comprar los colores
Tú no puedes comprar mi alegría
Tú no puedes comprar mis dolores
Não se pode comprar o vento
Não se pode comprar o sol
Não se pode comprar a chuva
Não se pode comprar o calor
Não se pode comprar as nuvens
Não se pode comprar as cores
Não se pode comprar minha alegria
Não se pode comprar minhas dores
No puedes comprar el sol
No puedes comprar la lluvia
(Vamos caminando)
(Vamos caminando)
(Vamos dibujando el camino)
No puedes comprar mi vida (vamos caminando)
La tierra no se vende
Trabajo bruto, pero con orgullo
Aquí se comparte, lo mío es tuyo
Este pueblo no se ahoga con marullos
Y si se derrumba yo lo reconstruyo

(No le pegue a la negra)
¡No, no, no, no, no, no, no, no, no, no!
¡No le pegue a la negra!
(No le pegue a la negra)
Negra que me dice, ¡ven ven! Chanba-lacate, chanba-lacate
(No le pegue a la negra)
"Y con ustedes"
"Chelito de Castro"
¡Vamos a ver que le pega ajena!
(No le pegue a la negra)
Va que el al, va que el al, va que el al
Va que el alma se me revienta
(No le pegue a la negra)
No, no, no, no, no, no, no, no, no, no
¡No le pegue a mi negra na!
(No le pegue a la negra)
Porque el alma se me quita, mi prieta
(No le pegue a la negra)
"¡Esto to' lo saben!"
"¡Y tú también!"
(No le pegue a la negra)

Tampoco pestañeo cuando te miro
Para que te recuerde' de mi apellido
La Operación Cóndor invadiendo mi nido
Perdono, pero nunca olvido, ¡oye!
Aquí se respira lucha
(Vamos caminando) Yo canto porque se escucha
(Vamos dibujando el camino) Oh, sí, sí, eso
(Vamos caminando) Aquí estamos de pie
¡Qué viva la América!
No puedes comprar mi vida

Cantante: Melendi	**Título de la canción:** Cheque al portamor	**Cantante:** Rozalén	**Título de la canción:** Girasoles
Nacionalidad: español		**Nacionalidad:** española	
Estilo: pop	**Año:** 2013	**Estilo:** pop	**Año:** 2017
Temática: codicia, amor por lo material		**Temática:** himno a la gente buena, optimismo	
Otras ideas de explotación: presente de indicativo, pretérito indefinido, expresiones idiomáticas, cine, etc.		**Otras ideas de explotación:** presente de indicativo, adjetivos, traducción de los que,	

Letra	Letra
Educadamente te daré un consejo Que probablemente todavía no sabes El demonio sabe mucho más por viejo Que por ser el rey de todos nuestros males Con la realidad te vas a dar de bruces Si piensas que un euro es mejor que un detalle Porque una ventana que da a un patio luces Puede brillar más que una que da a la calle Y ahora vete En busca de aquella cartera que sostenga Tus tratamientos de belleza mientras tengas Porque sabrás que eso no dura eternamente, amiga mía Así que vete En busca de cada delirio de grandeza Y si la vida te endereza Y tu caballo ganador se te despeña Recuerda que tú rechazaste ser la flor para mi vida Por ser solo un pétalo en la de ese tipo Qué pena me das, niñita consentida Con tu cheque falso al portamor vencido Aunque pensándolo bien ¿Cuál sería nuestro futuro? Tú que prefieres un peso que un beso y yo no tengo ni un puto duro Tú que solo comes hojas y yo solo carne roja	Era necesario respirar para mirar alrededor Paseo por La Habana y un café Frente al malecón, con, con, con, con Comienzan los recuerdos Las espinas afloraron mi interior Todo lo que no se atiende Tarde o temprano, reaparece, ajá Pero nos miramos Vaya año pasamos, a ver si remontamos Sin dedicarle más tiempo y el mundo está lleno De mujeres y hombres buenos Así que le canto a los valientes Que llevan por bandera la verdad A quienes son capaces de sentirse en la piel de los demás Los que no participan de las injusticias No miran a otro la'o Los que no se acomodan Los que riegan siempre su raíz... A ti, mi compañero, que me tiendes la mano Que es tu corazón bondad Me estudias con curiosidad Me miras con respeto Y besas, con cariño, cada parte de mi cuerpo Tienes en los ojos girasoles Y cuando me miras, soy la estrella que más brilla Cuando ríes se ilumina todo el techo

262

Yo vivo en un cuento chino y tú en una peli de Almodóvar
Tú que presumes de atea, mientras yo vivo de la marea
Un Dios puso en mi garganta
Y ahora vete
En busca de aquella cartera que sostenga
Tus tratamientos de belleza mientras tengas
Porque sabrás que eso no dura eternamente, amiga mía
Así que vete
En busca de cada delirio de grandeza
Y si la vida te endereza
Y tu caballo ganador se te despeña
Recuerda que tú rechazaste ser la flor para mi vida
Por ser solo un pétalo en la de ese tipo
Qué pena me das, niñita consentida
Con tu cheque falso al portamor vencido
Yo solo espero que esto no suene a reproche
Pero cuando no te quede techo que alcanzar
Te sentirás vacía
Y como un jarro de agua fría será
Cuando mires atrás

Ya duermo tranquila siento tanta calma dentro
Y... Tienes en los ojos girasoles
Y cuando me miras, soy la estrella que más brilla
Cuando ríes se ilumina todo el techo
Ya duermo tranquila siento tanta calma dentro
Es necesario revivir para poder saborear
Encajo las ideas, reflexión para mejorar-ar-ar-ar
Antes de un gran impulso doy un paso pequeño para atrás
Todo lo que no atendí vuelve siempre a resurgir
Pero sonreímos, vaya si vivimos, todo lo que aprendimos
No le dedicaré más tiempo pues, el mundo está lleno
De mujeres y hombres buenos
Así que le canto a los coherentes, a los humildes que buscan la paz
A los seres sensibles que cuidan de otros seres y saben amar
A todos los que luchan por nuestros derechos, miran a todo hombre igual
A quienes no me juzguen y quien esté dispuesto a compartir
A ti, mi compañero, que tienes alma pura
Que es tu corazón bondad
Respetas mi espacio vital
Me escuchas bien atento
Y besas, con cariño, cada parte de mi cuerpo
Tienes en los ojos girasoles
Y cuando me miras, soy la estrella que más brilla
Cuando ríes se ilumina todo el techo
Ya duermo tranquila, siento tanta calma dentro
Y... Tienes en los ojos girasoles
Y cuando me miras, soy la estrella que más brilla
Cuando ríes se ilumina todo el techo
Ya duermo tranquila, siento tanta calma dentro
El progreso de la condición humana
Requiere, inapelablemente, que exista gente
Que se sienta, en el fondo, feliz
Y a dar su vida al servicio del progreso humano

Cantante: Maná	**Título de la canción:** ¿Dónde jugarán los niños?	**Cantante:** Macaco	**Título de la canción:** Madre tierra
Estilo: Rock	**Año:** 1992	**Estilo:** pop	**Año:** 2006
Temática: medioambiente		**Temática:** medioambiente	
Otras ideas de explotación: pretérito indefinido, imperfecto simple, léxico sobre la naturaleza, etc.		**Otras ideas de explotación:** léxico sobre el medioambiente, etc.	
Letra		**Letra**	

Letra	Letra
Cuenta el abuelo que de niño él jugó Entre árboles y risas, y alcatraces de color Recuerda un río transparente y sin olor Donde abundaban peces, no sufrían ni un dolor Cuenta el abuelo de un cielo muy azul En donde voló papalotes que él mismo construyó El tiempo pasó, y nuestro viejo ya murió Y hoy me pregunté, después de tanta destrucción ¿Dónde diablos jugarán Los pobres niños? ¡Ay, ay, ay! ¿En dónde jugarán? Se está pudriendo el mundo Ya no hay lugar No hay lugar La tierra está a punto de partirse en dos El cielo ya se ha roto, ya se ha roto el llanto gris La mar vomita ríos de aceite sin cesar Y hoy me pregunté, después de tanta destrucción ¿Dónde diablos jugarán Los pobres niños? ¡Ay ay ay! ¿En dónde jugarán? Se está pudriendo el mundo Ya no hay lugar ¿Dónde diablos jugarán Los pobres nenes? ¡Ay, ay, ay! ¿En dónde jugarán? Se está partiendo el mundo Ya no hay lugar Oh-oh, no	ué difícil cantarle a Tierra Madre Que nos aguanta y nos vio crecer Y a los padres de tus padres Y a tus hijos los que vendrán después Si la miras como a tu mama Quizás nos cambie la mirada Y actuemos como el que defiende a los suyos Y a los que vienen con él La raíz en mis pies yo sentí Levante la mano y vi Que todo va unido, que todo es un ciclo La tierra, el cielo y de nuevo aquí Como el agua del mar a las nubes va Llueve el agua y vuelta a empezar, oye I yee Grité, grité ¿o no lo ves? Va muriendo lentamente, mama tierra mother earth Grité, grité ¿o no lo ves? Va muriendo lentamente, mama tierra mother earth No se trata de romper ventanas Ni farolas ni de cara Mejor romper conciencias equivocadas ¡oye! Nadie nos enseñó ni a ti ni a mí Nadie nos explicó ni a ti ni a mí Mejor aprender, que corra la voz y quizás conseguir Bombeando tierra madre dice Bombeando tierra madre te dice ¡basta! Bombeando, bombeando Tierra madre escuché Bombeando tierra madre dice ¡ponte en pie! Bombeando ¡ponte en pie! Bombeando Tierra Madre dice ¡ponte en pie! ¡Mírame! Grité, grité ¿o no lo ves? QVa muriendo lentamente, mama tierra mother earth Grité, grité, ¿o no lo ves? Va muriendo lentamente, mama tierra mother earth

Grité, grité
Va muriendo lentamente, mama tierra mother earth
Grité, grité, ¿o no lo ves?
Va muriendo lentamente, mama tierra mother earth
Oh mama reclama
Se le apaga la llama
Y esto no es de hoy
De tiempos de atrás
Décadas degradando
Ya mama reclama
Se le apaga la llama
Se la venden hoy
De lo que fue a lo que soy
Se magnifican sus latidos hoy
Llaman llaman
Mama tierra llaman
Ya que las manejan sin plan
Demasiadas cavan
Otras se caen luego frutos no dan
Llaman llaman
Mama tierra llaman
Oídos sordos les hace el "man"
Miradas se tapan
Contaminan hasta que eliminan
Grité, grité o no lo ves?
Va muriendo lentamente, mama tierra mother earth

— **Canciones para trabajar el tema del empoderamiento de la mujer y la igualdad de género**

Cantante: Melendi con Alejandro Sanz y Arkano **Nacionalidad:** españoles	**Título de la canción:** Déjala que baile	**Cantante:** Bebe **Nacionalidad:** española	**Título de la canción:** Ella

Estilo: pop	**Año:** 2018	**Estiloo:** pop	**Año:** 2006
Temática: libertad, emancipación		**Temática:** empoderamiento de la mujer	
Otras ideas de explotación: presente de indicativo, presente de subjuntivo, imperativo positivo y negativo, etc.		**Otras ideas de explotación:** pretérito perfecto compuesto, presente de indicativo, marcadores temporales, etc.	

Letra	Letra
Hoy que la tierra no es plana Ni la ciencia ya es de herejes Hoy que no marcan tendencia Más que las pinturas rupestres Hoy que no tienen sentido Las palomas mensajeras Ahora que por fin las redes unen al planeta Ella no es la princesa delicada Que ha venido a este bar a estar sentada Ella no es solamente lo que ves A ella ni tú ni nadie le para los pies ¡Déjala que baile! con otros zapatos Unos que no aprieten cuando quiera dar sus pasos ¡Déjala que baile! con faldas de vuelo Con los pies descalzos, dibujando un mundo nuevo ¡Déjala que baile! Ella es destino, ella es origen Es el relato y la escritura que conviven Ella es principio y ella es final Baila con ella en esta fiesta que es global Hoy que no hay duelos a muerte Cada vez que alguien te irrite Para poder desahogarnos Hemos inventado Twitter Si pensamos diferente Ya no huele a disputa Los filósofos no brindan con cicuta Ella no es la princesa delicada Que ha venido a este bar a estar sentada Ella no es solamente lo que ves A ella ni tú ni nadie le para los pies ¡Déjala que baile! con otros zapatos Unos que no aprieten cuando quiera dar sus pasos ¡Déjala que baile! con faldas de vuelo	Ella se ha cansado de tirar la toalla Se va quitando poco a poco telarañas No ha dormido esta noche pero no está cansada No mira ningún espejo pero se siente toda guapa Hoy ella se ha puesto color en las pestañas Hoy le gusta su sonrisa, no se siente una extraña Hoy sueña lo que quiere sin preocuparse por nada Hoy es una mujer que se da cuenta de su alma Hoy vas a descubrir que el mundo es solo para ti Que nadie puede hacerte daño, nadie puede hacerte daño Hoy vas a comprender Que el miedo se puede romper con un solo portazo Hoy vas a hacer reír Porque tus ojos se han cansado de ser llanto, de ser llanto Hoy vas a conseguir Reírte hasta de ti y ver que lo has logrado Hoy vas a ser la mujer Que te dé la gana de ser Hoy te vas a querer Como nadie te ha sabido querer Hoy vas a mirar pa' lante Que pa' atrás ya te dolió bastante Una mujer valiente, una mujer sonriente Mira como pasa Hoy nació la mujer perfecta que esperaban Ha roto sin pudores las reglas marcadas Hoy ha calzado tacones para hacer sonar sus pasos Hoy sabe que su vida nunca más será un fracaso Hoy vas a descubrir que el mundo es solo para ti

266

Con los pies descalzos dibujando un mundo nuevo
¡Déjala que baile!
Ella es destino, ella es origen
Es el relato y la escritura que conviven
Ella es principio y ella es final
Baila con ella en esta fiesta que es global
¡Oye, escucha!
¡Es la lucha!
¡A rimar!
Déjala que baile en esta fiesta
Con la idea de liberarse de una moral impuesta
De no culpabilizarse por buscar la respuesta
Si tiene que casarse que sea con su protesta
Este solo es mi humilde modo de decir
Que aquel que busca un florero es que no cuida su jardín
Así que olvida todo lo aprendido y sal a bailar
Pues ninguna estrella pide permiso para brillar
¡Déjala que baile! con otros zapatos
Unos que no aprieten cuando quiera dar sus pasos
¡Déjala que baile! con faldas de vuelo
Con los pies descalzos dibujando un mundo nuevo
¡Déjala que baile!
¡Déjala que baile!

Que nadie puede hacerte daño, nadie puede hacerte daño
Hoy vas conquistar el cielo
Sin mirar lo alto que queda del suelo
Hoy vas a ser feliz
Aunque el invierno sea frío y sea largo, y sea largo
Hoy vas a conseguir
Reírte hasta de ti y ver que lo has logrado
Hoy vas a descubrir que el mundo es solo para ti
Que nadie puede hacerte daño, nadie puede hacerte daño
Hoy vas a comprender
Que el miedo se puede romper con un solo portazo
Hoy vas a hacer reír
Porque tus ojos se han cansado de ser llanto, de ser llanto
Hoy vas a conseguir
Reírte hasta de ti y ver que lo has logrado oh

Cantante: Rozalén **Nacionalidad:** española	**Título de la canción:** Yo no renuncio	**Cantante:** Rozalén **Nacionalidad:** española	**Título de la canción:** Puertas violetas
Estilo: pop	**Año:** 2022	**Estilo:** pop	**Año:** 2017
Temática: mujer empoderada		**Temática:** Mujer empoderada	
Otras ideas de explotación: presente de indicativo, presente de subjuntivo, imperativo positivo y negativo, adjetivos, etc.		**Otras ideas de explotación:** pretérito perfecto compuesto, presente de indicativo, pretérito indefinido, etc.	
Letra		**Letra**	

Yo no renuncio

Nadie me ha explicado nunca el contrato indefinido
Toda la letra pequeña que conlleva ser mujer
Desde que me dio la vida, una madre ensangrentada
Y arrancó una de sus alas para así verme crecer
Querrán que seas perfecta, cariñosa y estudiosa
Muy paciente y eficiente, Superwoman, superzen
Y que tengas preparado siempre un bizcocho casero
La casa bien recogida, perfumada hasta los pies
Me han llamado mala madre, mala hija, mala amante
Por no querer renunciar a mis sueños, a mis planes
A mí misma y a mis dudas, a mi alma, a mis locuras
A mi propia identidad
Si es así, pues, con orgullo ante tus acusaciones
Yo, más bien, prefiero ser imperfecta mujer
Yo no quiero renunciar a mi propia libertad
Si es así, yo me permito ser imperfecta mujer
Yo nací para luchar, yo nací para serme fiel
Nadie ama a todas horas, todos los días del año
Voy a permitirme ser (¿el qué?) Lo que yo quiera ser
Voy a pedirle a la culpa que abandone para siempre
Este cuerpo y esta mente, que saque de mi pecho su dolor
Por si no llego a todo, por si me tiembla el pulso
Que me esfuerzo cada día por ser mi mejor versión
Voy a tejer con mimo unas telas de cariño
Y a todas mis compañeras las arroparé sin juicio
Voy a quererme mucho, a regalarme tiempo
A cuidar mis emociones con orgullo y con respeto

Puertas violetas

Una niña triste en el espejo me mira prudente y no quiere hablar
Hay un monstruo gris en la cocina
Que lo rompe todo
Que no para de gritar
Tengo una mano en el cuello
Que con sutileza me impide respirar
Una venda me tapa los ojos
Puedo oler el miedo y se acerca
Tengo un nudo en las cuerdas que ensucia mi voz al cantar
Tengo una culpa que me aprieta
Se posa en mis hombros y me cuesta andar
Pero dibujé una puerta violeta en la pared
Y al entrar me liberé
Como se despliega la vela de un barco
Desperté en un prado verde muy lejos de aquí
Corrí, grité, reí
Sé lo que no quiero
Ahora estoy a salvo
Una flor que se marchita
Un árbol que no crece porque no es su lugar
Un castigo que se me impone
Un verso que me tacha y me anula
Tengo todo el cuerpo encadenado
Las manos agrietadas
Mil arrugas en la piel
Las fantasmas hablan en la nuca
Se reabre la herida y me sangra
Hay un jilguero en mi garganta que vuela con fuerza
Tengo la necesidad de girar la llave y no mirar atrás
Así que dibujé una puerta violeta en la pared
Y al entrar me liberé
Como se despliega la vela de un barco
Desperté en un prado verde muy lejos de aquí
Corrí, grité, reí

268

Me han llamado mala madre, mala hija, mala amante
Por no querer renunciar a mis sueños, a mis planes
A mí misma y a mis dudas, a mi alma, a mis locuras
A mi propia identidad
Si es así, pues, con orgullo ante tus acusaciones
Yo, más bien, prefiero ser imperfecta mujer
Yo no quiero renunciar a mi propia libertad
Si es así, yo me permito ser imperfecta mujer
Yo nací para luchar, yo nací para serme fiel
Nadie ama a todas horas, todos los días del año
Voy a permitirme ser (¿el qué?) Lo que yo quiera ser
La, la-la-la-la-la, la-la
La-la-la-la, la-la-la-la, la-la-la
La-la-la-la, la-la-la-lah, la-la
La-la-la-la, la-la-la-la
Lo que yo quiera ser (lo que yo quiera ser)
Lo que yo quiera ser
Lo que yo quiera ser

Sé lo que no quiero
Ahora estoy a salvo
Así que dibujé una puerta violeta en la pared
Y al entrar me liberé
Como se despliega la vela de un barco
Amanecí en un prado verde muy lejos de aquí
Corrí, grité, reí
Sé lo que no quiero
Ahora estoy a salvo

— Canciones para trabajar el conocimiento del mundo hispánico

Cantante: Gente de la zona & Marc Anthony **Nacionalidad:** española	**Título de la canción:** La gozadera	**Cantante:** Calle 13 **Nacionalidad:** puertorriqueños	**Título de la canción:** la vuelta al mundo
Estilo: pop	**Año:** 2015	**Estilo:** pop	**Año:** 2012
Temática: mundo hispánico, los países de habla español **Otras ideas de explotación:** pretérito indefinido, presente de indicativo, imperativo positivo, etc.		**Temática:** **Otras ideas de explotación:** presente de indicativo, pretérito indefinido, traducción de "lo que"	
Letra		**Letra**	

Miami me lo confirmó (¡Gente de Zona!)	No me regalen más libros
Puerto Rico me lo regaló (¡Marc Anthony!)	Porque no los leo
Dominicana ya repicó (yeh-le-le, yeh-le-le, ooh)	Lo que he aprendido
Y del Caribe somos tú y yo (¡ponle!)	Es porque lo veo
Y se formó la gozadera (vamo')	Mientras más pasan los años
Miami me lo confirmó (¿qué me confirmó?)	Me contradigo cuando pienso
Y el arroz con habichuela' (¿qué?)	El tiempo no me mueve
Puerto Rico me lo regaló	Yo me muevo con el tiempo
Y la tambora merenguera	Soy las ganas de vivir
Dominicana ya repicó (de vuelta, loco)	Las ganas de cruzar
Con México, Colombia y Venezuela	Las ganas de conocer
Y del Caribe somos tú y yo (Randy Malcom)	Lo que hay después del mar
La cosa está bien dura, la cosa está divina	Yo espero que mi boca nunca se calle
Perú con Honduras, Chile con Argentina	También espero que las turbinas de este avión nunca me fallen
Panamá trae la sandunga, Ecuador, bilirrubina	No tengo todo calculado ni mi vida resuelta
Y Uruguay con Paraguay, hermano' con Costa Rica	Solo tengo una sonrisa, y espero una de vuelta.
Bolivia viene llegando	Yo confío en el destino y en la marejada
Brasil ya está en camino	Yo no creo en la iglesia, pero creo en tu mirada
El mundo se está sumando	Tú eres el Sol en mi cara cuando me levanta
A la fiesta de los latinos (¡ponle!)	Yo soy la vida que ya tengo, tú eres la vida que me falta
Y se formó la gozadera	Así que agarra tu maleta
Miami me lo confirmó	El bulto, los motetes
Y el arroz con habichuela'	El equipaje, tu valija
Puerto Rico me lo regaló (esto sigue)	La mochila con todos tus juguetes y
Y la tambora merenguera	Dame la mano
Dominicana ya repicó	Y vamos a darle la vuelta al mundo
Con México, Colombia y Venezuela	Darle la vuelta al mundo
Y del Caribe somos tú y yo	Darle la vuelta al mundo
Y se formó la gozadera	Dame la mano
Miami me lo confirmó	Y vamos a darle la vuelta al mundo
Ay, el arroz con habichuela'	Darle la vuelta al mundo
Puerto Rico me lo regaló	Darle la vuelta al mundo
Y la tambora merenguera	La renta, el sueldo
Dominicana ya repicó	
Con México, Colombia y Venezuela	

Y del Caribe somos tú y yo (Marc Anthony)
Vamos, Guatemala
La fiesta te espera
Llama a Nicaragua
El Salvador se cuela
Yo canto desde Cuba
Y el mundo se entera
Si tú eres latino
Saca tu bandera (¡ponle!)
Y se formó la gozadera
Miami me lo confirmó
Y el arroz con habichuela'
Puerto Rico me lo regaló (¿qué es la que hay, papá?)
Y la tambora merenguera
Dominicana ya repicó
Con México, Colombia y Venezuela
Y del Caribe somos tú y yo
Y se formó la gozadera
Miami me lo confirmó
Ay, el arroz con habichuela'
Puerto Rico me lo regaló (boricua)
Y la tambora merenguera
Dominicana ya repicó
Con México, Colombia y Venezuela
Y del Caribe somos tú y yo (pa' los parceros y las parceras, vamo')
Ah, ¿qué es la que hay, papá?
(Motiff)
Ahora sí
Nadie nos baja de aquí (ponle ahí)
Chim Pun (Callao)
Gustoso, y mira cómo gozo
(Motiff)
Yo te lo dije
Gente de Zona
Tú sabe'
(Lo mejor que suena ahora)

El trabajo en la oficina
Lo cambié por las estrellas
Y por huertos de harina
Me escapé de la rutina
Para pilotear mi viaje
Porque el cubo en el que vivía
Se convirtió en paisaje
Yo era un objeto, esperando a ser ceniza
Un día, decidí hacerle caso a la brisa
A irme resbalando detrás de tu camisa
No me convenció nadie, me convenció tu sonrisa
Y me fui tras de ti, persiguiendo mi instinto
Si quieres cambio verdadero, pues camina distinto
Voy a escaparme hasta la constelación más cercana
La suerte es mi oxígeno, tus ojos son mi ventana
Quiero correr por siete lagos
En un mismo día
Sentir encima de mis muslos
El clima de tus nalgas frías
Llegar al tope de la sierra
Abrazarme con las nubes
Sumergirme bajo el agua
Y ver cómo las burbujas suben, y
Dame la mano
Y vamos a darle la vuelta al mundo
Darle la vuelta al mundo
Darle la vuelta al mundo
Dame la mano
Y vamos a darle la vuelta al mundo
Darle la vuelta al mundo
Darle la vuelta al mundo

Conclusión

La finalización de un trabajo científico de esta envergadura no es fácil si tenemos en cuenta la complejidad de los diferentes temas que se han abordado dentro de un contexto tan específico como es la enseñanza de la lengua española en Camerún. Llegar a todo el público docente, y a los que ahora están formándose para serlo en un futuro, requiere abordar muchos más temas de los que se han presentado, lo que deja la puerta abierta para nuevos estudios que amplíen o profundicen lo aquí iniciado porque, si bien, los datos están actualizados, son incompletos. Camerún es el epicentro del hispanismo en toda África y esta situación nos obliga, como profesores e investigadores, a seguir en la línea de su difusión y estudio.

 Hemos reflexionado sobre la necesidad de deconstruir las creencias del profesorado y del alumnado en torno a la enseñanza y al aprendizaje, respectivamente. Este campo está en continua transformación por lo que existe la posibilidad de nuevos estudios que recojan lo que hasta ahora se ha ido haciendo y sus resultados. Es primordial que la formación del profesorado sea permanente y su aplicación en las aulas es una prioridad para comprobar si se va por buen camino hacia el cambio que todos queremos conseguir: que nuestros alumnos y alumnas estén motivados lo suficiente para participar en las clases de ELE. Esto dará como resultado que puedan poner en práctica la lengua que aprenden fuera del contexto escolar, hecho que les reforzaría continuar aprendiendo.

Era necesario hablar de las etapas de la clase de español planteando cómo puede ser desde una primera clase, hasta la metodología en un comentario textual y la estructura gramatical del mismo, sin perder de vista que el objetivo es que el alumnado adquiera las capacidades suficientes en el desarrollo comunicativo, presentando una serie de destrezas y competencias acordes. El aprendizaje de una lengua no está aislado del contexto real del alumnado por lo que esto nos permite tomar ejemplos cotidianos que acerquen el estudio de otras materias a la clase de ELE: cómo acceder al ámbito laboral, ampliar estudios en la universidad y la complejidad de elegir una carrera acorde, el cambio climático, relaciones sociales, el ocio... pueden ser ejemplos de cómo incorporar las inquietudes de los alumnos y las alumnas en nuestra día a día en el currículum de la asignatura de la lengua de español.

272 Ya que la presente investigación se enmarca en el ámbito de la lingüística aplicada a la enseñanza de lenguas, desde una dimensión teórico-práctica, se ha buscado dar soluciones a algunos retos que plantea la enseñanza/aprendizaje del español en Camerún, proponiendo propuestas que hunden sus raíces en la teoría del ámbito de la didáctica de ELE y en el contexto donde se plantea, por lo que no hay que olvidar la problemática, cada vez más preocupante, de los alumnos y las alumnas con necesidades específicas y a quienes también se han tenido en cuenta.

Actualmente es muy importante, dentro del ámbito escolar, tener presente el contexto sociolingüístico del alumnado como un elemento facilitador y no obstaculizador. Y por supuesto, no podemos olvidar los recursos que pueden proporcionarnos las TIC y de la necesidad de incorporarlos, siempre que se pueda, no solo a la enseñanza de ELE, sino también en otras asignaturas, ya sea para ampliar vocabulario, conocer noticias de actualidad, confrontar opiniones... y no solo como herramienta de ocio.

Por último decir, que la finalidad de este estudio, realizado en más de un año de trabajo ha sido, aparte del disfrute personal en su realización, abrir nuevas vías para próximos estudios tanto propios como de otros investigadores o investigadoras a los que haya podido motivar con su lectura para avanzar en una enseñanza más actualizada, y acorde con los tiempos que vivimos, de una lengua tan rica como es el español y que, ella misma, no deja de evolucionar.

Referencias bibliográficas

Álvarez Martínez, M.ª A. (2009). *Nuevo sueña. Español lengua extranjera B1. Libro del alumno.* Madrid: Grupo Anaya.

Álvarez Cavanillas, J. L. (2008). Algunas aplicaciones del enfoque léxico al aula de ELE. Memoria de máster para profesores de ELE. Universidad de Barcelona.

Álvaro García, S. C. (2018). *Cómo se diseña un curso de lengua extranjera.* Toledo: Arco/Libros-La Muralla.

Arnold, J. & Brown, H. D. (2000). El aula de ELE: un espacio afectivo y efectivo. En Actas del Programa de Formación para Profesorado de Español como Lengua Extranjera, Instituto Cervantes de Munich, pp. 256-283.

Banco de imágenes https://www.pexels.com [consultado el 11/07/2023]

Bassou L. (2022). *El lenguaje no verbal en la enseñanza y el aprendizaje de ELE con especial referencia al primer ciclo: Instituto de Ngoa-Ekelle-Yaundé.* Trabajo de fin de grado. Escuela Normal Superior. Inédito.

Batista, J. T., León, M. y Alburguez, M. (2009). "De los objetivos educativos a un enfoque por competencias en la enseñanza de lenguas extranjeras", Omnia, n° 1, pp. 95-115.

Beche, E. (2017). "Intégration des TIC dans l'école et innovations dans les pratiques apprenantes au Cameroun. Une analyse des données du PanA". Revue Interdisciplinaire Vol 1, n°1.

Belinga Bessala, S. (2004). "Didáctica de la cultura en el aula de ELE en Camerún". En *Cuadernos Cervantes de la Lengua Española,* n° 49, pp. 42-44.

Belinga Bessala, S. (2006). "La didáctica del español en Camerún". En *Cuadernos Cervantes de la Lengua Española,* n° 16, pp. 16-19.

Benítez Rodríguez, S. G. (2010). "La situación actual del español en Senegal. Contextos específicos para la enseñanza de ELE". En *Monográficos, MarcoELE, Revista de Didáctica ELE,* N° 11, pp. 238-251.

Benítez Rodríguez, S. G. (2012). *La enseñanza-aprendizaje del español en la fundación para la enseñanza del español a distancia. El perfil del alumno en el centro de Dakar.* TFM (publicado), Universidad Internacional Menéndez Pelayo (*UIMP*) & Instituto Cervantes (2006-2008). Madrid: MarcoELE, N° 14.

Buratini, M. E. (2009). "El uso de las canciones en la clase de ELE", Estació Uniradial.

Cámara Escribá, R. (2007). "El español en Kenia". En Enciclopedia del español en el mundo. Anuario del Instituto Cervantes. Madrid: Instituto Cervantes, pp.77-80.

Canale, M. (1983). "From communicative competence to communicative language pedagogy". Trad. Espa.: "De la competencia comunicativa a la pedagogía comunicativa del lenguaje". En M. Llobera (coord.): *Competencia comunicativa: documentos básicos en la enseñanza de lenguas extranjeras.* Madrid: Edelsa Grupo Disdascalia, pp.63-81.

274 Canale, M. y Swain (1980). "Theroretical bases of communicative approaches to second language teaching and testing", Applied Linguistics 1, pp.1-47.

Canale, M. (1995). "De la competencia comunicativa a la pedagogía comunicativa del lenguaje". En M. Llobera (coord.): *Competencia comunicativa: documentos básicos en la enseñanza de lenguas extranjeras.* Madrid: Edelsa Grupo Disdascalia, pp.63-81.

Caro Muñoz, M. (2010). *Las creencias de tres alumnos mauritanos de ELE ante una situación de cambio pedagógico.* TFM (publicado). Barcelona: Universidad de Barcelona.

Cassany, D. (2021). *El arte de dar clases (según un lingüista).* Barcelona: Anagrama.

Cassany, D., Luna, M. y Sanz, G. (1994). *Enseñar lengua.* Barcelona: Graó.

Castañeda, L. & Adell, J. (Eds.) (2013). Entornos Personales de Aprendizaje: claves para el ecosistema educativo en red. Alcoy: Marfil.

Cenoz Iragu, J. (1996). "El concepto de competencia comunicativa", En Vademécum para la formación de profesores. Enseñar español como segunda lengua (L2)/lengua extranjera (LE). Tomo I, pp. 449-466.

Chomsky, N. (1980). *Rules and represent Barcelona ations,* Oxford, Blackwell.

Clavel Martínez, Alicia (2012), "Aprender de los errores: una ciencia ¿sin doctores?", Mosaico, 30, pp. 4 – 10.

Cobo Gonzales, G. y Valdivia Cañotte, S. M. (2017). *Aprendizaje basado en proyectos.* Lima: Publicación del Instituto de Docencia Universitaria.

Consejo de Europa (2002). *Marco común europeo de referencia para las lenguas: aprendizaje, enseñanza, evaluación.* Madrid: Secretaría General Técnica del MEC, Anaya e Instituto Cervantes. Disponible en: http://cvc.cervantes.es/ensenanza/biblioteca_ele/marco [consultado el 10/09/2023]

Consejo de Europa (2020). *Marco común europeo de referencia para las lenguas: aprendizaje, enseñanza, evaluación. Volumen complementario.* Servicio de publicaciones del Consejo de Europa: Estrasburgo. www.coe.int/lang-cefr [consultado el 10/09/2023]

Cots, J. M., Armengol, L., Arnó, E., Irún, M. & Llurda, E. (2007). "¿Cómo se puede integrar la reflexión sobre la lengua y la comunicación en un enfoque por tareas de actividades promueven la reflexión sobre la lengua y la comunicación?". En *La conciencia lingüística en la enseñanza de lenguas.* Barcelona: Graó, pp. 63-70.

Corder, S. P. (1967). The significance of Learners' errors. International Review of Applied Linguistics in Language Teaching, 5, pp.161-170.

Díaz-Corralejo Conde, J. (2016). "Aportaciones de la didáctica de las lenguas y las culturas", en Vademécum para la formación de profesores. Enseñar español como segunda lengua (L2)/lengua extranjera (LE). Tomo I, pp. 243-257.

Djandue Drombé, B. (2012). "Situación de la lectoescritura en la enseñanza y aprendizaje del ELE en costa de marfil". En *MarcoELE: Revista de Didáctica ELE,* N° 14, pp. 1-11.

Djeumeni, T. M. (2011). *Les TICE au Cameroun entre politiques publiques et dispositifs technopédagogiques, compétences des enseignants et compétences des apprenants, pratiques à l'école et pratiques privées.* Thèse de doctorat. Paris : Université Paris Descartes.

Dornyei, Z. (2008). *Estrategias de motivación en el aula de lenguas.* Barcelona: Editorial UOC.

Ndoye, E. H. A. (2005). "La enseñanza del español en Senegal". En C. A. Molina (coord.): El español en el mundo: Anuario del Instituto Cervantes, pp. 263-280. Disponible en http://cvc.cervantes.es/lengua/anuario/anuario_05/amadou/p01.htm [Consultado el 15/12/2014]

El Banco Mundial (2020). Personas que usan Internet (% de la población) – Cameroon.

Espiñeíra Caderno, S. & Caneda Fuentes, L. (1998). "El error y su corrección". En J. Tomás Jiménez, M. C. Losada Aldrey, J. F. Márquez Caneda (eds.): *Actas del IX Congreso Internacional de ASELE Español como Lengua Extranjera: Enfoque Comunicativo y Gramática*. Santiago de Compostela: ASELE pp. 473- 481.

En servicios Educativos (2021). "10 Claves para entender la metodología clase invertida", consultado en https://eservicioseducativos.com/blog/10-claves-para-entender-la-metodología-clase-invertida/ [consultado el 11/07/2023]

Eyeang, E. (1997). "Enseñar y aprender español en un grupo grande de enseñanza secundaria en Gabón". En Aula, Ediciones. Universidad de Salamanca, Nº 9, pp. 253-267.

Fernández López, S. (2016). "Los contenidos estratégicos", en Vademécum para la formación de profesores. Enseñar español como segunda lengua (L2)/lengua extranjera (LE). Tomo II, pp. 245-268.

FERNÁNDEZ VITORES, D. "El español: una lengua viva", en *El español en el mundo*. Anuario 2024. Madrid: Instituto Cervantes.

Fomekong Djeugou, N. (2020). *Oralidad y lirismo. Antología de la literatura hispanocamerunesa*. Madrid : Grupo editorial Sial Pigmalión.

Fonkoua, P. (2006). *Intégration des TIC dans le processus enseignement-apprentissage au Cameroun*. Yaoundé: Terroirs.

Fonkoua, P. et al. (2012). "Intégration pédagogique des TIC dans les écoles camerounaises: succès et défis", en T. Karsenti (ed.), Intégration pédagogique des TIC: Succès et défis de 100 écoles africaines, Ottawa, Ottawa IDRC, pp. 108-127.

Fries, C. (1945). *Teaching and learning English as Foreign Language*. Ann Arbor: University of Michigan Press.

Galindo Merino, Mª M. (2008). "Evaluación del uso de L1 y L2 en el aula ELE". En S. Pastor Cesteros & S. Roca Marín (eds): *La evaluación en el aprendizaje y la enseñanza del español como LE/L2*. Alicante: Servicio de Publicaciones de la Universidad de Alicante, pp. 270 – 275.

Galindo Merino, Mª M. (2011). "L1 en el aula de L2: ¿por qué no?". En *Estudios de Lingüística. Universidad de Alicante (ELUA)*, Nº 25, pp.163-204.

Galindo Merino, Mª M. (2012). *La lengua materna en el aula de ELE*. Colección Monografías, Nº 15, ASELE.

Godínez González, F. et al. (2009). "El español en Camerún". En Enciclopedia del español en el mundo. Anuario del Instituto Cervantes 2006-2007. Madrid: Instituto Cervantes, pp. 63-69.

Gutiérrez Eugenio, E. (2013). El uso de otras lenguas en el aula de ELE: resultados de un estudio piloto. Actas del II Encuentro Internacional de ELE del Instituto Cervantes de Bruselas, Centro Virtual Cervantes, pp.77-89.

Hatolong Boho, Z. (2014). "La aventura del español en Camerún: macrolinguística y linguistic landscape studies". En Razón y palabra, núm 8.

Higueras García, M. (2006). *Las colocaciones y la enseñanza de ELE*. Madrid: Arco Libros.

Hymes, D. (1971). *Competence and performance in linguistic theory*. En: Huxley and E. Ingram (Eds.). Acquisition of languages: Models and methods. New York: Academic Press. 3-23.

Instituto Cervantes, (2011). *Informe de investigación. ¿Qué es ser un buen profesor o una buena profesora del Instituto Cervantes? Análisis de las creencias del alumnado, profesorado y personal técnico y directivo de la institución.* Alcalá de Henares: Dirección Académica.

Instituto Cervantes, (2012). *Las competencias clave del profesorado de lenguas segundas y extranjeras.* Alcalá de Henares: Dirección Académica.

Instituto Cervantes (2013-2016). Centro virtual Cervantes. *Diccionario de términos clave de ELE.* Disponible en
http://cvc.cervantes.es/ensenanza/biblioteca_ele/diccio_ele/diccionario/
[Consultado 27/11/2023]

Kem-mekah Kadzue, O. (2012). Estereotipos y globalización: Simetrías y asimetrías entre universitarios cameruneses y catalanes. TFM (Publicada). Lleida: Máster en Lenguas Aplicadas. Universidad de Lleida. Disponible en Depósit de la recerca de Catalunya http://www.recercat.cat/handle/10459.1/48013 [Consultado el 12/08/2023]

KEM-MEKAH KADZUE, O. (2014): "La enseñanza / aprendizaje del español en Camerún: el discurso ideológico y la problemática de los manuales didácticos", en Contreras Izquierdo, N. M. (ed.) (2014): La enseñanza del español como LE/L2 en el siglo XXI. XXIV Congreso Internacional de ASELE. Logroño: ASELE, págs. 363-364.

KEM-MEKAH KADZUE, O. (2014b). "Los retos de la enseñanza/aprendizaje de L2/LE en Camerún. Caso de ELE. La enseñanza comunicativa y el diseño de un marco de referencia como claves para una formación de calidad". En J. M. Hernández Díaz & E. Eyeang (coords.): Lengua, literatura y ciencias de la educación en los sistemas educativos del África Subsahariana. Salamanca: Ediciones Universidad de Salamanca, pp.137-150.

KEM-MEKAH KADZUE, O. (2015). "El estudio de las creencias y la figura del profesor en el proceso de enseñanza / aprendizaje en el África subsahariana. Caso de Camerún", Revista Electrónica del Lenguaje 2: 1-20.

KEM-MEKAH KADZUE, O. (2016). *Enseñanza y aprendizaje del español en Camerún: creencias del alumnado/profesorado e implicaciones para la formación competitiva de estudiantes/docentes de ELE.* Tesis Doctoral. Lleida: Universitat de Lleida.

Kem-mekah Kadzue, O. (2018). TIC y Enseñanza del español en Camerún: Creencias del profesorado e implicaciones didácticas. *Intercambio/Échange,* 2, 84-96.

Kem-mekah Kadzue, O. (2020). Enseñanza en línea durante la crisis del Covid-19 en la educación universitaria camerunesa: logros y desafíos. *Ehquidad Revista Internacional De Políticas De Bienestar Y Trabajo Social,* 14, 57–74. https://doi.org/10.15257/ehquidad.2020.0012.

Koffi Konan, H. (2009). Panorama de la pluralidad lingüística y cultural de costa de marfil: Situación del español como lengua extranjera. Tesis de DEA (Publicada). Granada: Universidad de Granada.

Koui, T. (2014). "La enseñanza del español en costa de marfil". En J. Serrano Avilés (ed.) La enseñanza del español en África Subsahariana. Madrid: Los libros de la Catarata, pp.191-211.

LÁZARO CARRETER, F., CORREA CALDERÓN, E., (2004). *Cómo se comenta un texto literario.* Madrid: Cátedra.

Letras de canciones (2003-2024) https://www.letras.com consultado el 23/01/2024.

LEWIS, M. (2000). *Teaching collocation. Further developments in the lexical approach.* Londres: Language Teaching Publications.

MANGA, A. M. (2009). "Incidencias de los factores afectivos en la enseñanza/aprendizaje de una lengua extranjera: Caso de la situación del español en Camerún". En Ogigia: Revista Electrónica de Estudios Hispánicos, N° 5, pp. 19-28.

Manga, A.M. (2011). "Acción educativa y desarrollo socio-económico en las aulas de lenguas en Camerún", Syllabus Review 2 (3), pp. 326-346.

Manga, A.M. y García Parejo, I. (2007). "Las prácticas educativas en las aulas de ELE en Camerún: cómo acercar las necesidades comunicativas al contexto africano". En Nistal Rosique, G. y Pié Jahn, G. (eds.) (2007): La situación actual del español en África. Actas del II Congreso Internacional de Hispanistas en África. Madrid: SIAL/Casa de África, pp. 232-242.

Martín Peris, E. (2016). "La subcompetencia lingüística o gramatical". En Vademécum para la formación de profesores. Enseñar español como segunda lengua (L2)/lengua extranjera (LE). Tomo I, pp. 467-489.

Martínez, C. (2017). "Incidencia de la didáctica general en el proceso docente de las lenguas extranjeras en Cuba". Íkala. Revista de Lenguaje y Cultura, 22(1), pp. 71-86.

Mbala, M. (2024). El tratamiento del error en el aula de ELE: prácticas docentes en el instituto Leclerc de Yaundé. Trabajo de fin de grado. Escuela Normal Superior. Inédito.

Mbarga, J. C. (1995). "Enseñanza y aprendizaje del español en Camerún: El caso de la enseñanza media". En Lenguaje y Textos, Nº 6/7, pp. 243-247.

Méndez Santos, M. del C. (2021). *Introducción a la Lingüística aplicada para la enseñanza del español. 101 preguntas para ser profe de ELE*. Madrid: Edinumen.
Ministère des enseignements secondaires, (2014). Programmes d'études de 4e et 3e : espagnol.

Molero Perea, M. y Barriuso Lajo, C. (2013). ¿Error u horror?: La importancia del error en la clase de ELE. IX Encuentro práctico de español como lengua extranjera (EPELE). Nápoles: Instituto Cervantes, pp. 179-194.

Mora, F. (2013). *Neuroeducación. Solo se puede aprender aquello que se ama*. Madrid: Alianza Editorial, S.A.

Ndibnu-Messina Ethé, J. & Kouankem C. (2021). « Suivi à distance des étudiants camerounais pendant et après la COVID19 ». Revue internationale des technologies en pédagogie universitaire, Volume 18, numéro 1, 2021, p. 32–47. Disponible en ligne : https://www.erudit.org/fr/revues/ritpu/2021-v18-n1-ritpu06306/1080750ar/ Consultado el 24/06/2024].

Ngah Eyara, M. Y. (2015). Situación de enseñanza-aprendizaje del ELE en Camerún: un alza espectacular de aprendices en la Universidad de Yaundé I ¿Por qué? Y ¿para qué?, TFM. Lleida: Universidad de Lleida.

Nunan, D. (1996). *El diseño de tareas para la clase comunicativa*. Colección Cambridge de didáctica de lenguas. Cambridge: Cambridge University Press.

Onguéné Essono, L.-M. (2005). Former les proviseurs aux TIC pour mieux guider les apprenants sur Internet. Récupéré le 15 avril 2023 du site http:/thot.cursus.edu/rubriuqe.asp?ro=24795.

Onomo Abena, S. (2014). "La enseñanza de la lengua y literatura españolas en Camerún en la Educación Secundaria y universitaria". En J. Serrano Avilés (ed.): La enseñanza del español en África Subsahariana. Madrid: Los Libros de la Catarata, pp.176- 190.

Palabra Maestra. Cápsulas educativas. 2019 Disponible en: https://compartirpalabramaestra.org/radio-compartir-palabra-maestra/capsulas-educativas [acceso 25/2/2024].

Pinilla Gómez, R. (2016). "Las estrategias de comunicación", En Vademécum para la formación de profesores. Enseñar español como segunda lengua (L2)/lengua extranjera (LE). Tomo I, pp. 435-446.

Pizarro Carmona, M. (2010). "Un acercamiento al estudio de las creencias de los profesores de lenguas extranjeras". En *Decires, Revista del Centro de Enseñanza para extranjeros*, Vol. 12, Nº 15, pp.27-38.

Pizarro, M. (2013). "Nuevas tareas para el profesor de español como lengua extranjera: la reflexión sobre su concepción de la enseñanza". En *Porta Linguarum,* Nº19, pp. 165-178.

UNESCO. (2011). « *TIC UNESCO : Un réferentiel de compétences pour les enseignants* » Paris. Disponible en : unesdoc.unesco.org/images/0021/002169/216910f.pdf [Consultado el 24 julio de 2024]

Université de Sherbrooke. (2011). « Faire la classe mais à l'envers : *la «flipped classroom». Perspectives SSF.* Disponible en https://www.usherbrooke.ca/ssf/veille/perspectives-ssf/numerosprecedents/novembre-2011/le-ssf-veille/faire-la-classe-mais-a-lenvers-la-flipped-classroom/ [Consultado el 24 julio de 2024]

Ramos Méndez, C. (2005). *Ideaciones de estudiantes universitarios alemanes sobre su proceso de aprendizaje de español como lengua extranjera ante una enseñanza mediante tareas.* Tesis doctoral (Publicada). Barcelona: Universidad de Barcelona.

Ramos Méndez, C. (2007). *El pensamiento de los aprendientes en torno a cómo se aprende una lengua: Dimensiones individuales y culturales.* Colección monografías Nº 10. ASELE.

Richards, J. C. & Lockhart, C. (2008). *Estrategias de reflexión sobre la enseñanza de idiomas.* Madrid: Editorial Edinumen.

Richards, J., Gallo, P. & Renandya, W. (2001). "Exploring teachers' beliefs and the processes of change". En *The PAC Journal,* pp. 47–48.

Roegiers, X. (2006). *L'APC, qu'est-ce que c'est ? Approche par les compétences et pédagogie de l'intégration expliquées aux enseignants,* EDICEF.

Roegiers, X. (2008). « L'approche par compétences en Afrique francophone : quelques tendances ». IBE Working Papers on Curriculum Issues Nº 7.

Roegiers, X. (2006). "L'APC dans le système éducatif algérien ». *En Réforme de l'éducation et innovation pédagogique en Algérie, Rabat : UNESCO-ONPS.*

Salazar, L. (2006). "Interdependencia lingüística, transferencia y enseñanza-aprendizaje de lenguas extranjeras". En *Laurus,* Vol. 12, Nº Extraordinario 2006, pp. 45-72.

Serrano Avilés, J. (2014). *La enseñanza del español en África Subsahariana.* Madrid: Los libros de la Catarata.

Suso López, J. y Fernández Fraile M. E. (2001). *La didáctica de la lengua extranjera. Fundamentos teóricos y análisis del currículum de lengua extranjera (Educación primaria, ESO y Bachillerato).* Granada: Comares.

Sossouvi, L. F. (2014). "La lengua castellana en Benín: tendencias actuales después de seis décadas". En J. Serrano Avilés (ed.): La enseñanza del español en África Subsahariana. Madrid: Los libros de la Catarata, pp. 100-125.

Tama Bena, V. (2014). "Problemas de la enseñanza del español en África subsahariana". En Javier Serrano Avilés, *Enseñanza del español en África subsahariana.* Madrid: Los Libros de la Catarata. Pp. 611-622.

Thouin M. (2014). *Réaliser une recherche en Didactique.* Québec: Éditions Multimondes.

Trujillo Sáez, F. (2012). *Propuestas para una escuela en el siglo XXI.* Madrid: Los libros de la Catarata.

Tsamo Dongmo (2024). "Dinámicas periodísticas y difusión del español en Camerún: apuestas lingüísticas, didácticas y postmemoriales". En Actas del I Congreso Internacional de Hispanistas en Camerún. Gislain Arnaud Essome Lele y Franck Rostov Tsamo Dongmo (eds.), Disponible en https://cvc.cervantes.es/literatura/cihc/12_tsamo.htm [Consultado el 27/07/2024]

Várela, R. (2003). "Songs, rhymes and games". *All about Teaching English.* Madrid: Editorial Universitaria Ramón Areces.

Vicens Castañer, A. (1992). *Principios de la didáctica de la lengua francesa.* Barcelona: Promociones y Publicaciones Universitarias, PPU.

Vidal Ledo, M. (2019). "Cápsulas educativas o informativas. Un mejor aprendizaje significativo". Disponible en: https://ems.sld.cu/index.php/ems/article/view/1904/865 [Consultado el 24 julio de 2024]

Zabala, A. & Arnau, L. (2007). *11 ideas clave. Cómo aprender y enseñar competencias.* Barcelona: Graó.

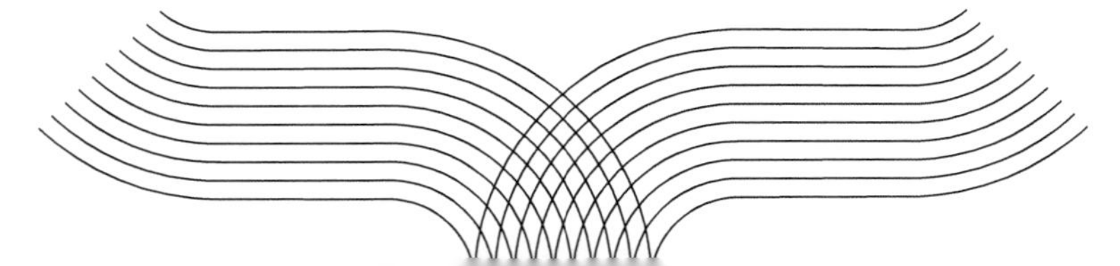